日语拟声拟态词的语音象征之探究

日本語のオノマトペにおける音象徴に関する研究

王 莹 著

南开大学出版社
天津

图书在版编目(CIP)数据

日语拟声拟态词的语音象征之探究 / 王莹著. —天津：南开大学出版社，2020.5
ISBN 978-7-310-05933-1

Ⅰ.①日… Ⅱ.①王… Ⅲ.①日语－象声词－研究
Ⅳ.①H364.2

中国版本图书馆 CIP 数据核字(2020)第 060667 号

版权所有　侵权必究

日语拟声拟态词的语音象征之探究
RIYU NISHENG NITAI CI DE YUYIN
XIANGZHENG ZHI TANJIU

南开大学出版社出版发行
出版人：陈　敬
地址：天津市南开区卫津路 94 号　　邮政编码：300071
营销部电话：(022)23508339　营销部传真：(022)23508542
　　　　　　　http://www.nkup.com.cn

北京虎彩文化传播有限公司印刷　全国各地新华书店经销
2020 年 5 月第 1 版　　2020 年 5 月第 1 次印刷
260×185 毫米　16 开本　12.5 印张　280 千字
定价：48.00 元

如遇图书印装质量问题，请与本社营销部联系调换，电话：(022)23508339

本书得到教育部人文社会科学研究青年基金项目资助(汉日拟声拟态词综合对比研究,15YJC740090)以及 2017 年天津科技大学人文社科类青年拔尖人才培养项目资助。

前書き

　日本語のオノマトペは、日本語教育で系統的に学ばれることが少ない。しかし、日本人の会話の中や、現代日本文化、特にマンガやアニメの中でも頻用されているため十分に理解し、楽しみたいと感じる日本語学習者が多い。また、日本語母語話者にとって、オノマトペはほかの言葉とは異なり、指示対象と言葉が恣意的な関係にあるとは思えず、自分の内在的な気持ちや感覚と有縁的な言葉だという印象がある。しかし、それを説明し、類似した意味のオノマトペの違いを明確に説明することは困難である場合が多いし、解釈の個人差や地域差も存在する。さらに、語源論的な要素も様々に関係している分野である。

　本研究書はそうした厄介な面のある日本語のオノマトペについて、多様な視点から実証的な分析を行ったもので、専門書として読み応えのある良書である。

　様々な調査対象の人々にオノマトペについて意味微分法 (Semantic Differential Method) 的な感覚評価を求め、音象徴という視点を加えて綿密な分析を行っている。日本語母語話者だけでなく、中国人日本語学習者で各オノマトペの意味が分かる者と分からない者を対象とし、感覚評価のデータから統計的分析を試み、考察を加えたもので、非常に意欲的な研究と言える。

　結果として、「有声子音」と「無声子音」の対立のあるオノマトペについては、どの言語の話者も共通して「強さ」「重さ」の次元の音象徴を感じている点や、各言語個別の音の象徴性を多数示すことができている。また、オノマトペを視覚的に提示した場合と聴覚的に提示した場合では、日本語母語話者の感覚評価はほぼ一定しているのに対し、中国人学習者では、提示手法によってオノマトペに対し抱く印象にかなりの差異があることが示された。その理由を両言語の音韻上の差異にあり、日本語と中国（北京）語では、前者が有声子音と無声子音が対立しているのに対し、後者では無気音と有気音であり、中国人学習者に日本語のオノマトペを視覚提示した場合、中国語の音韻体系に沿って知覚するが、聴覚的に提示した場合には、母語との体系の違いから推測的なばらつきの多い知覚になるため、感覚的な評価にも誤った知覚や個人差が反映されることを突きとめている。

　筆者の王瑩さんは、博士前期課程、博士後期課程を通じて、私の研究室において一貫してオノマトペの研究を続けてきた。その成果として、博士号が与えられ、また、本研究の内容の一部は 2011 年に「中国留日同学会第 13 回留日成果論文集優秀論文賞」受賞している。

今回研究結果を刊行することとなったことは、指導教員としてもこの上ない喜びである。今後も研究・教育に邁進されることを祈念しつつ前書きとしたい。

首都大学東京　教授
西郡仁朗
2018 年 8 月

目　次

第 1 章　序章 1
　1.1　はじめに 1
　1.2　本研究の目的 2
　1.3　本研究の意義 3
　1.4　本研究における調査の概要 5
　　1.4.1　刺激語の選定 5
　　1.4.2　評価項目 8
　　1.4.3　被験者の構成 8
　　1.4.4　研究方法 9
　1.5　本書の構成および分析の枠組み 11

第 2 章　先行研究 13
　2.1　日本語のオノマトペ 13
　　2.1.1　日本語のオノマトペの定義 13
　　2.1.2　日本語のオノマトペの形態 15
　2.2　中国語のオノマトペ 21
　　2.2.1　中国語のオノマトペの定義 22
　　2.2.2　中国語のオノマトペの形態 22
　2.3　中国語話者による日本語のオノマトペの学習や翻訳における問題点 24
　　2.3.1　中国語話者による日本語のオノマトペの学習における問題点 24
　　2.3.2　中国語話者による日本語のオノマトペの翻訳における問題点 25
　2.4　音象徴に関する先行研究 32
　2.5　日本語のオノマトペが含む音象徴に関する先行研究 33
　　2.5.1　金田一春彦（1978）の解説 33
　　2.5.2　Hamano（1998）の研究 34
　　2.5.3　日本語母語話者のみを調査対象とした研究 36
　　2.5.4　日本語母語話者と非日本語母語話者の両方を調査対象とした研究 ... 37
　2.6　日本語のオノマトペにおける音象徴に関する先行研究の課題 38

第3章　「視覚提示」による日本語のオノマトペに対する感覚評価……………………40

 3.1 はじめに……………………………………………………………………………40
  3.1.1 本章の研究背景……………………………………………………………40
  3.1.2 先行研究とその問題点……………………………………………………41
  3.1.3 研究の目的と方法…………………………………………………………41
  3.1.4 被験者の構成及び調査期間………………………………………………43
 3.2 調査結果の全体像…………………………………………………………………44
  3.2.1 各刺激語についての日・中両言語話者による評価の平均値…………44
  3.2.2 各刺激語についての日・中両言語話者による評価の相関……………47
 3.3 C_1 が「有声音・無声音」であるオノマトペに対する感覚評価……………49
  3.3.1 日本語話者の場合…………………………………………………………50
  3.3.2 中国語話者（CLS1）の場合………………………………………………51
  3.3.3 中国語話者（CLS2）の場合………………………………………………52
  3.3.4 日中両言語話者の比較……………………………………………………53
 3.4 C_1 が /h/-/b/-/p/ であるオノマトペに対する感覚評価………………………59
  3.4.1 日本語話者の場合…………………………………………………………60
  3.4.2 中国語話者（CLS1）の場合………………………………………………62
  3.4.3 中国語話者（CLS2）の場合………………………………………………63
  3.4.4 日中両言語話者の比較……………………………………………………65
 3.5 「反復形・非反復形」であるオノマトペに対する感覚評価…………………68
  3.5.1 日本語話者の場合…………………………………………………………69
  3.5.2 中国語話者（CLS1）の場合………………………………………………70
  3.5.3 中国語話者（CLS2）の場合………………………………………………71
  3.5.4 日中両言語話者の比較……………………………………………………72
 3.6 探索的因子分析……………………………………………………………………75
  3.6.1 日本語話者による評価（JLS）の因子分析結果と因子命名……………76
  3.6.2 中国語話者による評価（CLS1）の因子分析結果と因子命名…………77
  3.6.3 中国語話者による評価（CLS2）の因子分析結果と因子命名…………78
  3.6.4 日中両言語話者の比較……………………………………………………79
 3.7 まとめ………………………………………………………………………………81

第4章　「聴覚提示」による日本語のオノマトペに対する感覚評価……………………83

 4.1 はじめに……………………………………………………………………………83
  4.1.1 本章の研究背景……………………………………………………………83
  4.1.2 先行研究とその問題点……………………………………………………84
  4.1.3 研究の目的と刺激語、評価項目…………………………………………85
  4.1.4 予備調査……………………………………………………………………86

  4.1.5 本調査 87
  4.1.6 分析方法 87
 4.2 調査結果の全体像 88
  4.2.1 各刺激語についての日・中両言語話者による評価の平均値 88
  4.2.2 各刺激語についての日・中両言語話者による評価の相関 90
 4.3 C_1が「有声音・無声音」であるオノマトペに対する感覚評価 92
  4.3.1 日本語話者の場合 93
  4.3.2 中国語話者の場合 94
  4.3.3 日中両言語話者の比較 95
 4.4 C_1が/h/-/b/-/p/であるオノマトペに対する感覚評価 100
  4.4.1 日本語話者の場合 100
  4.4.2 中国語話者の場合 102
  4.4.3 日中両言語話者の比較 103
 4.5 「反復形・非反復形」であるオノマトペに対する感覚評価 107
  4.5.1 日本語話者の場合 108
  4.5.2 中国語話者の場合 109
  4.5.3 日中両言語話者の比較 110
 4.6 探索的因子分析 113
  4.6.1 日本語話者による評価（JLH）の因子分析結果と因子命名 113
  4.6.2 中国語話者による評価（CLH）の因子分析結果と因子命名 115
  4.6.3 日中両言語話者の比較 116
 4.7 まとめ 117

第5章 異なる提示手法が日中両言語話者の評価に与える影響 120

 5.1 はじめに 120
  5.1.1 本章の研究背景 120
  5.1.2 先行研究とその問題点 120
  5.1.3 研究の目的と刺激語、評価項目 121
  5.1.4 分析対象 122
 5.2 異なる提示手法が日本語話者の評価に与える影響 123
  5.2.1 各刺激語についての評価の平均値 123
  5.2.2 各刺激語についての評価の相関 124
  5.2.3 C_1が「有声音・無声音」であるオノマトペに対する感覚評価 126
  5.2.4 C_1が/h/-/b/-/p/であるオノマトペに対する感覚評価 129
  5.2.5 「反復形・非反復形」であるオノマトペに対する感覚評価 132
  5.2.6 探索的因子分析 135
 5.3 異なる提示手法が中国語話者の評価に与える影響 137

  5.3.1 各刺激語についての評価の平均値……………………………………137
  5.3.2 各刺激語についての評価の相関………………………………………140
  5.3.3 C_1が「有気音・無気音」であるオノマトペに対する感覚評価………141
  5.3.4 C_1が/h/-/b/-/p/であるオノマトペに対する感覚評価…………………144
  5.3.5 「反復形・非反復形」であるオノマトペに対する感覚評価…………148
  5.3.6 探索的因子分析……………………………………………………………151
 5.4 まとめ……………………………………………………………………………153

第6章 終章……………………………………………………………………………156

参考文献………………………………………………………………………………………163

添付資料………………………………………………………………………………………168
 一、擬音語・擬態語についてのアンケート（視覚調査・日本語版）……………168
 二、擬音語・擬態語についてのアンケートの一部（視覚調査・中国語版）………181
 三、擬音語・擬態語についてのアンケートの一部（聴覚調査・日本語版）………183
 四、擬音語・擬態語についてのアンケートの一部（聴覚調査・中国語版）………186

第 1 章　序章

　本章では、日本語のオノマトペを概観し、本研究の目的と意義、調査の概要、研究方法および本研究の構成について述べる。

1.1　はじめに

　日本語のオノマトペは、日本人の様々な生活の場において頻繁に使われている。日本語はオノマトペに富んだ言語であり、日本語学習者が日本語を正しく理解するための不可欠な要素であると言われている（泉, 1976；玉村, 1989；田守, 2002）。しかし、玉村（1989）によれば、オノマトペはほとんどの日本語学習者にとって習得困難な事項の一つとして挙げられている。

　数年間日本語を学んでいる日本語学習者であっても、日本語の小説や新聞、マンガ、ドラマを見たり、日本人の会話などを聞いたりする際、その場で理解できず自ら辞書を調べたことが多い。それは語彙知識の不足、特に日本人の生活に密接な関連があるオノマトペについての知識が乏しいことが大きな原因であった。

　一般の語彙に含まれている音と意味とは直接的な関係がなく、恣意的であると言われているが、日本語の擬音語・擬態語においては、音と意味とは「ある程度合理的な結び付きがある。」（金田一, 1978）と言われている。

　（1）ドアを<u>トントン</u>と叩く。
　（2）ドアを<u>ドンドン</u>と叩く。
　（1）と（2）を中国語に翻訳すると、ともに「"咚咚"地敲门」になる。それに対して、（1）と（2）を比べてみると、多くの日本人が濁音の「ドンドン」は清音の「トントン」より、ドアを叩く音の大きいこと、力の強いことをイメージできるのではないだろうか。このように、音が象徴的な意味を表すことを音象徴（sound symbolism）と呼ぶ。音象徴はものの音や様子などを表す語であるオノマトペにおいて顕著に見られる。

　日本語の「清音」と「濁音」について、泉（1976）は以下のように述べている。

　　清音が軽やかであり、濁音は重い。そこで、清音との対立で用いられた濁音は、外界の音なら、重い音、にぶい音、大きな音などを表わし、動作・状態なら、強い

こと、大きいこと、重いこと、乱暴なことなどを表わす傾向があるようだ。(泉, 1976)

以上のような「清音」と「濁音」との対立は日本語、特に日本語の擬音語・擬態語において顕著に見られる。

　Hamano（1998）は、「音象徴を巡る議論は、しばしば素人の関心を集めるが、言語学者はそれを疑いながら受け取るのが普通である。（原文英語、筆者訳）」と指摘した。

　音声学から考えると、例文（1）と（2）は、（1）の「トントン」の無声破裂音の/t/は、（2）の「ドンドン」の有声破裂音の/d/と対立するように、日本語のオノマトペにおいて「無声音」・「有声音」の対立により、「音の大きさや関わっている動作の活発さなどさまざまなニュアンスの相違を表している」（田守, 2002）。

　従来の日本語擬音語・擬態語についての研究は、主にその形態や意味を巡って検討したものであり、擬音語・擬態語と音象徴に関する研究もあるが、これらの研究のほとんどは研究者（日本語母語話者）が自らの語感や直感により思弁的に日本語の擬音語・擬態語の音象徴の体系を詳しく分析したもの（Hamano, 1998）や、日本語話者を調査対象とし擬音語・擬態語に対する感覚評価を調査したもの（中野, 1978 ; 1979）である。日本語と英語との間の共感覚的音象徴に関する研究（岩崎他, 2007）も行われたが、管見の限りでは、中国人日本語学習者による日本語のオノマトペに対しての感覚評価についての研究はあまり見られない。

　中国人日本語学習者が習得しにくいオノマトペに対してどのような感覚を抱くかを調べ、そして、それと日本語母語話者の感覚とはどのような異同があるかを実証的に検討していくことは、オノマトペが含む音象徴のどのような部分が中国人日本語学習者にとって難しいかを見出すことにつながる。それによって、学習者が捉え難い音象徴の側面を強調して教えれば、難関であるオノマトペの学習に役立つと考えられる。また、日中両言語話者の語感的な部分での共通点と相違点を明らかにすることを通して、中国語を学ぶ日本語話者にとっても、中国語の理解を新たな面で深められるであろう。

　なお、日本語では有声音と無声音が対立しているのに対し、中国語では有気音と無気音とが対立している。このような両言語おける音韻、また弁別特徴による違いは、日本語の擬音語・擬態語を感覚的に評価する際にどのような影響を与えるかについても検討する必要がある。

1.2　本研究の目的

　本研究では、36の日本語のオノマトペを刺激語とし、SD法[①]を用いて10の評価項

　[①] SD法（Semantic Differential）：Osgood et al.(1957)が提案した意味の測定法で、相反する意味を持つ形容詞の対の尺度を複数用いて被験者に評価させるもの。

目について、日本語母語話者と中国北京語話者①それぞれが「視覚提示」と「聴覚提示」により感覚的にどのように評価するかを調査し、中国語話者と日本語母語話者との感覚評価の共通点と相違点を明らかにする。なお、異なる提示手法による感覚評価の異同についても分析する。また、刺激語の第一音節にある子音（C_1）②および語形（「反復形」・「非反復形」）により見られる音象徴の普遍性と個別性を検討し、音声学の側面からそれに影響を及ぼす要因を探る。さらに、日本語母語話者の36語の日本語のオノマトペに対する感覚評価、中国北京語話者の36語の日本語のオノマトペに対する感覚評価のそれぞれについて、因子分析を行うことにより、日中両言語話者が刺激語としての日本語のオノマトペに対して、どのような印象を抱くかについて検討する。

具体的な研究目的は以下の6点である。

①日本語のオノマトペに対して、日本語母語話者が「視覚提示」と「聴覚提示」により感覚的にどのように評価するか、また、異なる提示手法による感覚評価の異同を明らかにする。

②日本語のオノマトペに対して、中国北京語話者が「視覚提示」と「聴覚提示」により感覚的にどのように評価するか、また、異なる提示手法による感覚評価の異同を明らかにする。

③刺激語の第一音節にある子音（C_1）が有声音か無声音か（なお、中国語話者にとっては無気音と有気音となる。）により見られる音象徴の普遍的な側面と個別的な側面を検討し、音声学の面からそれに影響を及ぼす要因を探る。

④第一音節にある子音（C_1）が/h/-/b/-/p/である刺激語に対する日本語母語話者と中国語話者との感覚評価における共通点と相違点を明らかにし、五十音図中音韻的に特別な関係にある「半濁音」の/p/、および/h/、/b/との関係を確認する。

⑤語形（「反復形」・「非反復形」）により見られる音象徴の言語間での普遍的な側面と個別的な側面を検討する。

⑥因子分析を行うことにより、日中両言語話者が刺激語としての日本語のオノマトペに対して、どのような印象を抱くかについて検討する。

1.3 本研究の意義

日本語のオノマトペには音象徴が存在するのか、存在するならば、それは何か、ま

---

① 北京語は、中国の北京で話される中国語の方言である。「普通話」と呼ばれる中国語の標準語は北京の発音を基本としており、これを俗に「中国語」＝「北京語」と呼ぶ場合が多い。中国では、「北京語」以外に方言が数多く存在している。本研究では、方言の影響を考慮し、被験者の母方言を「北京語」に統一することができたので、「中国北京語話者」を「中国語話者」に略称する。

② Hamano（1998）は、日本語の子音をC、母音をVで示し、日本語のオノマトペを子音・母音 CV（例えば/pi/）タイプと子音・母音・子音・母音 $C_1V_1C_2V_2$（例えば/pika/）タイプに分けた。本研究では、Hamano（1998）の表記法を用い、C_1は第一音節の子音を表す。

た非日本語母語話者である中国人日本語学習者がこのような音象徴を捉えられるのか、すなわち、日本語のオノマトペが含む音象徴の普遍的な側面と個別的な側面を明らかにする本研究は、日本語教育学や認知言語心理学等の学術分野の中で、以下の面で意義があると考えられる。

①日本語のオノマトペには音象徴が存在するのかに関する考察

②日本語のオノマトペが含む音象徴の普遍的な側面と個別的な側面に関する考察

③日本語のオノマトペが含む音象徴から見た子音「有声音・無声音」及び「/h/-/b/-/p/」の対立関係に関する一考察

④日本語のオノマトペに見られる音象徴は音声学的基盤を持つかに関する考察

日本語学習者が習得しにくいオノマトペに対してどのような感覚を抱くかを調べ、そして、それと日本語母語話者の感覚とはどのような異同があるかを実証的に検討していく本研究は、日本語のオノマトペが含む音象徴は何か、また中国人日本語学習者も日本語母語話者と同様に捉える音象徴の普遍的な側面は何かを明らかにする。このような研究成果は日本語学および日中対照言語学の分野に貢献できると考えられる。

また、日本語母語話者のみに捉えられた音象徴の個別的な側面は何かを明らかにすることによって、日本語のオノマトペが含む音象徴のどのような部分が日本語学習者にとって難しいかを見出すことができる。それに従って、日本語教育現場でのオノマトペの指導にあたって、学習者が捉え難い音象徴の側面を強調して教えれば、習得が困難なオノマトペの学習に役立つと思われる。

さらに、日本語の中で清音と濁音とが対立するように、子音の/h/-/b/-/p/に関しては、/h/が/b/と対立し、/p/が半濁音として特殊な位置をとっている。しかし、音声学から考えると、無声破裂音の/p/は有声破裂音の/b/と対立するため、/h/は特殊な位置づけとなる。本研究は、日本語に実在するオノマトペに見られる音象徴的な特徴から、日本語母語話者がこの3者の間の対立関係をどのように捉えているかを確認しようとするものである。また、日中両言語話者による捉え方を比較することにより、日中対照言語学や日本語教育学での音声教育などにも応用できると考える。

最後に、子音では、日本語は無声無気音/p, t, k/と有声無気音/b, d, g/とが対立しているのに対し、中国語（北京語）は無声有気音/pʰ, tʰ, kʰ/と無声無気音/p, t, k/とが対立し、有声無気音/b, d, g/は無声無気音/p, t, k/の異音として存在している。本研究は、このような子音の弁別特徴が、日本語のオノマトペに対して感覚的に評価する際に影響を与えるかどうかについて検討していく。つまり、日本語のオノマトペに見られる音象徴に音声学的な説明を与えることができるかを追究する本研究は、音象徴の研究分野にも新たな貢献ができ、その応用価値が高いと思われる。

1.4 本研究における調査の概要

本研究では、36語の日本語のオノマトペを刺激語とし、10評価項目について日本語母語話者と中国語話者を対象に、「視覚提示」によるアンケート調査、「聴覚提示」によるアンケート調査という二つの方法をとる。以下、本研究の調査で使用された刺激語、評価項目および被験者について示す。

1.4.1 刺激語の選定

1.4.1.1 「視覚提示」による調査の刺激語の選定

これまでの擬音語・擬態語に関する研究では、「清音・濁音」の対立をめぐったものが多い（泉, 1976；金田一, 1978；田守, 2002；中野, 1978, 1979；丹野, 2005；岩崎, 2007など）。また、日本語の擬音語・擬態語には同音の反復（畳語）の形をとるものが圧倒的に多い（泉, 1976）。本研究も、上述の「清音・濁音」と「畳語」に焦点を置き、以下の手順で刺激語の選定を行った。

まず、泉（1976）は「カラ」という要素を基本のヴァリエーションと考え、擬音語・擬態語の形態を「基本形」以外の7種類に分類したが、本研究ではそのうち、「繰返し音」、「清濁音の対立」、「リ音」の3形態が同時に存在することを条件とし、刺激語の範囲を「カ行」、「サ行」、「タ行」、「ハ行」、「ガ行」、「ザ行」、「ダ行」、「バ行」、「パ行」で始まる語に限定した。①

刺激語の選定にあたって、以下の三つの先行研究に選定されている擬音語・擬態語を参考にして、本研究の刺激語の原案とした。

（1）玉村（1989）で、日本語教育において扱われるべき擬音語・擬態語として選定した最重要語18語と重要語42語、合計60語。

最重要語	——18語				
ちょっと	ちょうど	はっきり	ゆっくり	がっかり	もっと
きちんと	ちっとも	ちゃんと	びっくり	しっかり	ずっと
すっかり	にこにこ	ぼんやり	ようやく	やっと	きっと

重要語	——42語				
うっかり	つい	どんどん	ぴったり	あっさり	あべこべ
アハハ	いらいら	うんと	きっぱり	きらきら	ぎっくり
ぎょっと	ぐずぐず	ぐっすり	ぐるっと	こっそり	さっさと
さっぱり	ざっと	じっと	すっきり	すらすら	ずらり

---

① 泉（1976）は「カラ」という要素を基本にしたヴァリエーションと考え、さらに様々なヴァリエーションを作り出すパターンがあると述べ、日本語の擬音語・擬態語を「基本形」（カラ）、「ツメル音」（カラッ）、「ハネル音」（カラン）、「引ク音」（フワ→フワー）、「リ音」（カラリ）、「繰り返し」（カラカラ）、「音の一部交替」（カラコロ）、「清濁音の対立」（カラカラとガラガラ）と分類している。

ずるずる	そっくり	そっと	そろそろ	たっぷり	でこぼこ
どきどき	どっと	はっと	ハハハ	ばらばら	ぱっと
ぴかぴか	ふと	ふらふら	ぺらぺら	ほっと	まごまご

(2) 三上（2007）で、①意味や用法の習得が比較的容易であるか、②母語話者の言語生活における使用頻度が高く、学習者が、各種印刷媒体、メディア等において遭遇する可能性が高いか、③基本的な動詞・形容詞・名詞と共起し、比較的やさしい文型・文脈において用いることができるか、④学習者がそのオノマトペを習得して実際に使う機会が多くあるか、また新聞や雑誌、シナリオ集、漫画などの一般言語資料における使用状況も参考にしながら語の取捨選択を行った結果、「基本オノマトペ」の試案として提示した70語。

基本オノマトペ——70語

あっさり	いらいら	うっかり	うろうろ	うんざり	がたがた
がっかり	がやがや	からから	がんがん	きちんと	ぎっしり
きらきら	ぎりぎり	ぐっすり	ぐっと	くるくる	ぐるぐる
げらげら	こっそり	ごろごろ	ざあざあ	さっさと	さっと
ざっと	さっぱり	さらさら	しっかり	じっくり	じっと
じろじろ	すっかり	すっきり	すっと	すらすら	ずらり
そっくり	そっと	そろそろ	ぞろぞろ	たっぷり	ちゃんと
どきどき	どっと	どんどん	にこにこ	のろのろ	のんびり
ばたばた	はっきり	ばったり	はっと	ぱっと	はらはら
ばらばら	ぴかぴか	びっくり	ぴったり	ふと	ふらふら
ぶらぶら	ぶるぶる	ぺこぺこ	ぺらぺら	ぼうっと	ほっと
ぼんやり	ゆっくり	わくわく	めちゃくちゃ		

(3) 丹野（2005）で、日本語の清音と濁音の違いを明らかにするために、刺激語として使用した畳語の擬音語・擬態語34語（清音17語、濁音17語）。

刺激語——34語（清音の語17語、濁音の語17語）

かさかさ	がさがさ	きしきし	ぎしぎし	くさくさ	ぐさぐさ
けたけた	げたげた	こそこそ	ごそごそ	さくさく	ざくざく
しくしく	じくじく	すかすか	ずかずか	そろそろ	ぞろぞろ
たらたら	だらだら	てかてか	でかでか	とくとく	どくどく
はらはら	ばらばら	ひくひく	びくびく	ふかふか	ぶかぶか
へたへた	べたべた	ほかほか	ぼかぼか		

上記までの選定では「リ音」の形態の語が不足しているので、次に、『擬音語・擬態語4500 日本語オノマトペ辞典』（小野，2007）により意味確認をしてから、選定した「清音」・「濁音」の語根からなる「リ音」の擬音語・擬態語を補填した。

最後に、本研究の刺激語を36語（清音で始まる16語、同濁音16語、同半濁音4語）に選定した。以下表1-1で本研究の刺激語を示す。

表 1-1　本研究の刺激語

		有声音			無声音		
反復	/d/	だらだら どろどろ	/t/	たらたら とろとろ			
	/b/	ばらばら べたべた	/p/	ぱらぱら ぺたぺた	/h/[①]	はらはら へたへた	
	/g/	ぎらぎら ぐるぐる	/k/	きらきら くるくる			
	/z/	ずるずる ぞろぞろ	/s/	するする そろそろ			
非反復	/d/	だらり どろり	/t/	たらり とろり			
	/b/	ばらり べたり	/p/	ぱらり ぺたり	/h/	はらり へたり	
	/g/	ぎらり ぐるり	/k/	きらり くるり			
	/z/	ずるり ぞろり	/s/	するり そろり			

1.4.1.2　「聴覚提示」による調査の音声データの作成

「聴覚提示」による調査では、被験者に各刺激語の発音を聞かせてから評価してもらうので、音声データを作成した。まず、ネイティブスピーカー（男女各 1 名、東京方言話者）により自然なスピードで上述の「視覚提示」による調査で選定された 36 語の刺激語を、男女 1 回ずつ読み上げてもらった。次に、筆者が音声編集ソフト Praat を用いて 90s/語セット（男女 15 回ずつ読み上げた）のデータと 60s/語セット（男女 10 回ずつ読み上げた）のデータ、2 種類を作成した。さらに、適切な音声データを作成するために、予備調査[②]を行った。最後に、予備調査で現れた問題点を改善し、本調査で使用した音声データを作成した。以下、「聴覚提示」による調査の音声データの詳細を示す。

①一語セットの長さ：60s
②一単語あたり読み上げた回数：10 回（＜男 1 回＋女 1 回＞×5 回）
③一単語前後の提示音：シグナル（前・後各 1 回）
④男女声の間の間隔：1.5s

---

① ハ行のうち「フ」の子音は両唇摩擦音、「ヒ」の子音は硬口蓋摩擦音、「ハ・ヘ・ホ」の子音は声門摩擦音であるが、本研究では「ハ」と「ヘ」のみを扱っている。

② 予備調査の詳細は第 4 章を参照されたい。

1.4.2 評価項目

本研究では、Osgood et al.（1957）が案出したSD法を用い、示されたオノマトペについて以下の例の形式で、被験者の7段階の評価を求めた。なお、使われる評価項目に関しては、先行研究の丹野眞智俊（2005）の実験調査で使用した10尺度を使用することにした（表1-2参照）

例：①遅い　　　　　1　2　3　4　5　6　7　　　速い

表 1-2　調査に使われた評価項目

日本語	略称
①遅い―速い	①速さ
②小さい―大きい	②大きさ
③暗い―明るい	③明るさ
④弱い―強い	④強さ
⑤気持ちよくない―気持ちよい	⑤気持ち良さ
⑥軽い―重い	⑥重さ
⑦鈍い―鋭い	⑦鋭さ
⑧やわらかい―かたい	⑧硬さ
⑨静か―うるさい	⑨うるささ
⑩悪い―よい	⑩良さ

1.4.3　被験者の構成

本研究では、日本語母語話者と中国語話者を対象に、「視覚提示」によるアンケート調査、「聴覚提示」によるアンケート調査を実施し、また、韓国人日本語学習者とインドネシア人日本語学習者を対象に、「視覚提示」による簡易調査を実施した。

日本語母語話者を対象とした「視覚提示」によるアンケート調査では、日本語母語話者57人（内訳：男性25人、女性32人）が参加した。調査は1回目（2008年6月～8月）と2回目（2010年6月）に分けて実施した。第1回目の調査では、東京の大学・大学院に在籍している大学生や大学院生を調査対象とした。第1回目の調査よりも日本語母語話者の広い年齢層での感覚を検討するため、第2回目の調査では、東京在住の中高年層に対する調査を加えた。結果、日本語母語話者被験者の年齢幅は19歳～70歳となった。

中国語話者を対象とした「視覚提示」によるアンケート調査では、中国語話者92人（内訳：男性41人、女性51人）が参加した。調査は1回目（2008年6月～8月）、2回目（2008年11月）、3回目（2010年6月）に分けて実施した。3回の調査はともに日本語学習者[①]を対象とした。そのうち、中国にある日本語学校や大学に在籍している日本語学習者（18人）、日本にある日本語学校や大学、大学院に在籍している日本語学習者（69人）、および日本語学習を経て日本で就職している元日本語学習者（5人）が

[①] 中には、元日本語学習者であり、すでに卒業し日本で就職している人もいる。

含まれた。中国語話者を対象とした「視覚提示」によるアンケート調査では、中国語話者による刺激語の意味を理解している上での評価と、刺激語の意味を理解していないままでの評価を分けて分析した。意味理解の程度には、日本語学習歴により大きな差が出た。日本語学習歴は3か月から14年にかけて分布している。日本語学習歴の短い学習者は日本語のひらがなとカタカナが読め、初級のやさしい単語を習得している程度であるのに対し、日本語学習歴の長い学習者は日本に長く滞在し、日本人や日本社会と頻繁に接触している。

日本語母語話者を対象とした「聴覚提示」によるアンケート調査では、日本語母語話者30人[①]（内訳：男性12人、女性18人）が参加した。調査期間は2011年7月～8月である。被験者は東京都内にある大学に在籍している大学生・大学院生、および東京のある日本語学校の教職員である。

中国語話者を対象とした「聴覚提示」によるアンケート調査では、中国語話者50人[②]（内訳：男性10人、女性40人）が参加した。調査期間は2011年3月である。被験者は中国ハルビンにある大学の日本語科に在籍している大学3年生と、中国北京にある大学の日本語科に在籍している大学2年生、および日本東京にある大学院に在籍している大学院生（博士前期課程）である。日本語学習歴は半年以上から4年まで分布している。

以下表1-3で、本研究の被験者の詳細を示す。

表1-3　被験者の構成

	被験者	年齢	日本語学習歴	調査期間	男性	女性	合計
視覚提示	日本語話者	19歳～70歳	—	①2008年6月～8月 ②2010年6月	25人	32人	57人
視覚提示	中国語話者	18歳～36歳	3ケ月～14年	①2008年6月～8月 ②2008年11月 ③2010年6月	41人	51人	92人
聴覚提示	日本語話者	18歳～67歳	—	2011年7月～8月	12人	18人	30人
聴覚提示	中国語話者	19歳～23歳	半年以上～4年	2011年3月	10人	40人	50人
				合計	88人	141人	229人

1.4.4　研究方法

1.4.4.1　調査方法

本研究におけるアンケート調査は集団調査と個別調査を併用して実施した。

[①]「視覚提示」によるアンケート調査での日本語母語話者と重複しない。
[②]「視覚提示」によるアンケート調査での中国語話者と重複しない。

「視覚提示」によるアンケート調査の手順：

まず始めに、以下の2点について各母国語で説明した。

①これが日本語のオノマトペについての感覚を調べる調査で、ことばの意味が既知か未知かに関わらず評価してほしい旨を教示した。

②5段階や7段階評価した経験がない被験者がいる可能性を考慮し、評価方法について各母国語で詳しく説明した。

次に、各刺激語の後ろにある意味が既知か未知かを記す欄に、それぞれの刺激語に対して、理解しているかどうかを自己申告してもらった。

最後に、一つ一つの刺激語に対して、それぞれの10項目についてどのぐらいの程度が感じられるかを7段階でチェックさせた。なお、表記による評価の差異をなくすため、刺激語は、カタカナとひらがな両方で表記した。

「聴覚提示」によるアンケート調査の手順：

まず、調査票に基づいて調査の目的および回答の仕方について詳しく説明した。なお、中国語話者を対象とした調査では、より理解しやすくするために、調査票の最初のカバーレターと回答方法に関しては、中国語で提示した。①

次に、被験者にアンケートの回答方法、7段階評価方法および評価項目について一度目を通すよう指示し、調査に関する質疑応答時間を設けた。被験者からの質問などにはその都度対応した。アンケートの回答方法は以下に具体的に示す。

①聞き取り：聞いた単語を ☐ 中に書く。（カタカナ・ひらがな両方可）

②意味確認：聞いた単語の意味を理解しているかどうかを自分で判断し、理解していれば、（ ）の中に○を書いてから、後ろにその単語の意味を書く。理解していなければ、（ ）の中に×を書く。

③7段階評価：引き続き単語を聞きながら、設定した10評価項目について評価する。

1.4.4.2 分析方法

まず、10の評価項目について、36語の刺激語に対するすべての被験者229人（合計8,244ケース）の評価値をエクセルでデータ化した。

次に、グループ分け作業を行った。

①グループを「視覚提示」による調査のデータ、「聴覚提示」による調査のデータの2グループに分けた。

②「視覚提示」による調査のデータでは、中国語話者による評価をさらに刺激語ごとに「意味が既知のグループ」と「意味が未知のグループ」に分けた②。なぜなら、学習者の日本語学習歴が長くても、人によって意味を理解していない刺激語がある場合があった。中国語話者が一人ですべての刺激語の意味を理解しているというわけでは

---

① 詳細な回答方法及びアンケート調査票に関しては巻末に添付する。

② 中国語話者の評価に関しては、調査の企画段階から意味理解が評価に与える影響を明らかにすることも計画していたため、既知の刺激語に対する評価と未知の刺激語に対する評価の二つのグループの間で被験者の均衡を取ることができた。

ないので、本研究では、刺激語の理解度ごとに分類することにした。なお、今回の調査で日本語話者全員が刺激語の意味を理解しているため、「日本語話者による意味を理解している刺激語に対する評価」＝「日本語話者の評価」とした。

③「聴覚提示」による調査のデータでは、まず、中国語話者の評価に対して、聞き取りの結果により刺激語を正確に聞き取った被験者のデータを抽出した。なお、日本語話者に関しては、全員聞き取りにおいて間違いがなかった。また、刺激語の意味理解に関しては、中国国内にいる学習者が普段日本語のオノマトペと接触する機会があまりないことから、刺激語の意味を理解していない場合がほとんどであった。従って、「聴覚提示」による調査についての分析では、母語別に被験者を中国語話者（刺激語が未知の者）と日本語話者（意味は既知であると確認されている）の2グループに分けた。

以下、本研究の分析で用いるグループの略称を示す。（表 1-4 参照）

表 1-4　本研究の被験者グループの略称

視覚提示	JLS	日本語話者の評価
	CLS1	中国語話者による既知の刺激語に対する評価
	CLS2	中国語話者による未知の刺激語に対する評価
聴覚提示	JLH	日本語話者の評価
	CLH	中国語話者による未知の刺激語に対する評価

（最初の 2 文字「JL/CL/KL/IL」はそれぞれの言語を意味し、S は Seeing の略称で「視覚提示」を示し、H は Hearing の略称で、「聴覚提示」を示す。）

最後に、刺激語ごと、項目別に各被験者による 7 段階評価の 1～7 の数値に基づき、評価平均値を算出して分析した。分析には、統計ソフト PASW Statistics 17 を使用した。

1.5　本書の構成および分析の枠組み

本書は、全体を 6 章に分け、次の手順により考察を進めていく。
第 1 章では、本研究の全体の内容を概観する。
第 2 章では、日本語のオノマトペと中国語のオノマトペそれぞれについて定義、形態から概観し、中国語話者による日本語のオノマトペの学習や翻訳における問題点を取り上げる。また、音象徴及び日本語のオノマトペにおける音象徴に関する先行研究を踏まえた上で、先行研究の課題について考察する。
第 3 章では、選定した 36 語の日本語のオノマトペを視覚で提示することにより、10 評価項目について、日本語母語話者と中国北京語話者それぞれが感覚的にどのように評価するかを明らかにする。また、日本語母語話者と中国北京語話者による日本語のオノマトペに対する感覚評価の異同を比較することにより、日本語のオノマトペが含む両言語話者がともに捉える音象徴の普遍的な側面と、各言語話者のみが捉える音象

徴の個別的な側面について検討する。

　第4章では、異なる提示手法により第3章の内容について考察する。まず、選定した36語の日本語のオノマトペを聴覚で提示することにより、10評価項目について、日本語母語話者と中国北京語話者それぞれが感覚的にどのように評価するかを明らかにする。次に、日本語母語話者と中国北京語話者による日本語のオノマトペに対する感覚評価の異同を比較することにより、日本語のオノマトペが含む両言語話者がともに捉える音象徴の普遍的な側面と、各言語話者のみが捉える音象徴の個別的な側面について検討する。

　第5章では、「視覚提示」と「聴覚提示」という異なる提示手法が日中両言語話者の評価に与える影響について検討する。

　第6章では、本研究の目的と考察結果を照らし、まとめる。

第2章　先行研究

　本章では、日本語のオノマトペと中国語のオノマトペそれぞれについて定義、形態の面から概観し、中国語話者が日本語のオノマトペを学習や翻訳するにあたって、よく見られる問題点を取り上げる。また、音象徴に関する問題を扱った先行研究、及び日本語のオノマトペにおける音象徴に関する先行研究を踏まえた上で、先行研究の課題について考察する。

2.1　日本語のオノマトペ

　「雨がザーザー降っている。」
　「桜の花びらがはらはらと散る。」
　「漫画を読んでゲラゲラ笑っている。」
　日本語のオノマトペは、漫画や文学作品だけでなく、日常会話など日本人の様々な生活の場において幅広く直感的に用いられている。オノマトペは「その音の響きから得られる意味を表すので、感覚的なことばであるが、一般語彙よりも生き生きとした臨場感に溢れ、繊細かつ微妙な描写を可能にすることから、日本語には不可欠な言語要素である。」（田守, 2002）中国語や英語などの諸言語にもオノマトペがあるが、日本語のオノマトペのように数量も種類も豊富とは言えないと思われる。

2.1.1　日本語のオノマトペの定義

2.1.1.1　金田一春彦（1978）による定義

　金田一は『擬音語・擬態語辞典』（浅野鶴子編，角川書店，1978年）の中の「擬音語・擬態語概説」では、擬音語・擬態語の定義について次のように説明している。

　　擬音語：外界の音を写した言葉
　　　◆擬音語：無生物の音を表すもの
　　　（例）雨がザーザー降る。
　　　◆擬声語：生物の声を表すもの
　　　（例）犬がワンワン吠える。
　　擬態語：音を立てないものを、音によって象徴的に表す言葉

◆擬態語：無生物の状態を表すもの
（例）星が<u>きらきら</u>輝く。
◆擬容語：生物の状態（動作容態）を表すもの
（例）彼女は<u>にこにこ</u>笑う。
◆擬情語：人間の心の状態を表すもの
（例）さっきから<u>いらいら</u>していた。

　この辞典では、「擬音語」をさらに「擬音語」と「擬声語」の二種類に、「擬態語」を、さらに「擬態語」、「擬容語」、「擬情語」の三種類に分類しているが、現在、「擬音語・擬態語」という用語だけ使うのが一般的である。①

2.1.1.2　天沼寧（1989）による定義

　天沼（1989）では、日本語の擬音語・擬態語について以下のように定義している。

擬音語：
　自然に発生する物音、人間が関与して発生させる物音、あるいは、人間を含む動物が発する笑い声・なき声・ほえ声・その他の生理的な音、動きに伴って発する物音などを、言語音で近似的に模写・描写したものをいう。

擬態語：
　全く物音を発しない、あるいは発していても、それを無視して、人間を含む生物・物事の状態・様子・有様などを、大多数の人々が、いかにもそれらしいと直感し、納得するような言語音の形で言い表したものをいう。

　本研究では、金田一春彦（1978）と天沼寧（1989）の定義を参照し、擬音語と擬声語をまとめて「擬音語」、擬態語、擬容語、擬情語をまとめて「擬態語」とする。
　また、現在の言語学では、擬音語・擬態語を併せて「オノマトペ」または「オノマトペア」という外来語がよく使われる。

2.1.1.3　オノマトペの定義

　田守（2002）では、オノマトペの定義について次のように説明している。

オノマトペ：擬音語・擬声語・擬態語のまとめ

　オノマトペは、フランス語のonomatopéeから借用した外来語であり、英語ではonomatopoeiaという。いずれも「命名する」というギリシャ語onomatopoiia（onoma 'name' ＋ poiein 'to make'）に由来する。オックスフォード英語辞典によると、英語の

---

① 田守（1991）によれば、「擬声語」という名称は比較的古くから用いられていて、定着した用語であるのに対し、「擬音語」という名称は比較的新しく用いられるようになった用語である。従って、「擬声語」は比較的古い文献に、「擬音語」は比較的新しい文献にそれぞれ多く見られるようである。

onomatopoeiaは、「音の模倣によって物事や動作を命名したり、それによってことばをつくったりすること」、あるいは「このような方法によってつくられたことば」と定義されている。この定義からすると、オノマトペは、擬音語・擬声語・擬態語を含めて考えるのが普通である。本研究では、田守（2002）の定義に従い、擬音語・擬声語・擬態語をまとめて「オノマトペ」という用語を扱うことにする。

2.1.2 日本語のオノマトペの形態

2.1.2.1 天沼寧（1974）による分類

　天沼寧（1974）は、日本語の擬音語・擬態語の中で、最も多いのは4拍の畳語形式を持つものであり、その中には、畳語を構成している要素（2拍のもの）だけで1つの擬音語・擬態語として使われているものがかなり多いと指摘した。擬音語・擬態語をその拍数によって以下の47の型に詳しく分類した。①

一、1拍のもの
 (1) X型
　　ツ（と立ち上がる）

二、2拍のもの
 (2) XY型
　　スイ　プイ　ポイ　ピタ　ペタ　シャン　チン　ワン
 (3) Xt型
　　カッ　ギュッ　サッ　ゾッ　パッ　フッ　ペッ
 (4) X:型
　　ツー　フー

三、3拍のもの
 (5) XYt型
　　ガリッ　ケロッ　サラッ　ダラッ　チラッ　ドタッ　ニョキッ　パラッ
　　ピリッ　ポカッ　ポタッ
 (6) XYr型
　　ケロリ　サラリ　ダラリ　チラリ　ドタリ　バラリ　ピリリ　ポカリ
 (7) XYn型

---

① 天沼（1974）の分類をもとに、表記法については次のように統一した。
　a. ある音を表す仮名の代わりに、X,Y,Z,W を用いる。
　b. 長音を「：」で表す。
　c. 基本とみられる形（現代語・標準語として、その形が使われなくても、潜在的に、それが意識されるようなものを含む。）に付く促音「ッ」を「t」で表す。
　d. 基本とみられる形に付く「リ」を「r」で表す。
　e. 基本とみられる形に付く「ン」を「n」で表す。
　（したがって、基本とみられる形の中に含まれている「リ、ン」は、それぞれの拍の位置によって、X,Y,Z,又は、Wとする。）

ガタン　キョトン　ステン　ダラン　ドタン　バタン　バラン　ポタン
(8) XtX型
　　　カッカ　キャッキャ　サッサ　スッス　セッセ　タッタ（と走る）
　　　トット　ポッポ
(9) XY:型
　　　スイー（肩で風を切って～と通る）　フラー
(10) X:Y型
　　　スーイ　コーン　チーン　パーン　ビーン　ビューン　ワーン
(11) X:t型
　　　カーッ　キューッ　ゴーッ　サーッ　ソーッ　ニューッ　パーッ　ポーッ

四、4拍のもの
(12) XYXY型
　　　イライラ　カーカー　ガラガラ　ガリガリ　ギューギュー　キュッキュッ
　　　キョトキョト　ゲラゲラ　ゴワゴワ　コンコン　サラサラ　シャンシャン
　　　ショボショボ　スイスイ　ダクダク　チュンチュン　チラチラ　チンチン
　　　ツンツン　デレデレ　ニヤニヤ　バタバタ　ハラハラ　バラバラ
(13) XYZY型
　　　アタフタ　ジタバタ　チグハグ　チラホラ　テキパキ　ペチャクチャ
　　　ドサクサ　ドギマギ　ドタバタ　ノラクラ　ヘドモド　ポカスカ
(14) XYXZ型
　　　キンキラ　ドンドコ
(15) XYZW－1型（第1拍と第3拍、第2拍と第4拍の音の子音は同じである）
　　　カサコソ　ガサゴソ　カタコト　ガタゴト　カラコロ　ガラゴロ
(16) XYZW－2型（第1拍と第2拍、第3拍と第4拍の音の母音は同じであり、かつ、第2拍と第4拍の音の子音も同じである）
　　　チョコマカ
(17) XYZW－3型（第1拍と第2拍、第3拍と第4拍の音の母音は同じである）
　　　ガタピシ
(18) XYZW－4型（第2拍と第4拍の音の母音は同じである）
　　　スタコラ
(19) XYZW－5型（XYXY型の前半部に「くさ」、「くり」とかの接尾語のようなものを伴う）
　　　ゴタクサ　ノロクサ　ブツクサ　ガタクリ　ノタクリ　パチクリ　ヨタクリ
(20) XYZW－6型（流行語的・俗語的であるもの）
　　　ホンワカ　アンポカ
(21) XYrt型
　　　カラリッ　ガラリッ　クルリッ　グルリッ　コロリッ　ゴロリッ　ザラリッ

ドタリッ　バラリッ　パラリッ　ピカリッ　ポタリッ
(22) XYrn型
　　　カラリン　ガラリン　クルリン　グルリン　コロリン　ゴロリン　サラリン
　　　バラリン　パラリン　ピカリン　ポタリン
(23) XtYZ型
　　　ウッスラ　フックラ
(24) XtYr型
　　　ウッカリ　ガッタリ　クッキリ　グッスリ　ゲッソリ　コッソリ　サッパリ
　　　スッカリ　スッキリ　タップリ　チャッカリ　ドッキリ　トップリ　ネッチリ
　　　ノッソリ　ノッペリ　ハッキリ　パックリ　バッサリ　バッタリ　ニョッキリ
　　　バッチリ　パッチリ　ベッタリ　ポッカリ　ムックリ　メッキリ　モッサリ
(25) XtYn型
　　　ゴットン　ゴッホン　スットン　スッテン　パッチン　ポッタン
(26) XnYr型
　　　アングリ　ウンザリ　グンナリ　グンニャリ　ゲンナリ　コンガリ　コンモリ
　　　ザンブリ　ションボリ　スンナリ　タンマリ　チンマリ　ニンマリ　ノンビリ
(27) XY:r型
　　　スラーリ　ソローリ　トローリ
(28) XY:t型
　　　ジローッ　ジワーッ　スイーッ　ズイーッ　スウーッ　スラーッ　ズラーッ
　　　デレーッ　ドサーッ　ニヤーッ　ピターッ　フアーッ　ボケーッ　ボヤーッ
(29) XY:n型
　　　ガラーン　ジャボーン　ジョボーン　ズシーン　ストーン　ドカーン
　　　ドサーン　ドシーン　ドターン　ドドーン　プツーン　ブラーン
(30) X:Yr型
　　　フーワリ　ユーラリ
(31) X:X:型
　　　ガーガー　キーキー　ザーザー　スースー　ゼーゼー　ニューニュー
　　　ピーピー　ヒューヒュー　ビュービュー　ピューピュー　ホーホー

五、5拍のもの

(32) XYXY型の末尾に、促音「ッ」または、はねる音「ン」を伴っているもの。
　　　カラカラッ　ガラガラッ　キラキラッ　ギラギラッ　クルクルッ
　　　グルグルッ　コロコロッ　ゴロゴロッ　サラサラッ　(XYXYt型)
　　　カラカラン　クルクルン　コロコロン　ゴロゴロン　(XYXYn型)
(33) XYXY型のものの、第1拍と第2拍の中間に、促音「ッ」が割り込んだもの、または、第1拍の音が長音となったもの。
　　　ガッタガタ　カッチカチ　ガッボガボ　ガッリガリ　サッラサラ　ダックダク

テッカテカ　バッラバラ　ピッカピカ　フッラフラ　ポッカポカ（XtYXY型）
ウーロウロ　スーイスイ　ニーヤニヤ　フーラフラ　ヨーロヨロ（X:YXY型）

(34) XYn型のXとYとの間に、促音「ッ」を割り込ませ、かつ、Yを長音としたもの。
ドッカーン　ドッシーン　ドッスーン　ドッボーン　バッターン（XtY:n型）

(35) その他の型のもの。
コテンパン　ドンピシャリ　バタンキュー

六、6拍のもの

(36) 3拍の同じものが重なって畳語形式となったもの。
ウツラウツラ　ズイコズイコ（XYZXYZ型）
ノソリノソリ　フラリフラリ　フワリフワリ（XYrXYr型）
コテンコテン　ズキンズキン　ベロンベロン（XYnXYn型）
アップアップ　カッチカッチ（XtYXtY型）
ウーロウーロ（X:YX:Y型）

(37) 3拍の異なった形のものを二つつないだ形のもの。
チラリホラリ　ヌラリクラリ　ノラリクラリ（XYrZYr型）
ドタンバタン（XYnZYn型）
ガタンゴトン　カランコロン　ドカンボコン（XYnZWn型）
ヤッサモッサ（XtYZtY型）
テンヤワンヤ（XnYZnY型）

(38) 2拍のものを三つ重ねた形のもの。
カンカンカン　シャンシャンシャン　ズルズルズル（XYXYXY型）
タッタッタッ　パッパッパッ（XtXtXt型）
キンキラキン　ギンギラギン　ドンドコドン（XYXZXY型）
キンコンカン　チントンシャン　ピンポンパン（XYZYWY型）

(39) 4拍+2拍の型のもの。
ガラガラポン　チンチンゴー

(40) その他の型のもの。
アッケラカン　ズッデンドー

七、7拍のもの （いずれも4拍+3拍と見ることができる）

(41) 末尾に促音「ッ」を伴っているもの。
キラキラキラッ　ギラギラギラッ　クルクルクルッ　グルグルグルッ
コロコロコロッ　スラスラスラッ　メリメリメリッ（XYXYXYt型）

(42) 末尾に「リ」を伴っているもの。
クルクルクルリ　グルグルグルリ　チラチラチラリ（XYXYXYr型）

(43) 末尾に「ン」を伴っているもの。
カラカラカラン　ガラガラガラン　コロコロコロン（XYXYXYn型）

(44) 末尾の一つ前に長音が割り込んでいるもの。

　　　　カンカンカーン　ガンガンガーン　ボンボンボーン（XYXYX:Y型）
　　　　グッグッグーツ　タッタッターツ（XtXtX:t型）
(45) その他の型のもの。
　　　　ガラガラピシン　ガラガラピシャン　ガラガラドスン
八、8拍のもの（だいたいにおいて、4拍+4拍と見ることができる）
(46) 異なった4拍のものを二つ結合させたもの。
　　　　カタカタコトコト　ガタガタゴトゴト　キンキンキラキラ　ゴロゴロピカピカ
　　　　ソワソワニヤニヤ　ワイワイガヤガヤ　エッチラオッチラ　ズングリムックリ
　　　　ギットンバッタン　スッテンコロリン　ガッタンゴットン　ギッコンバッタン
(47) 同じ4拍のものを二つ重ねて畳語形式としたもの。
　　　　カタコトカタコト　カッチンカッチン　カラコロカラコロ　ゴットンゴットン
　　　　コックリコックリ　ドンドコドンドコ　スタコラスタコラ　ノッソリノッソリ

2.1.2.2　泉邦寿（1976）による分類

　続いて、泉邦寿（1976）は日本語の擬音語・擬態語の持つ形の上での特徴に注目し、形態と意味との結び付きを考えた上で以下のように擬音語・擬態語を分類した。
　分類は、以下の例をもとにしている。
　a. 昨日はカラッとしたよい天気だった
　b. 翌日はカラリと晴れ上がった
　c. 缶を蹴るとカランと音をたてた
　d. その話を聞いて父はカラカラと笑った
　e. 停電でベルが鳴らない時には、カランカランと鐘を鳴らします
　f. カラコロという下駄の音が聞こえてきた
　g. 教会の鐘がカランコロンと鳴り響く
　h. ガラッと戸を開けて中に入る
　i. そこであの人はガラリと態度を変えた
　j. 部屋はガランとしていた
　k. ガラーンとして人っ子ひとりいなかった
　l. 家に帰るとまずガラガラとうがいをした
　m. その時、玄関の戸がガラガラッと開いた
　n. 神社の鈴をガランガランと鳴らした
　泉（1976）はこれらを「カラ」という要素を基本にしたヴァリエーションと考え、さらに様々なヴァリエーションを作り出すパターンがあると示唆し、日本語のオノマトペを「基本形」、「ツメル音」、「ハネル音」、「引ク音」、「リ音」、「繰り返し」、「音の一部交替」、「清濁音の対立」の8種類に分類した。

①基本形
　基本形には一音節（一拍）のもの、二音節（二拍）のもの、それ以上のものがあるが、一番多いのは二音節のものである。基本形だけでオノマトペとして用いられるも

のの数は少ない。また、一音節のものは、常に「と」を伴って用いられ、二音節のものは、そのままの形で用いられるのは普通である。基本形単独では用いられないが、ヴァリエーションの基本となるというものは数多い。

　　カラ　　ドカ　　コリ　　ドシなど

②ツメル音
　基本形あるいは基本形が展開された形にツメル音を加えることによって、急に止める切れのよさの音価を与えることができ、これは物音や動作などの瞬間性、すばやさ、一回性などを表わす効果がある。なお、このツメル音で終るオノマトペには文中では必ず「と」が付く。また、ハネル音の直前、直後には登場しない。

　　カラ→カラッ　　ペタ→ペタッ　　ドサ→ドサッ　　ゴー→ゴーッ
　　コロリ→コロリッ　　クルクル→クルクルッ、クルックルッ

③ハネル音
　ハネル音は響きのよさを与えることから、外界の音の響きのよさ、余韻、強さ、また動き・様子のリズミカルなこと、強さ、軽やかさなどを強調する効果がある。また、ハネル音を基本形の一要素とみなすべきものは多いが、その音象徴としての効果は類似している。例えば、カン、ポン、トン、コン、パンなど。なお、ハネル音はツメル音の直前、直後には出ない。

　　カラ→カラン　　コロ→コロン　　カチ→カチン　　ケロリ→ケロリン
　　ドキドキ→ドキンドキン　　ガチャガチャ→ガチャンがチャン、ガチャガチャン

④引ク音
　引ク音というのは母音の長音化のことであるが、これによって物音や動作・状態が長いこと、時間のかかること、続くことなどを表わしている。これは音声が長くなることと、それによって表わされることとの間に何らかのつながりがあることがはっきりと分かる例だと言えよう。なお、引ク音はツメル音、ハネル音の直後には現れない。また、繰り返し形でない場合には、引ク音で終るより、ニーッ、ジャーッのように、その後にツメル音を付けて終ることが多い。

　　フワ→フワー　　フワリ→フワーリ、フーワリ　　ドン→ドーン
　　ズドン→ズドーン　　トントン→トーントン、トントーン、トーントーン
　　ジワジワ→ジワジワー、ジワージワー

⑤リ音
　リ音はある程度の柔らかさ、滑らかさ、少々ゆっくりした感じを表わすことが多い。なお、リ音はツメル音、ハネル音の直後には現れない。

　　パサ→パサリ　　ツル→ツルリ　　ノソ→ノソリ
　　コトコト→コトリコトリ　　コロ→コロリ

⑥繰返し
　これは同音の反復（畳語）のことを言うが、日本語のオノマトペにはこの形のものが圧倒的に多い。繰返しの形が「物音や動きの繰返し」を表わすということには

かなりの一般性があると言えそうである。そして、この場合、何度か繰返すことを言語的には二回の繰返しで代表させていると言うことができる。もっとも、物音や動きの繰返しが多いことを強調する場合には、三回以上重ねる形もある。

　しかしながら、このような言語上での繰返しの形と現実界での有様との間に自然的な関係が常にあるかと言うとそうでもなく、言語によっては全く恣意的な場合もあるので注意を要する。

　　カラ→カラカラ　　　コロ→コロコロ　　　ボソ→ボソボソ　　　クヨ→クヨクヨ
　　ピョン→ピョンピョン　　ドスン→ドスンドスン
　　カラ→カラカラカラ　　クル→クルクルクル　　サッ→サッサッサッサッ

⑦音の一部交替

この形は単純な繰返し形に比べればずっと数は少ないが、結構ある。母音/a/と/o/との交替例かなり多く見られる。

　　カタコト　　　　ガサゴソ　　　ガタンゴトン

⑧清濁音の対立

日本語のオノマトペに顕著に見られる現象に清濁の対立がある。

　　ハラハラ/バラバラ/パラパラ　　　　カラカラ/ガラガラ

半濁は清に入れて、大まかに清濁の対立とその意味的効果を考えてみると、清音が軽やかであり、濁音は重い。そこで、清音との対立で用いられた濁音は、外界の音なら、重い音、にぶい音、大きな音などを表わし、動作・状態なら、強いこと、大きいこと、重いこと、乱暴なことなどを表わす傾向があるようだ。

　また、この濁音は聴覚的にもよい印象を与えない傾向があるので、不快な音を表わしたり、動作・有様にマイナスの意味を生じさせるようになることもある。

　つまり、客観的には同じような様子を指しながら、それに対する人間の側の評価や情緒的な感じの違いを対立させているのがこの清濁音の対立なのである。

2.2　中国語のオノマトペ

　「他把门砰的一声关上了。（彼はドアをばたんと閉めた。）」
　「玻璃杯啪嚓一声碎了。（コップががちゃんと割れた。）」
　「小鸟叽叽喳喳地叫着。（小鸟が騒がしくちゅんちゅんと鳴いている。）」

　中国語にもオノマトペが存在している。しかし、文章語に対して、中国語のオノマトペの多くは俗語として日常会話の中での口語表現にとどまり、家族内や親しい人の間によく使われるが、文章や公的な場面では、それを使うと文化的レベルが低いと思われる傾向がある。また、口語表現としての中国語のオノマトペは実際にどのような漢字で書くかが分からない場合が多い。

2.2.1　中国語のオノマトペの定義

中国語のオノマトペは「象声詞」と称されているが、文字通り、生物の声や無生物の音を模倣し漢字で表記する語群を指す。中国語には「擬態語」という術語はない。中国語の辞書では「象声詞」について次のように定義されている。

2.2.1.1　『辞海』による定義

『辞海』(1999年普及版〈上〉)では、「象声詞」について以下のように定義している。

象声詞：
- (中)：即拟声词，模仿自然声音构成的词。如模仿流水声的"潺潺"，布谷鸟声的"布谷"。
- (日)：象声詞は即ち擬音語で、自然の音声を模倣する言葉である。水の流れる音を模倣する「潺潺(せんせん)」、カッコウの鳴き声を模倣する「カッコウ」の類。

2.2.1.2　『現代漢語詞典』による定義

『現代漢語詞典』(第七版)では、「象声詞」の定義について次のように説明している。

象声詞：
- (中)：模拟事物的声音的词，如"哗，轰，乒乓，叮咚，扑哧"。
- (日)：物事の音声を模倣する言葉で、「がらり、どかん、ぱちぱち、チリンチリン、ぷっと」の類。

2.2.2　中国語のオノマトペの形態

中国語のオノマトペは漢字をもって表記するため、漢字の一つの文字を1拍として数えるのが普通である。天沼寧 (1974) の分類方法を参照し、中国語のオノマトペの拍数によって、以下の13の型に分類することができる。

一、1拍のもの

(1) X型

砰^{pēng}（ばたん、どかん）　　铛^{dāng}（カン、カチン）

啪^{pā}（ぱん、ぱちり、ぱちん）　　哗^{huā}（がらり、ざあざあ、さらさら）

刺^{cī}（するっと、しゅっしゅっと）　　嘣^{bēng}（パーン）

轰^{hōng}（大砲、雷などの音「どかん」、「どーん」、「ごろごろ」）

二、2拍のもの

(2) XX型

汪汪^{wāng wāng}（犬の鳴き声「わんわん」）　　铛铛^{dāng dāng}（カンカン、カチンカチン）

哈哈^{hā hā}（はっはっ）　　嗡嗡^{wēng wēng}（ぶんぶん）　　咯咯^{gē gē}（こっこっ、くすくす）

呼呼^{hū hū}（風やいびきを形容する「びゅうびゅう」、「ぐうぐう」）

(3) XY型

咯吱 gē zhī（ぎしぎし） 　　　叮当 dīng dāng（チリンチリン、カチンカチン）

叮咚 dīng dōng（チリンチリン） 　　　扑腾 pū tēng（「ものが地に落ちる音」ぼとん、どしん）

扑哧 pū chī（笑い声「ぷっと」、気体の吹き出す音「しゅっしゅっと」）

扑棱 pū lēng（ばたばた）

三、3拍のもの

(4) XXY型

叮叮当 dīng dīng dāng（金属などがぶつかり合う音） 　　　滴滴答 dī dī dā（ポタポタ、カチカチ）

咚咚锵 dōng dōng qiāng（太鼓とシンバルの音）

(5) XYY型

呼啦啦 hū lā lā（ひらひら） 　　　轰隆隆 hōng lōng lōng（どかん、どーん、ごろごろ）

咯噔噔 gē dēng dēng（こつこつ）

(6) XYX型

滴答滴 dī dā dī（ポタポタ、カチカチ）

锵咚锵 qiāng dōng qiāng（金属器物の音「どんじゃん」、「じゃんじゃん」）

四、4拍のもの

(7) XYYY型

哗啦啦啦 huā lā lā lā（水や川の流れる音。「さらさら」、「ざあざあ」）

轰隆隆隆 hōng lōng lōng lōng（大砲、雷などの音。「どかん」、「どーん」、「ごろごろ」）

扑棱棱棱 pū lēng lēng lēng（鳥のはばたく音。「ばたばた」）

(8) XXYY型

叮叮当当 dīng dīng dāng dāng（金属のぶつかり合う音）

乒乒乓乓 pīng pīng pāng pāng（ぱちぱち、ぱらぱら）

叽叽喳喳 jī jī zhā zhā（小鳥が騒がしく鳴く声。）

叽叽嘎嘎 jī jī gā gā（ぺらぺら、げらげら）

(9) XYXY型

咕嘟咕嘟 gū dū gū dū（水が涌く音、沸く音、水を大口で飲む音。「ぐつぐつ」、「がぶがぶ」）

咕咚咕咚 gū dōng gū dōng（重いものが落ちる音。「どすん」、「どしん」、「どぶん」）

啪嗒啪嗒 pā dā pā dā（ばたばた、がちゃんがちゃん）

(10) XYZY型
　咿啦哇啦（大声でうるさく叫ぶ声。）
　叽吱咯吱（堅い物がこすれる、たわむ、きしむときの鋭い連続音。）

(11) XYZW型
　丁零当啷（うるさい音。「がちゃがちゃ」）
　乒零乓啷（びんなどがぶつかり合う音。）

(12) X里（哩）XY型
　哇哩哇啦（人の話し声。）
　呼哩呼噜（うどんやおかゆをすする音。）

(13) X里（哩）YZ型
　叽里咕噜（口の中にこもった声、物が転がる音。）
　噼里啪啦（小さい物が打ち当たりながら散らばる音、拍手の音。そろばんをはじく音。）
　稀里哗啦（物が出す雑然とした音、大雨などが降る音、またその様子。）

2.3　中国語話者による日本語のオノマトペの学習や翻訳における問題点

2.3.1　中国語話者による日本語のオノマトペの学習における問題点

　日本語のオノマトペは日本人には馴染み深いものであり、日本人は自らの感覚で自然に使っているが、外国人日本語学習者にとって、なかなか身につきにくいものである。

　中国語と日本語と共に「オノマトペ」という語群が存在するが、両言語のオノマトペの間に、当然ながら異同がある。動物の鳴き声を表す擬音語を例とすると、同様な動物により発した声を中国語と日本語それぞれの言語音で表すと、発音が非常に類似しているもの（「同義同音の擬音語」）、発音が部分的に類似しているもの（「部分同音の擬音語」）、発音がまったく異なるもの（「同義異音の擬音語」）がある。そのため、日本語を学ぶ中国語話者や、中国語を学ぶ日本語話者にとって、日中両言語の擬音語が混同しやすく、その習得は決して容易にできることではない。

（表 2-1 参照）

表 2-1　動物の鳴き声を表す擬音語の日中対照

同義同音の擬音語			部分同音の擬音語			同義異音の擬音語		
動物	日本語	中国語	動物	日本語	中国語	動物	日本語	中国語
犬	ワンワン	wāng wāng 汪汪	羊	メーメー	miē miē 咩咩	鶏	コケコッコー	wō wō 喔喔
牛	モーモー	mōu mōu 哞哞	カラス	カーカー	guā guā 呱呱	蛙	ケロケロ	guā guā 呱呱

　一方、彭飛（2007）によれば、「中国語には『象声詞』（擬音語）という言葉があるが、『擬態語』という術語はない。日本語の擬態語は人間の心理状態などを直感（感性）で捕らえ、言語音を通して直接的ではなく、間接的に示すもので、擬音語と異なって、抽象性がより高く、写実性は低い。」そのため日本語を学ぶ中国語話者にとって、擬態語の理解や習得は大変難しいことだとしばしば言われている。

　また、張（1989）は日本語学習者の立場から日本語の擬音語・擬態語の学習について、「それは感覚的で、規則性がないため、中国人学習者にとっては助詞や敬語の使い分けといった文法的な問題以上に難しい。」と述べ、中国人日本語学習者にとって、オノマトペの学習が難しい理由として以下の三つを挙げている。

　①オノマトペは感覚的、理屈では割り切れない。
　②オノマトペは清濁により違いがある。
　③中国語にはオノマトペが少ない。

2.3.2　中国語話者による日本語のオノマトペの翻訳における問題点

2.3.2.1　中国語話者による日本語のオノマトペの翻訳表現

　多くの中国人日本語学習者（特に、日本に留学している学習者）が、普段の日本人同士の会話を聞いたり、新聞やテレビを見たりすることにより、オノマトペの使用頻度の高いこと、そして、その場の雰囲気や感情をうまく伝えるのはオノマトペしかないことを実感したことがある。しかし、それを中国語に翻訳しようとした時に、対応する中国語が見つからず、大変苦労した経験を持っている。

　以下、日本語のオノマトペを中国語に訳す際によく使われる表現法をまとめてみる。分析対象は、『日中擬声語・擬態語辞典』（郭華江主編, 上海訳文出版社, 1994）の例文である。なお、一つのオノマトペに対する例文が多く挙げられているが、本研究では量的な分析ではなく、どのような表現法で翻訳したかについてのみ分析することにする。

　（1）日本語の擬態語を中国語の形容詞で表現する。
　　　①（日）：晴れ渡った空には白い円盤のような太陽がぎらぎらと輝いている。
　　　　（中）：万里晴空，太阳宛如白色的圆盘，发出耀眼的光芒。

②（日）：子供が手に持っている風車は風に吹かれて<u>くるくる</u>回っている。
　　　　（中）：孩子手里拿着的纸风车被风吹得<u>滴溜溜</u>转。
　　③（日）：<u>うらうら</u>とした日差しを浴びて公園のベンチで友達と話しあう。
　　　　（中）：沐浴在<u>和煦的</u>阳光下，我和朋友坐在公园的长凳上交谈。
　　④（日）：彼の車は、車体は<u>ぴかぴか</u>だが、内部の部品は中古品である。
　　　　（中）：他的车子车身<u>亮铮铮</u>的，但车内的部件都是半旧不新的。
(2) 日本語の擬態語を中国語の動詞で表現する。
　　①（日）：昨夜十一時ごろ怪しげな男が、あの家の門の前を<u>うろうろ</u>していた。
　　　　（中）：昨晚十一点左右，有个形迹可疑的家伙在那家门前<u>转悠</u>。
　　②（日）：「理由を申し上げます」細川はいかにも悔しそうに私を<u>ぐっと</u>にらみながら、そう言った。
　　　　（中）：细川显得很委屈，<u>使劲</u>瞪我一眼说道："我把理由说明一下。"
　　③（日）：今は反対しないで、しばらく<u>じっと</u>している方がいい。
　　　　（中）：现在不要反对，暂且<u>忍耐</u>为好。
(3) 日本語の擬態語を中国語の「動詞＋補語」で表現する。
　　①（日）：顔を合わせる度に愚痴を聞かされてはいい加減<u>うんざり</u>する。
　　　　（中）：每次见面都听他发牢骚，真是<u>腻烦透了</u>。
　　②（日）：彼女たちの脚はみんな<u>すらり</u>としていて美しい。
　　　　（中）：她们的腿都<u>长得瘦长</u>，真好看。
　　③（日）：やせたのでズボンが<u>ぶかぶか</u>になってしまった。
　　　　（中）：瘦得裤子都<u>显肥了</u>。
(4) 日本語の擬態語を中国語の成語で表現する。
　　①（日）：今日の音楽会には彼も来ているはずだと、百合子は<u>きょろきょろ</u>場内を見回している。
　　　　（中）：今天的音乐会他应该来的，百合子<u>东张西望</u>地环视整个会场。
　　②（日）：よい知らせを受けた彼女は<u>うきうき</u>として、鼻歌交じりで運転していた。
　　　　（中）：她听到了好消息，<u>兴高采烈</u>，哼着歌儿开车。
　　③（日）：医師が首をかしげたりする度に家族は青くなり、なかなか結論の出ないのに<u>いらいら</u>した。
　　　　（中）：每当大夫摆一下脑袋，病人家属的脸色就变得苍白，为得不出结论而<u>心急如焚</u>。
　　④（日）：夜勤を終えて、夫は<u>がっかり</u>した様子で帰ってきた。
　　　　（中）：做完夜班，丈夫<u>筋疲力尽</u>地回来了。①
(5) 日本語の擬態語を中国語の副詞で表現する。

---

① 筆者による修正意見：「<u>做完夜班</u>」→「<u>值完夜班</u>」。

① (日)：人から借りた本をきちんと返さない人が少なくない。そのまま自分の物にしてしまう人さえある。
　 (中)：不少人借了人家的书不如期归还，甚至还有人就此占为己有。
② (日)：R氏は他見された場合にも差支えない表向きの日記の外に、秘密の日記をこっそり別の手帳に付けていた。
　 (中)：除了让人看见也无关紧要的公开日记外，R氏还在别的笔记本上私下记着秘密日记。
③ (日)：彼の話によると、完成するまでざっと二年はかかるようだ。
　 (中)：据他说，完成任务大约需要两年时间。
④ (日)：返事は今すぐにはできない。じっくり考えさせてもらいたい。
　 (中)：现在不能马上给你答复，请让我好好想想。

(6) 日本語の擬態語を中国語の慣用句・熟語で表現する。
① (日)：太一は怒って「勝手にしろ」と言って彼に背を向けると、すたすたと足早に引返して行った。
　 (中)：太一发怒了，说声"随你的便！"一转身背朝着他，三步并作两步飞快地走回去了。
② (日)：高速道路での事故による渋滞で、車は二キロにわたってずらーっと並んだ。
　 (中)：由于高速公路上发生了事故，交通阻塞，车子排成了一字长蛇阵，足有两千米长。
③ (日)：朝食はいつもちょこちょこと済ませて大急ぎで出勤する。
　 (中)：我总是三下五除二地吃完早饭，然后急匆匆地去上班。
④ (日)：車体をきーきーきしませながらとことこ走るこの汽車も、もう間もなく姿を消す。
　 (中)：一边牵着吱吱作响的车身，一边使足九牛二虎之力奔驰的火车，不久将会消失。

(7) 日本語の擬態語を中国語の「象声詞（擬音語）」で表現する。
① (日)：路上は雪が凍りついて、チェーンを巻いていない車はまるでスケートをしているようにするする滑った。
　 (中)：路上的积雪结成了冰，没安防滑链的汽车，就像滑冰似地哧溜哧溜滑行。
② (日)：夏は、お風呂から上がってしばらくの間たらりたらりと額から止めどもなく汗が流れる。
　 (中)：夏天洗完澡后，额上的汗珠还是啪嗒啪嗒淌个不停。
③ (日)：急いで走ってきたので、心臓がどきどきして、しゃべることもできない。
　 (中)：急步飞跑而来，心脏跳得扑通扑通，连话也说不出。

(8) 日本語の擬態語を中国語で比喩の手法を使って表現する。
　① （日）：ふとしたことからけんか別れしてしまったが、自分の落ち度を思い出すと心がちくちく痛む。
　　（中）：由于偶然的一点小事发生争吵后断绝了来往，可是一想到自己的过失，心里犹如针扎般的疼痛。
　② （日）：お正月の準備で大忙しの大晦日に夫が急病で入院、わが家はてんやわんやだった。
　　（中）：在大家为过新年做准备而忙得不可开交的除夕那天，丈夫因得急症住进了医院，全家乱成了一锅粥。
　③ （日）：母はもともとちっとやそっとのことでへこたれる人ではない。
　　（中）：母亲从来就不是一个因芝麻绿豆大的事而气馁的人。

(9) 日本語の擬態語を中国語の短句で表現する。
　① （日）：私たちを乗せたロケバスや報道陣の車が田舎のその町に到着した時、沿道にはすでに群集がぎっしりだった。
　　（中）：当我们乘坐的拍摄外景的车子和记者的汽车到达那乡村小镇时，沿途早已密密层层地挤满了人。
　② （日）：ほんの四、五日の滞在の予定だったのに、引き留められて、私はそのままずるずると十日間もぐずぐずしてしまった。
　　（中）：本来预定在那儿只待四五天，可他们留住我，就那样一天拖一天地住了十天。
　③ （日）：彼と話しているとどうも話がちぐはぐになる。
　　（中）：和他讲话总是谈不到点子上。
　④ （日）：今回の事件の中心人物である彼女が現れると、カメラマンがどっと取り囲んだ。
　　（中）：这次事件的中心人物刚出现，摄影记者一下子涌上去把她围了起来。

(10) 日本語の擬態語を中国語の数量詞で表現する。
　① （日）：津波で岬の東側がざっくりとえぐり取られた。
　　（中）：海角的东侧，被海啸冲去了一大块。
　② （日）：河のはん濫で電車軌道はずたずたに寸断された。
　　（中）：由于河水泛滥，电车轨道被冲成一段一段。
　③ （日）：梅雨の晴れ間には団地のベランダに布団がずらずらと干される。
　　（中）：梅雨季节内的短暂晴天，新村的阳台上晒着一排排被褥。
　④ （日）：茎を引っ張ると落花生がぞろりと出てきた。
　　（中）：一拔花生梗就带出了一大串花生。

(11) 日本語の擬音語を中国語の「象声詞（擬音語）」で表現する。
　① （日）：産室からおぎゃー、おぎゃーという産声が聞こえてきた。
　　（中）：从产房传来了婴儿呱呱的哭声。

②（日）：彼女は兄からの手紙を読みながら時時うふふと笑い声を漏らしている。
　（中）：读着哥哥的来信，她不时扑哧笑出声来。
③（日）：隣で飼っているあひるのがーがーという声がうるさくてかなわない。
　（中）：邻居家里养着鸭子，那嘎嘎的叫声吵得人受不了。
④（日）：道路に捨てられた空き缶が通行人にけ飛ばされてからんからんと音を立てる。
　（中）：扔在路上的空罐被行人踢得叮当直响。

　以上のように、日本語の擬音語のほとんどが中国語の「象声詞（擬音語）」で表現できるのに対し、擬態語を中国語に翻訳すると、形容詞、動詞、成語、副詞、慣用句や熟語、「象声詞（擬音語）」、数量詞で表現する一方、具体的な場面により短い句や比喩の手法を使って表現するように様々な表現法に工夫をしなければならない。

2.3.2.2　中国語話者による日本語のオノマトペ翻訳上の問題点

　日本語のオノマトペが「清音・濁音」、語根の反復や「リ音」、「促音」を入れることによって表す動作の強さや状態に微妙な違いがあるため、その翻訳は外国人日本語学習者にとってより難しくなる。ここでは、中国語話者が日本語のオノマトペを翻訳することにあたって起きやすい問題点について分析してみる。分析には上記の『日中擬声語・擬態語辞典』の例文を対象とした。

（1）同じ語根からなる清音のオノマトペと濁音のオノマトペ、及び半濁音のオノマトペを中国語に訳すと、訳語が同じで、日本語のオノマトペにおける「清音・濁音・半濁音」による語感の相違を表現できない。

「たらたら」・「だらだら」
①（日）：演奏している時額からたらたら流れる汗が目に入り、ふくこともできず、とうとう音を一つ間違えた。
　（中）：演奏时，额上滴滴答答淌下的汗水流进眼里，擦都没法擦，终于弹错了一个音。
②（日）：幼い子供はスープをだらだらこぼしながら食事していた。
　（中）：小孩子吃饭时，不时把汤滴滴答答地弄洒了。

「とろとろ」・「どろどろ」
①（日）：そこで食べたビーフステーキは、炭焼きで、脂の所もとろとろに焼けて、大変おいしかった。
　（中）：在那里吃的牛排是用炭烤的，连肥的地方也烤得黏糊糊的，十分可口。
②（日）：暑さのためにミルクが腐ってどろどろになってしまった。
　（中）：由于炎热，牛奶变质，变得黏糊糊的。

「ばらばら」・「ぱらぱら」
①（日）：ばらばらとすごい音がしたので窓を開けたら直径一センチほどのひょうが顔に当たった。

（中）：一阵啪嗒啪嗒激烈的响声大作，刚打开窗户，一颗直径一厘米左右的冰雹打在脸上。
　②（日）：激しい風が砂を巻いて、ぱらぱらとガラス窓に打ち付けてきた。
　　　（中）：狂风卷起沙子，啪嗒啪嗒地打在玻璃窗上。

「ころころ」・「ごろごろ」
　①（日）：はしの間から落としたくわいが床をころころと転がっていった。
　　　（中）：慈姑从夹着的筷子缝里掉下来，在地板上骨碌骨碌滚去。
　②（日）：大きな石は数人がかりでごろごろと転がして運んだ。
　　　（中）：几个人骨碌骨碌地推着搬运一块大石头。

（2）同じ語根からなる反復形のオノマトペや「リ音」のオノマトペ、「促音」のオノマトペを中国語に訳すと、訳語が同じで、日本語のオノマトペにおける語形の変化による語感の相違を表現できない。

「ぞろぞろ」・「ぞろり」
　①（日）：今年の入試問題を点検してみると、相変わらず難問珍問がぞろぞろ。
　　　（中）：检查一下今年的入学试题，难题怪题依然是一大串。
　②（日）：茎を引っ張ると落花生がぞろりと出てきた。
　　　（中）：一拔花生梗就带出了一大串花生。

「きらきら」・「きらり」
　①（日）：ノーベル賞を受賞した老博士の目には感激の涙がきらきらと光っていた。
　　　（中）：获得了诺贝尔奖的老博士的眼中，感激的泪花晶莹透亮。
　②（日）：エンゲージリングを彼にはめてもらった時、彼女の目にはきらりと涙が光った。
　　　（中）：当他给她戴上订婚戒指时，泪水在她眼中晶莹闪现。①

「くるくる」・「くるくるっ」
　①（日）：小学生たちは大きな地球儀をくるくる回しながら、日本は小さいなあ、カナダは広いんだなあなどと言っている。
　　　（中）：小学生一面骨碌碌地转动大地球仪，一面说着"日本真小啊，加拿大真大啊"等等。
　②（日）：このハトロン紙は普段巻いてしまっておくので、使おうと思って広げてもすぐくるくるっと丸まってしまう。
　　　（中）：这张牛皮纸平时是卷着的。要用时即使摊开来，也还是会立刻骨碌碌地卷回去。

「とろとろ」・「とろり」・「とろっ」
　①（日）：暑さいため、あめがとろとろに溶けてしまった。

---

① 筆者による修正意見：「当他给她戴上订婚戒指时，她的眼中闪过一丝泪光。」

（中）：由于炎热，糖果溶得黏糊糊了。
　②（日）：水面はまるで油でも流したようにとろりとしている。
　　（中）：水面上简直就像漂着油一般黏糊糊的。
　③（日）：その地方の人たちは豚の脂を入れてとろっと煮込んだおかゆを好む。
　　（中）：那个地区的人喜欢吃放猪油后熬得黏糊糊的粥。
（3）異なる日本語のオノマトペ（主に擬音語）を中国語に訳すと、同一の訳語で表現してしまうことがある。
　「ザーザー」・「ジャージャー」
　①（日）：ふろ場からザーザーと湯を使う音が聞こえてくる。
　　（中）：从浴室里传来哗哗地使用洗澡水的声音。
　②（日）：手にやけどをした母は、水道の水をジャージャーかけて冷やしている。
　　（中）：母亲手被烫伤，正用自来水哗哗地把手冲凉。
　「かりかり」・「ぱりぱり」
　①（日）：彼女は歯がよいので固い物でもかりかりとおいしそうに食べる。
　　（中）：她牙齿好，硬的食物也咯吱咯吱地吃得很香甜。
　②（日）：倉の周囲には始終猫がうろついていて、ぱりぱり壁を引っかいたりする。
　　（中）：猫老是在仓库周围走来走去，咯吱咯吱用爪抓墙壁。
　「からから」・「ばらばら」
　①（日）：彼はげたの音をからからと響かせて散歩に出掛けた。
　　（中）：他啪嗒啪嗒地跋着木屐出门散步了。
　②（日）：ばらばらとすごい音がしたので窓を開けたら直径一センチほどのひょうが顔に当たった。
　　（中）：一阵啪嗒啪嗒激烈的响声大作，刚打开窗户，一颗直径一厘米左右的冰雹打在脸上。
　「こちこち」・「ちくたく」
　①（日）：こちこちという時計の音が気になって眠れない。
　　（中）：时钟嘀嗒嘀嗒的声响非常讨厌，令人难以入睡。
　②（日）：しんと静まり返った部屋に、柱時計のちくたくという音だけが響いている。
　　（中）：寂静无声的房间里，只有挂钟发出嘀嗒嘀嗒的声响。
　以上のように、日本語のオノマトペによく見られる「清音・濁音の効果」、語根の反復や「リ音」、「促音」が表す語感の相違を中国語で表現するのが非常に難しく、場合によって、同じ表現で翻訳することしかできない。これらの日本語のオノマトペに多数存在している子音の変化や語形の変化などは、日本語母語話者の感覚ではどのような象徴的な意味を持つかを明らかにし、それを先に念頭に入れれば、今度それら

に遭遇する際に、その理解や翻訳に役立つと考えられるだろう。

2.4 音象徴に関する先行研究

　ある語音がある感覚や意味に結びついていることは、かなり以前から指摘された。
　サピア (1929) は、英語の無意味音声と視覚的大きさとの照応を研究した。無意味音声/mal/と/mil/に「机」という意味を与えて、被験者にどちらが大きい机と感じるかを答えさせた結果、母音/a/を含む/mal/の方が「大きい」という印象を与えるという。
　また、音象徴の探索において、Koehler (1929) による「描画と音の対応付け」という実験がある。この実験は、ある図形に対して無意味綴りの語を与え、被験者に評価もしくは選択させ、そこから音象徴の現象を分析していくことが目的である。実験では、刺激として曲線的な絵と直線的な絵（図2-1）を被験者に提示し、それに/maluma/と/takete/という語を与え、どちらがどの図にふさわしい名前かあてはめさせた。実験の結果、被験者の 97%が/maluma/を曲線的な絵に、94%が/takete/を直線的な絵に対応させた。

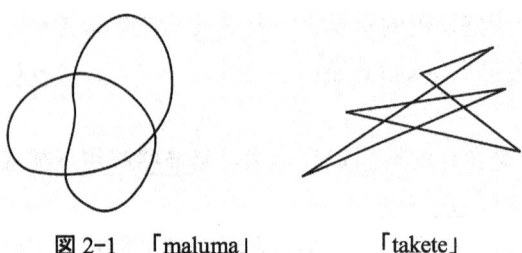

図2-1　「maluma」　　「takete」

　さらに、日本語話者と英語話者の共有する音象徴については、Miron(1961)が無意味語を使った実験的研究を行った。Miron は 50 の CVC（子音―母音―子音）からなる無意味語に対して英語話者と日本語話者が言葉の音声から捉える意味を、SD 法を用いて「good-bad」「pleasant-unpleasant」「strong-weak」などの 15 の項目について 7 段階で求めた。例えば、「gop」という無意味語を聞いた日本語話者と英語話者は、その言葉の音から捉えられる意味が「いい」のか、「速い」のか、「強い」のかなどを 7 段階で判断した。その結果、母音「i」を含む語と母音「o」や「u」を含む語に対する判断を比べると、英語話者も日本語話者も、前者は後者より「速い」、「弱い」意味合いがあると判断する傾向があり、両言語の話者の共通点が明らかとなった。このことから Miron(1961)は音象徴が普遍である可能性を示唆した。
　最後に、SD 法及び因子分析を用いた例として、Oyama & Haga (1963) による研究がある。具体的には、CVCVCV 形式の無意味綴り（「ラマラ」「リミリ」など5つの単語）を 39 名の被験者に同じ SD 尺度で評定させた。刺激語で用いた母音は/a/,/e/,/i/,/o/,/u/で、子音は/r/,/m/,/k/,/t/で、因子分析を行うにより、「安定」「明瞭さ」「力量」という 3 つの因子が得られた。この実験の結果、母音の/u/と/o/は/i/

と/e/より「深く、遠く、満ちていて、柔らかく、熱く、湿っていて、滑らかである」などの象徴性が見られた。

このように、言葉の音声とその指示物との関係は恣意的であると指摘されるが、私たちはある音に対してある印象を抱きやすいようである。ただし、このような研究のほとんどは無意味語を用いた調査であった。

なお、「普通語彙」（一般の語彙）が含む音象徴については、須部（2003, 2004）がある。須部（2003, 2004）では、日本語の知識のないタイ人を対象としては日本語形容詞の対義語（例えば、弱い－強いなど）を用い、中国語の知識のない日本人を対象としては中国語の対義語（例えば、チャン＜強い＞－ルオ＜弱い＞、チャーン＜立つ＞－ツオー＜座る＞など）を用い、ルーマニア語の知識のない日本人を対象としてはルーマニア語の対義語（puternic＜強い＞－slab＜弱い＞など）を用いて、普通語彙の音調が直感的な意味類推に与える心理的な影響について調査した。その結果、オノマトペそのものではないものの、音象徴が普通語彙の中にも世界の言語の差を越えて普遍的に存在する可能性があることが示唆されている。

2.5 日本語のオノマトペが含む音象徴に関する先行研究

日本語のオノマトペと音象徴に関する先行研究としては、金田一（1978）『擬音語・擬態語辞典』での解説、日本語のオノマトペの音象徴の体系を詳しく分析したHamano（1998）の研究、及び実験調査を行った実証的な研究がある。また、実証的な研究には、日本語母語話者のみを対象として調査したものと、日本語母語話者と非日本語母語話者との両方を調査対象としたものがある。

2.5.1 金田一春彦（1978）の解説

元来、語と意味との結び付きは恣意的[1]であるが、擬態語の場合にはある程度の規則性が見出せる。金田一（1978）は『擬音語・擬態語辞典』で、擬音語・擬態語の音象徴について以下のように解説している。
(1) 母音について
　①/a/, /i/, /u/, /e/, /o/のうち、/e/の音は著しく少ない。
　②/i/の音は小さいこと、運動が速いことを表し、/a/, /o/の音はこれに対立する傾向がある。
(2) 子音について
　①/g/, /z/, /d/, /b/のような濁音は、鈍いもの、重いもの、大きいもの、汚いものを表し、一方、清音は鋭いもの、軽いもの、小さいもの、美しいものを表す。

---

[1] 恣意性：「（フランス）arbitraire」ソシュールの用語。ソシュール(Saussure)によって提唱された言語記号の恣意性は、言語記号を構成するsignifiant（能記）とsignifie（所記）の間には有縁性（類似性）がなく、両者は恣意的に結合するというもので、他の言語理論の出発点となる最も重要なものである。

②/h/と/p/とはともに/b/と対立するが、/h/は、より文章語的で品がいい感じがあるのに対し、/p/は俗語的で品が落ちる。
③拗音も、一般に、直音に対して俗語的で品が欠ける。
④一般の子音では、/k/, /t/は堅いことを表し、/s/は摩擦感のあることを、/r/は粘って滑らかなこと、/h/, /p/は抵抗感のないことを、/m/はやわらかいことを表す。
⑤/r/は流動を表すが、同時に他の形態素と組み合わされて、種々の状態を表し、擬音語・擬態語では重要な役を帯びる。

(3) 2拍の語根を重ねるものが多い
　①同じ語根を重ねるもの（第2音がラ行のものが多い）
　　「からから」「きらきら」「くるくる」など
　②類似音を重ねるもの
　　「あたふた」「かさこそ」「どぎまぎ」など
　③全く似ていない音を重ねるもの
　　「がたぴし」「そそくさ」「ぱちくり」など
　④同じ語根に「っ」「ん」「り」のつくもの
　　「ころっ」「ころん」「ころり」など

(4) 各形態の微妙な違いについて（反転を表す「ころ」を例として）
　①「ころっ」は転がりかけることを表す。
　②「ころん」は弾んで転がることを表す。
　③「ころり」は転がって止まることを表す。
　④「ころころ」は連続して転がることを表す。
　⑤「ころんころん」は弾みをもって勢いよく転がることを表す。
　⑥「ころりころり」は転がっては止まり、転がっては止まることを表す。
　⑦「ころりんこ」は一度転がりはしたが、最後に安定して止まって、二度と転がりそうもないことを表す。

このように、日本語のオノマトペが含む音象徴について、その子音や母音、及び各形態が持つ音象徴的な意味から、全体的なイメージが見られる。

2.5.2　Hamano（1998）の研究

　Hamano（1998）は、日本語の子音と母音を音感素①に設定し、擬音語・擬態語を子音・母音 CV（例えば/pi/）タイプと子音・母音・子音・母音 CVCV（例えば/pika/）タイプに分け、組織的な分析を行い、日本語の各子音と母音には特定の感性的感情的意味があることを主張している。その研究によると、日本語には体系的な音象徴が見られ、子音・母音それぞれの持つ意味が分かる。表 2-2 には、CV タイプの子音が表す

---

① 音感素は、音素と形態論の間のレベルに位置する、音象徴における基本単位である。

音象徴的な意味を示し、表 2-3 には、母音が表す音象徴的な意味を示す。

表 2-2　日本語の CV タイプの擬音語・擬態語における子音の音象徴的意味[①]

子音	音象徴的意味	
/p/	張り詰めた表面；爆発的運動；	軽い；小さい；細かい
/b/	張り詰めた表面；爆発的運動；	重い；大きい；粗い
/t/	緩んだ表面；叩く事；	軽い；小さい；細かい
/d/	緩んだ表面；叩く事；	重い；大きい；粗い
/k/	硬い表面；深さ；奥；咽頭音；	軽い；小さい；細かい
/g/	硬い表面；深さ；奥；咽頭音；	重い；大きい；粗い
/s/	滑らかな動き；	軽い；小さい；細かい
/z/	滑らかな動き；	重い；大きい；粗い
/h/	息	
/m//n/	抑制；曖昧さ	
/w//Ø/	大きな人の声；動物の声	
*拗音化	子供っぽさ、余剰のエネルギー	

表 2-3　日本語の擬音語・擬態語における母音の音象徴的意味

母音	音象徴的意味
/i/	直線性；高い音
/u/	小さな突き出した開口部
/o/	狭い面積；目立たなさ；控え
/a/	広い面積；物事の全体性；目立つこと
/e/	下品さ

　一方、Hamano（1998）によると、二モーラ語基を持つオノマトペの第一音節にある子音（C_1）と第二音節にある子音（C_2）は機能的に異なっている。C_1 は物の触覚に関する性質を表すが、C_2 は動作の性質を表している。従って、同じ子音でも単語の中で現れる場所によって意味が異なる。例えば、/p/は語頭にある場合張り詰めた表面を意味するが、第二音節にある場合には爆発的運動という意味を持つ。また語頭の/t/は緩んだ表面という意味を表すが、第二音節の/t/は叩くことを意味する。第一と第二音節における子音の意味上の相違を表 2-4 と表 2-5 に示す。

表 2-4　CVCV タイプにおける第一音節にある子音 C_1 の音象徴的意味

子音	音象徴的意味	
/p/	張り詰めた表面	軽い；小さい；細かい
/b/	張り詰めた表面	重い；大きい；粗い
/t/	表面張力の不足；抑えられた感じ	軽い；小さい；細かい
/d/	表面張力の不足；抑えられた感じ	重い；大きい；粗い

[①] 以下の表 2-2 から表 2-5 は Hamano(1998)をもとに筆者が作成した。

子音	音象徴的意味	
/k/	硬い表面	軽い；小さい；細かい
/g/	硬い表面	重い；大きい；粗い
/s/	粘り気のない物；静けさ	軽い；小さい；細かい
/z/	粘り気のない物；静けさ	重い；大きい；粗い
/h/	弱さ；柔らかさ；信頼できないこと；不確定であること	
/m/	暗さ	
/n/	粘度；粘り気があること；粘液；緩やかさ	
/y/	ゆっくりとした動き；揺る動き；不安定な動き	
/w/	人の声；感情の激変	

表 2-5　CVCV タイプにおける第二音節にある子音 C_2 の音象徴的意味

子音	音象徴的意味
/p/	爆発；破壊；決断
/b/	爆発；破壊；決断
/t/	表面にぶつかること；接触；完全な一致
/k/	開くこと；解散；はれ；拡張；吹きかけること；内側から発光すること；浮上すること；内から外への動作
/s/	滑かな接触；摩擦
/h/	息
/m/	?
/n/	曲げること；弾力性；信頼できないこと；力の不足；弱さ
/y/	多くの元からの音；濁り；子供っぽさ
/w/	柔らかさ；弱さ；濁り
/r/	回転；滑らかな動き

さらに、Hamano（1998）は擬音語・擬態語を CV を基にして母音を伸ばしたり、促音や撥音を加えたりした/pi/, /pii/, /piQ/, /piN/のような語と、$C_1V_1C_2V_2$を基にして反復形にしたり、「り」や促音を加えた/pika-pika/, /pikari/, /pikaQ/のような語に分け、CV を基にした語の方が CVCV を基にした語より類像性[①]が高い（語の音声と語の指示する意味が類似している）とした。

2.5.3　日本語母語話者のみを調査対象とした研究

日本語母語話者のみを対象として調査した研究としては、以下の芳賀（1977）、中野（1978, 1979）、苧阪（1999）、丹野（2005）などがある。

芳賀（1977）は「ハ」「パ」「バ」の音韻象徴性の上での対立、すなわち、3 者の間にどのような関係が認められるかを明らかにするために、「ハハハ」「パパパ」「ババ」

[①] 単語や文の構成が、その語や文が表す意味や概念と類似していること。

「ハハハハ」「パパパパ」「ババババ」の6通りの無意味綴を22名の被験者に視覚的に提示し、被験者がそれらの無意味綴の音に対して感じる印象を25項目について7段階で評価させた。その結果、「パ」と「バ」がはっきりと対立しており、「ハ」は両者の中間に、「パ」寄りの位置で評価されることが分かった。

中野（1978, 1979）では、日本語の擬声語・擬態語62語と意味的な関連をもつ動詞や名詞14語（合計76語）を刺激語とし、日本語母語話者（50名/刺激語）により30尺度について7段階での評価を求めた。意味微分法により分析した結果、「印象の良し悪し」と「巨大性」の二つの因子を抽出した。また、異なる語形式による差、語根の清濁による差は得られたが、反復型の特徴は抽出できなかった。さらに、性差については、「巨大性」因子を評価する際に男女間に大きく変わっていたのに対し、「印象の良し悪し」因子を評価する際にそれほど変わらないと報告している。

苧阪（1999）はオノマトペの機能を調べた。主に「SD法」および「主成分分析法」を用いた。日本語のオノマトペ496語の潜在構造を求める試みとして、被験者から収集したオノマトペに対する反応語で「主成分分析」を行った。動作、笑い、液体、聴覚、心的状態など8つの成分が抽出された。

丹野（2005）では、日本語の擬音語・擬態語の中に数多く存在している畳語（清音17語、濁音17語、計34語）に対し、日本語話者205人が持つ印象を、SD法を用い、「強い－弱い」などの10項目について7段階で評定を求めた結果、「うるささ」、「大きさ」、「明るさ」、「良さ」、「重さ」、「強さ」、「鋭さ」の7要因について、清音と濁音の間に語感の相違が見られた。しかし、他の言語話者にもこのような相違が感じられるかどうかはまだ明らかになっていない。

2.5.4 日本語母語話者と非日本語母語話者の両方を調査対象とした研究

日本語母語話者と非日本語母語話者の両方を調査対象とした研究としては、以下の岩崎他（2007）、王（2011）などがある。

岩崎他（2007）では、日本語を学習したことのない英語話者18人と日本語話者12人のそれぞれが、痛みを表現する擬態語13語に対し、14項目について7段階の評価を求めた。その結果、反復形の語と非反復形の語との間の語感の相違に関しては、日本語話者と英語話者の判断に一致が見られた。一方、日本語話者の捉える濁音・清音や母音の表す語感の相違は、英語話者には捉えることができなかった。

王（2011）は、57名の日本語母語話者と92名の中国語話者（全員日本語学習者である）が、24語の日本語のオノマトペに対し、感覚的にどのように評価するかを10評価項目について調査した。結果では、中国語話者も日本語母語話者も、有声破裂音が語頭子音であるオノマトペは無声破裂音が語頭子音である語より、「重い」「気持ちよくない」「悪い」という感覚であったことが判明した。また、音韻論の側面で有声音・無声音及び有気音・無気音の対立が日中両言語話者の評価に与える影響についても検討した。

2.6 日本語のオノマトペにおける音象徴に関する先行研究の課題

　サピア（1929）、Koehler（1929）、Miron（1961）、Oyama & Haga（1963）が無意味語を用いて調査を行うことにより、音象徴の存在を確認したが、音象徴現象はものの音や様子などを表す語（いわゆる「模倣語」）であるオノマトペにおいてより現れるのではないかと思われる。しかし、日本語に実在するオノマトペのどのような面に言語共通の音象徴が見られるかはまだ明らかではなく、この分野の研究も少ないのが現状である。

　須部（2003, 2004）は、オノマトペではない一般の語彙に含まれている音象徴の普遍性について論じていたが、この研究は「普遍的な音象徴」が存在する可能性の言及にとどまり、具体的にどのような音象徴が存在するかは明らかにされていない。

　金田一（1978）は、日本語のオノマトペが含む音象徴について、その子音や母音、また各形態から説明している。Hamano（1998）は、日本語における各子音と各母音を音感素に設定し、日本語におけるオノマトペを組織的に分析している。金田一（1978）とHamano（1998）の分析は大変興味深いが、音感素と感性的意味の選択は分析者の直感によっているので、実証的な検証を行う必要があるだろう。

　芳賀（1977）の研究は、特定の語音だけを測定の対象としたが、日本語に実在する語彙から「ハ」「パ」「バ」の対立関係が見られるかどうかという課題が残されている。

　中野（1978, 1979）、苧阪（1999）、丹野（2005）は日本語に実在するオノマトペを対象にして調査したが、日本語母語話者だけではなく、他の言語話者は日本語のオノマトペが含んだ音象徴を感じられるかどうかはまだ明らかになっていない。また、主成分分析により、日本語のオノマトペに音象徴の存在が確認されたが、このような音象徴は日本語特有のものなのか、他の言語に共通する普遍的な音象徴なのかという課題が残されている。

　岩崎（2007）は「痛み」の擬態語が含む音象徴の日本語特有の面と英語・日本語共通の側面を探るために実験を行ったが、日本語話者には刺激語をカタカナとひらがな両方で印刷して意味判断を求めたのに対し、英語話者にはデジタル化した音声ファイルをコンピュータを用いて何度でも好きなだけ聞ける方法で提示し、音声に基づく意味判断を求めた。このように、刺激語の異なる提示手法が調査結果に影響してしまう可能性があると考えられるので、同様の提示手法で求めた被験者の判断に基づいた分析が必要である。それに、刺激語の数と被験者数が限られていた。普遍性を検証するには、数多くの擬音語・擬態語を選定し、中国語や韓国語など英語圏以外の言語を母語とする日本語学習者の持つ感覚も研究する必要があるだろう。

　工（2011）は有声破裂音（/b/, /d/, /g/）と無声破裂音（/p/, /t/, /k/）との対立に焦点を絞って分析したが、/h/-/b/-/p/（いわゆる清音・濁音・半濁音）が五十音図および音声学における特殊な位置関係についての検討が欠けている。研究を更に深め、

/h/-/b/-/p/の位置関係を「有声音・無声音」から抽出して再検討する必要がある。また、異なる刺激方法（「聴覚刺激」）による評価についても検討すべきである。

　Hamano（1998）は、「現代日本語では、/p/音で始まるやまと言葉や漢語が存在しないのに対し、擬音語・擬態語の6分の1は/p/音で始まる。」①と指摘した。日本語に実在するオノマトペにおいては、この「ハ」「パ」「バ」の対立関係はどうなるかについて研究する必要がある。

---

　① Hamano（1998）では、日本語の語彙を「擬音語・擬態語（Mimetic Words）」、「やまと言葉（Yamato Words）」、「漢語（Sino-Japanese Words）」、「外来語（Foreign Words）」という四つの層に分けている。

第 3 章　「視覚提示」による日本語の
オノマトペに対する感覚評価

　本章では、36語の日本語のオノマトペを視覚的に提示することにより、10評価項目について、日本語母語話者と中国北京語話者それぞれが感覚的にどのように評価するかを明らかにする。また、日本語母語話者と中国北京語話者による日本語のオノマトペに対する感覚評価の異同を比較することにより、日本語のオノマトペが含む、両言語話者がともに捉える音象徴の普遍的な側面と、どちらか一方の言語話者のみが捉える音象徴の個別的な側面について検討する。

3.1　はじめに

3.1.1　本章の研究背景

　日本語の中ではオノマトペがよく使われる。中国語や英語などの諸言語にもオノマトペはあるが、日本語ほど豊富とは言えない。日本語はオノマトペに富む言語であるとよく言われる（泉, 1976；玉村, 1989；田守, 2002）。「日本語教育ハンドブック」(1990)と「新版日本語教育事典」(2005) では、オノマトペは日本語教育（特に語彙教育）において、和語、漢語、外来語、混種語や数詞、助数詞と並ぶ重要な項目として位置づけられている。

　しかし、実際の日本語教育現場では、オノマトペの学習に大変苦労している学習者の声を頻繁に耳にする。日本語のオノマトペは日本人が外界の音や声、また動作などを感覚的に捉えたものをことばで表現するものであり、日本語学習者がただ教材や辞書での文字による説明で微妙な語感まで捉えるには困難であるのが重要な原因であろう。

　本章では、36の日本語のオノマトペを視覚で提示し、SD法を用いて10の評価項目について、日本語母語話者[①]と中国北京語話者[②]が感覚的にどのように評価するかを調

[①] 以下、「日本語話者」と略称する。
[②] 中国では、「北京語」以外に方言が数多く存在しているが、本研究では、方言の影響を考慮し、被験者の母方言を「北京語」に統一することができたので、以下「中国北京語話者」を「中国語話者」に略称することにする。

査した。加えて、「C_1 が有声か無声か」、「C_1 が/h/-/b/-/p/である」、「語形が反復か非反復か」を巡って、日中両言語話者の感覚評価における異同について詳しく分析し、比較対照した。さらに、日本語話者、中国語話者のそれぞれがすべての刺激語に対する感覚評価に基づき、因子分析を行うことにより、日中両言語話者が刺激語としての日本語のオノマトペに対して、どのような印象を抱くかについて検討した。

3.1.2 先行研究とその問題点

ある語音がある感覚や意味に結びついていることは、かなり以前から指摘されている（Sapir, 1929 ; Köhler, 1929 ; Oyama & Haga, 1963）。日本語のオノマトペが含む音象徴に関する実証的な先行研究としては、中野（1978, 1979）、丹野（2005）、岩崎他（2007）などがある。

中野（1978, 1979）では、日本語の擬声語・擬態語62語と意味的な関連をもつ動詞や名詞14語（合計76語）を刺激語とし、日本語母語話者（50名/刺激語）により30尺度について7段階での評価を求めた。意味微分法により分析した結果、「印象の良し悪し」と「巨大性」の二つの因子を抽出した。また、異なる語形式による差、語根の清濁による差は得られたが、反復型の特徴は抽出できなかった。さらに、性差については、「巨大性」因子を評価する際に男女間で大きな差があったのに対し、「印象の良し悪し」因子を評価する際にそれほど変わらないと報告している。

丹野（2005）では、日本語の擬音語・擬態語の中に数多く存在している畳語（清音17語、濁音17語、計34語）に対し、日本語話者205人が持つ印象を、SD法を用い、「強い－弱い」などの10項目について7段階で評定を求めた結果、「うるささ」、「大きさ」、「明るさ」、「良さ」、「重さ」、「強さ」、「鋭さ」の7要因について、清音と濁音の間に語感の相違が見られた。しかし、他の言語話者にもこのような相違が感じられるかどうかは明らかになっていない。

岩崎他（2007）では、日本語を学習したことのない英語話者18人と日本語話者12人のそれぞれが、痛みを表現する擬態語13語に対し、14項目について7段階の評価を求めた。その結果、反復形の語と非反復形の語との間の語感の相違に関しては、日本語話者と英語話者の判断に一致が見られた。一方、日本語話者の捉える濁音・清音や母音の表す語感の相違は、英語話者には捉えることができなかった。しかし、この研究は、両言語話者の判断における異同の起因などについての分析はなされていない。その上、刺激語の数や被験者の数なども限られている。数多くの擬音語・擬態語を選定し、中国語や韓国語など英語圏以外の言語を母語とする日本語学習者の持つ感覚も研究すれば日本語教育全体に資するところが大きいと思われる。

3.1.3 研究の目的と方法

3.1.3.1 研究目的

本章の目的は以下の4点である。

①「視覚刺激」の条件において、中国語話者と日本語話者との感覚評価の共通点と相違点を明らかにする。

②日本語に実在するオノマトペに見られる音象徴的な特徴から、日本語話者が「有声音・無声音の対立」、「/h/-/b/-/p/の3者の間の対立関係」及び「反復形・非反復形の対立」について、どのように捉えているかを確認する。

③日中両言語話者による同一のオノマトペに対する感覚評価を比較対照することにより、そこから見られる音象徴の普遍的な面と個別的な面を見出し、音韻論の側面で日中両言語話者の評価に与える影響について検討する。なお、中国語話者にとって、日本語の無声音が語頭に現れる場合（「たらたら」を例とすれば一番目の「た」）と、語中に現れる場合（「たらたら」の二番目の「た」）とは、音韻的に異なるが、本研究では、「有声音・無声音の対立」および「/h/-/b/-/p/の3者の間の対立関係」について、語頭子音に限って考察していく。また、本研究で使用した刺激語は同じ語根（例えば、「たら」）からなるため、反復形の刺激語（「たらたら」）と非反復形の刺激語（「たらり」）についての検討は語中にくる子音についての検討にもなる。

④日本語話者、中国語話者のそれぞれがすべての刺激語に対する感覚評価について因子分析を行うことを通して、日中両言語話者が刺激語としての日本語のオノマトペに対して抱く印象について検討する。

3.1.3.2 刺激語の選定

第1章で述べたように、36語の日本語のオノマトペを本研究の刺激語として選定した。具体的には、第1章の表1-1を参照されたい。

3.1.3.3 評価項目の設定

評価項目に関しても、第1章で述べた通り、先行研究の丹野眞智俊（2005）の10評価項目を使用し、その上で、筆者が中国語の翻訳を付した。（表3-1参照）

表3-1 調査に使われた評価項目

日本語	中国語
①遅い－速い＜速さ＞	①慢（的）－快（的）
②小さい－大きい＜大きさ＞	②小（的）－大（的）
③暗い－明るい＜明るさ＞	③黒暗（的）－明亮（的）
④弱い－強い＜強さ＞	④弱（的）－強（的）
⑤気持ちよくない－気持ちよい＜気持ち良さ＞	⑤心情不好（的）－心情好（的）
⑥軽い－重い＜重さ＞	⑥軽（的）－重（的）
⑦鈍い－鋭い＜鋭さ＞	⑦鈍（的）－鋭（的）
⑧やわらかい－かたい＜硬さ＞	⑧柔軟（的）－堅硬（的）
⑨静か－うるさい＜うるささ＞	⑨安静（的）－吵闹（的）
⑩悪い－よい＜良さ＞	⑩不好（的）－好（的）

注：＜　＞の中は、各評価項目の略称である。

3.1.3.4　調査の手順

「視覚提示」による日本語のオノマトペに対する感覚調査はアンケートの形で実施し、所要時間は40分～60分である。調査は以下の手順に従って実施した。

アンケート前に、これが、擬音語・擬態語についての感覚を調べる調査で、刺激語の意味が既知か未知かに関わらず評価してほしい旨を教示した。

なお、被験者（特に、中国人被験者）が、5段階や7段階評価を行った経験がない可能性があることを配慮し、評価方法について、すべての被験者が理解できるまでそれぞれの母語で詳しく説明した。

アンケート用紙には、7段階評価とともに、各刺激語が既知か未知かを記す欄があり、自己申告させた。表記による評価の差異をなくすため、刺激語は、カタカナとひらがな両方で表記した。

3.1.3.5　分析方法

刺激語の意味が既知か未知かの要素が被験者の評価に影響を与える可能性を配慮するため、本研究では、刺激語ごとに中国語話者の評価を意味が既知のグループと意味が未知のグループに分け、それに日本語話者（意味は既知であると確認されている）の評価も合わせて3グループを対象に比較分析を行った。

まず、10の評価項目について、36語の刺激語に対する149人の被験者（計5364ケース）の評価値をデータ化した。次に、日本語話者による評価と中国語話者による評価に関するグループ分け作業を行った。最後に、中国人被験者の評価については、先述の通り、刺激語ごとに意味を既知と未知のグループに分けて検討した。

上記をまとめると、以下の三つのグループになる。

　グループ1：JLS→「視覚提示」で日本語話者による評価
　グループ2：CLS1→「視覚提示」で中国語話者による既知の刺激語に対する評価
　グループ3：CLS2→「視覚提示」で中国語話者による未知の刺激語に対する評価

また、刺激語ごと、項目別に各被験者による7段階評価の1～7の数値に基づき、評価平均値と標準偏差を算出して比較し、各刺激語についての日中両言語話者による評価の異同を見た。さらに、「C_1が有声か無声かによる差異」、「C_1が/h/-/b/-/p/による差異」、「語形が反復か非反復かによる差異」、「因子分析」について統計的検定を行った。分析には、統計ソフトPASW Statistics 17を使用した。

3.1.4　被験者の構成及び調査期間

「視覚提示」による日本語のオノマトペに対する感覚調査は3回に分けて行った。

被験者としての中国語話者は日本語学習歴が3ヶ月から14年に分布していて、その差が大きかった。[①] 被験者の構成は以下の通りである。（表3-2参照）

[①] 本研究では、中国語話者に対して、刺激語の意味を理解している上での評価と、刺激語の意味を理解していない状態での評価を分けて分析するので、意味理解を求めるには、日本語学習歴に大きな差が出た。

表 3-2　被験者の構成および調査期間

年齢	日本語話者 19歳～70歳	中国語話者 18歳～36歳	合計
男性	25人（43.9%）	41人（44.6%）	66人（44.3%）
女性	32人（56.1%）	51人（55.4%）	83人（55.7%）
合計	57人（100%）	92人（100%）	149人（100%）

3.2　調査結果の全体像

3.2.1　各刺激語についての日・中両言語話者による評価の平均値

36語の日本語のオノマトペそれぞれについて、日本語話者の評価（JLS）、中国語話者の評価（CLS1とCLS2）の平均値を表3-3、表3-4、表3-5に示す。

表 3-3　日本語話者による評価（JLS）の平均値

	速さ	大きさ	明るさ	強さ	気持ちよさ	重さ	鋭さ	硬さ	うるささ	良さ
たらたら	1.77	3.77	3.33	3.07	2.63	4.25	2.47	3.51	3.37	2.42
はらはら	5.00	3.93	4.19	3.77	3.25	3.61	4.39	3.95	3.68	3.35
きらきら	5.14	3.14	5.86	4.32	5.56	3.28	5.53	4.65	4.26	5.33
くるくる	5.82	2.98	5.00	4.11	4.70	2.61	4.77	3.84	3.81	4.63
するする	5.89	3.44	4.61	3.74	4.95	3.02	4.89	3.91	2.81	4.77
へたへた	2.54	3.86	3.40	2.51	2.91	4.39	2.96	3.14	3.14	3.09
そろそろ	3.00	3.19	3.49	3.04	3.75	3.35	3.86	4.00	2.18	3.84
とろとろ	2.30	3.60	3.82	2.98	4.02	4.11	2.77	3.09	2.96	4.14
たらり	2.63	3.61	3.55	3.18	2.96	3.66	3.13	3.07	3.07	3.34
はらり	4.74	3.53	4.39	3.19	4.37	2.47	4.25	3.18	2.65	4.39
きらり	4.88	3.11	5.81	4.39	5.21	2.77	5.42	4.95	3.89	5.26
くるり	5.14	3.49	4.58	3.86	4.72	2.70	4.44	3.75	3.42	4.65
するり	5.75	3.42	4.53	3.77	4.91	2.40	5.00	3.12	2.72	4.79
へたり	2.70	4.05	3.13	2.46	2.59	4.43	2.71	3.30	3.02	2.63
そろり	2.77	3.54	3.47	3.00	3.72	3.25	3.72	3.26	2.16	3.63
とろり	2.23	4.18	4.02	3.21	4.02	4.37	2.82	2.89	2.81	4.44
だらだら	2.40	4.33	2.81	3.44	1.96	4.96	2.25	3.47	3.46	2.12
ばらばら	4.35	4.07	3.68	4.37	3.18	3.96	4.19	4.51	4.82	3.16
ぎらぎら	4.95	4.18	4.11	5.16	3.32	4.74	5.13	5.02	5.09	3.40
ぐるぐる	5.67	4.23	4.07	4.35	3.25	4.21	4.77	3.82	4.72	3.79

	速さ	大きさ	明るさ	強さ	気持ちよさ	重さ	鋭さ	硬さ	うるささ	良さ
ずるずる	5.60	4.47	3.14	3.89	2.28	4.96	4.79	3.30	4.28	2.47
べたべた	3.11	4.54	3.25	4.12	1.86	4.86	2.82	3.40	4.12	2.39
ぞろぞろ	2.74	4.75	3.56	4.12	3.16	4.84	3.86	4.00	4.96	3.14
どろどろ	3.33	4.37	2.47	4.30	1.82	5.11	2.84	2.47	3.77	2.61
だらり	2.07	4.54	3.16	3.66	2.64	5.18	3.43	3.41	3.41	2.71
ばらり	3.95	4.45	3.41	4.29	3.30	4.50	3.54	4.41	4.61	3.41
ぎらり	4.96	4.79	4.58	5.30	3.19	4.93	5.40	5.02	4.39	3.32
ぐるり	4.00	4.70	4.04	4.51	3.95	4.26	4.54	3.68	4.02	3.98
ずるり	5.21	4.46	3.58	3.88	2.84	4.82	5.28	3.54	3.60	3.04
べたり	2.63	4.51	3.12	4.42	2.11	4.89	2.81	3.25	3.56	2.54
ぞろり	2.80	4.55	3.23	4.27	2.84	4.84	3.25	3.82	3.93	3.14
どろり	3.02	4.61	2.68	4.23	1.98	5.54	2.63	2.25	3.51	2.68
ぱらぱら	5.04	3.04	4.44	3.39	4.09	2.53	4.40	4.12	4.04	4.25
ぺたぺた	3.79	3.28	4.40	3.39	3.72	3.18	3.49	3.26	4.47	3.98
ぱらり	4.89	3.28	4.42	3.35	4.49	2.58	4.49	3.61	3.23	4.28
ぺたり	3.75	3.68	3.89	3.45	3.64	3.70	3.59	3.39	3.52	3.71

表3-4 中国語話者による評価（CLS1）の平均値

	速さ	大きさ	明るさ	強さ	気持ちよさ	重さ	鋭さ	硬さ	うるささ	良さ
たらたら	2.41	4.89	3.70	3.09	2.84	4.55	2.95	3.84	4.77	2.43
はらはら	5.44	4.20	4.80	3.51	3.98	2.67	4.09	3.62	2.93	4.36
きらきら	5.23	3.11	5.89	5.20	5.20	2.56	5.98	4.86	4.59	5.88
くるくる	5.51	3.28	4.28	4.72	4.79	2.95	3.10	3.33	5.31	4.15
するする	6.00	3.47	4.53	3.93	5.77	2.50	3.07	3.10	2.53	5.10
へたへた	2.41	4.62	3.29	2.26	2.68	4.76	2.53	3.94	2.85	3.00
そろそろ	5.63	3.61	3.63	4.87	3.94	3.28	3.39	3.94	2.48	3.78
とろとろ	2.37	3.74	3.63	2.74	4.09	3.86	2.77	3.11	2.14	4.34
たらり	4.35	4.13	4.65	4.00	3.00	3.35	4.96	4.26	3.70	3.26
はらり	4.86	3.83	4.69	3.07	4.90	2.31	4.24	3.28	2.10	4.90
きらり	4.31	3.34	6.00	5.22	4.59	2.75	5.91	5.06	4.44	4.69
くるり	4.59	3.22	3.89	4.26	4.11	3.00	4.56	3.74	3.26	4.56
するり	5.68	2.24	4.35	3.21	5.09	2.38	5.09	4.68	3.21	4.74
へたり	2.81	4.63	4.00	2.41	2.41	4.78	2.67	3.44	2.41	2.41
そろり	3.67	3.70	3.15	4.76	3.39	3.18	3.52	3.27	2.45	3.70

続表

	速さ	大きさ	明るさ	強さ	気持ちよさ	重さ	鋭さ	硬さ	うるささ	良さ
とろり	2.46	4.34	3.77	4.23	4.17	4.71	3.03	3.29	2.14	4.86
だらだら	4.30	4.76	2.48	3.80	1.24	5.18	2.18	3.56	5.72	1.92
ばらばら	4.68	4.61	3.67	4.72	2.46	4.25	4.09	4.84	4.65	2.46
ぎらぎら	4.24	3.94	5.03	5.39	3.08	3.90	5.11	5.10	5.19	3.08
ぐるぐる	5.68	4.61	3.75	4.59	3.71	4.56	3.36	3.32	5.92	3.14
ずるずる	5.03	3.30	3.19	3.89	2.38	4.92	3.68	3.22	4.73	2.30
べたべた	2.95	4.73	3.08	3.95	1.51	5.11	2.08	4.05	4.11	2.35
ぞろぞろ	4.82	4.27	3.09	4.33	2.91	4.64	3.57	3.82	4.64	2.94
どろどろ	2.76	4.15	3.26	4.35	2.12	5.26	3.15	3.04	3.74	2.21
だらり	4.12	4.00	3.39	4.15	2.39	5.12	4.39	5.33	5.24	2.21
ばらり	3.81	4.68	3.68	4.68	3.00	4.87	3.68	4.71	4.61	2.35
ぎらり	4.96	4.31	5.00	5.00	3.65	4.00	6.08	4.92	4.65	3.19
ぐるり	4.91	4.41	3.28	4.94	3.47	4.78	4.28	4.09	4.97	3.69
ずるり	3.45	3.26	3.61	3.97	2.58	4.81	4.81	4.32	4.58	2.39
べたり	2.50	4.91	3.44	4.63	1.97	5.03	3.75	3.09	3.31	2.22
ぞろり	3.16	4.84	3.09	4.31	2.69	4.78	3.81	3.84	3.47	2.75
どろり	1.97	4.78	3.28	4.47	2.13	5.34	3.03	3.09	3.56	2.41
ぱらぱら	5.12	4.90	4.84	4.41	3.67	3.69	4.81	4.74	4.97	4.74
ぺたぺた	3.20	4.91	3.27	3.05	2.71	3.64	3.67	4.09	4.20	3.56
ぱらり	4.66	4.14	5.06	4.31	3.11	4.14	4.83	4.11	4.71	4.11
ぺたり	3.68	5.65	4.74	4.79	4.35	4.03	3.56	4.15	4.35	3.35

表3-5 中国語話者による評価（CLS2）の平均値

	速さ	大きさ	明るさ	強さ	気持ちよさ	重さ	鋭さ	硬さ	うるささ	良さ
たらたら	3.48	4.38	4.02	4.17	3.58	4.25	3.48	4.19	4.42	3.50
はらはら	4.62	3.85	3.94	3.45	3.43	3.19	3.89	3.38	3.60	4.13
きらきら	4.65	2.77	5.54	4.54	5.04	2.50	4.42	4.00	4.04	5.35
くるくる	5.75	4.60	4.21	4.49	4.81	3.68	4.30	4.57	4.66	4.81
するする	4.97	3.21	4.16	3.85	4.34	2.71	4.76	3.31	4.37	4.61
へたへた	3.28	4.43	3.22	3.36	3.50	4.29	3.43	3.90	3.31	3.38
そろそろ	4.92	3.53	4.26	3.89	4.63	3.08	4.61	3.55	3.39	4.58
とろとろ	2.89	4.25	3.65	3.23	4.12	3.40	2.93	3.51	3.33	3.82
たらり	4.06	4.10	4.43	4.04	4.43	4.17	5.00	4.35	3.72	3.86
はらり	4.68	3.13	4.32	3.94	4.33	2.65	4.24	4.00	3.92	4.10

続表

	速さ	大きさ	明るさ	強さ	気持ちよさ	重さ	鋭さ	硬さ	うるささ	良さ
きらり	4.55	3.88	5.40	4.37	4.58	2.78	4.57	4.57	4.20	4.52
くるり	4.32	3.74	3.85	3.71	4.02	3.34	4.46	3.78	3.94	4.02
するり	4.95	2.88	3.95	3.78	4.21	2.76	4.76	3.62	3.90	4.31
へたり	3.34	3.92	3.86	3.05	3.42	3.78	3.42	3.88	3.57	3.37
そろり	3.25	4.24	4.32	3.31	3.97	4.31	3.81	3.92	3.14	4.10
とろり	3.44	4.00	3.65	4.33	3.79	3.96	3.58	3.18	2.77	4.25
だらだら	4.00	3.83	3.33	4.36	3.00	4.10	3.67	4.31	4.12	3.33
ばらばら	4.54	4.46	4.77	4.54	4.46	3.29	3.89	4.46	4.46	3.63
ぎらぎら	4.63	4.13	5.17	4.40	3.77	3.90	4.37	4.03	4.03	3.80
ぐるぐる	5.30	3.67	3.36	4.03	4.00	4.33	3.52	4.06	4.94	4.30
ずるずる	4.65	3.53	3.11	3.84	3.22	4.20	4.07	4.07	4.47	3.15
べたべた	2.78	4.44	3.25	3.75	3.02	4.80	2.65	3.95	4.24	2.75
ぞろぞろ	3.69	4.58	3.47	4.51	3.44	4.49	2.97	3.80	3.80	3.51
どろどろ	3.21	4.86	3.24	4.81	3.10	4.95	3.34	3.50	4.05	3.24
だらり	3.36	4.78	3.22	4.59	3.44	4.75	3.88	4.90	4.90	3.53
ばらり	4.20	3.66	3.74	4.28	3.69	3.66	4.03	4.33	4.20	3.49
ぎらり	5.02	3.65	4.94	4.42	3.76	4.00	4.71	4.30	4.17	3.94
ぐるり	4.50	4.08	3.92	4.25	3.47	4.43	4.40	4.55	4.67	4.28
ずるり	4.16	3.30	3.95	4.20	3.72	3.59	4.77	4.46	4.34	2.92
べたり	3.18	4.02	3.58	3.68	3.02	4.38	4.03	4.37	3.87	3.77
ぞろり	2.97	4.67	3.25	3.87	3.33	4.70	3.80	3.95	4.00	3.72
どろり	2.75	4.42	3.32	4.08	3.30	4.98	3.92	3.63	3.75	3.73
ぱらぱら	5.00	4.32	4.65	4.26	4.35	3.85	4.50	4.53	4.59	3.88
ぺたぺた	3.43	4.57	3.70	3.70	3.14	4.46	3.57	4.00	4.38	3.68
ぱらり	4.54	3.89	4.05	4.04	3.98	3.58	4.60	4.05	4.25	4.16
ぺたり	3.71	4.55	4.19	4.03	3.64	4.19	3.88	4.55	4.03	3.78

3.2.2 各刺激語についての日・中両言語話者による評価の相関

同一のオノマトペに対して、日本語話者と中国語話者の感覚評価にどのような異同があるかを明らかにするために、日本語話者と中国語話者による 36 語に対して、10 項目についての評価の平均値に基づき、ピアソンの相関係数[①]を用いて相関分析を行った。その結果、36 語の中に、JLS と CLS1 (r_1)、JLS と CLS2 (r_2)、および CLS1 と CLS2

[①] 統計学では、2 変数間の関係を考えるときに、一方が増えると他方がそれに従って増える、あるいは減るといった関係がそこにあるかどうかを検討することは最も基本的な方法である。そのような直線的関係が、どのくらいあるかを示す指標がピアソンの積率相関係数（本研究では、「ピアソンの相関係数」と略称する）である。

(r_3) に有意な相関関係が認められたのは24語、22語、26語で、相関係数もかなり高かった。（表3-6参照）

表3-6 各刺激語に対する評価の相関

					r_1 (JLS・CLS1)	r_2 (JLS・CLS2)	r_3 (CLS1・CLS2)
繰り返し	無声音	清音	/t/	たらたら	.883**	.870**	.903**
				とろとろ	.868**	.688*	.760*
			/k/	きらきら	.956**	.924**	.902**
				くるくる	.731*	.664*	.709*
			/s/	するする	.978**	.760*	.758*
				そろそろ	.245	.491	.695*
			/h/	はらはら	.610	.655*	.873**
				へたへた	.918**	.779**	.904**
		半濁音	/p/	ぱらぱら	.548	.704*	.597
				ぺたぺた	-.173	-.189	.833**
	有声音	濁音	/d/	だらだら	*.646*	.513	.771**
				どろどろ	.937**	.966**	.886**
			/g/	ぎらぎら	*.851**	.121	.550
				ぐるぐる	*.860**	.578	.706*
			/z/	ずるずる	.546	.248	.871**
				ぞろぞろ	.550	.713*	.701*
			/b/	ばらばら	*.932**	.278	.266
				べたべた	.962**	.877**	.923**
リ音	無声音	清音	/t/	たらり	-.040	-.010	.544
				とろり	.954**	.660*	.778**
			/k/	きらり	.908**	.902**	.878**
				くるり	.892**	.786**	.852**
			/s/	するり	.908**	.846**	.938**
				そろり	.683*	.676*	.561
			/h/	はらり	.977**	.743*	.643*
				へたり	.925**	.777**	.804**
		半濁音	/p/	ぱらり	.104	.708*	.476
				ぺたり	-.016	-.239	.604
	有声音	濁音	/d/	だらり	.526	.719*	.783**
				どろり	.963**	.918**	.817**
			/g/	ぎらり	*.735*	.286	.721*
				ぐるり	.487	-.175	.556
			/z/	ずるり	.477	-.175	.696*
				ぞろり	.941**	.912**	.802**
			/b/	ばらり	*.901**	.445	.508
				べたり	*.940**	.616	.615

*. P＜.05　　**. P＜.01

日本語話者による評価（JLS）と中国語話者による評価（CLS1・CLS2）、および中国語話者による評価（CLS1とCLS2）の間にともに有意な相関関係があったのは16語で、「たらたら」、「とろとろ」、「きらきら」、「くるくる」、「するする」、「へたへた」、「どろどろ」、「べたべた」、「とろり」、「きらり」、「くるり」、「するり」、「はらり」、「へたり」、「どろり」、「ぞろり」であった。
　この16語をよく観察してみると、C_1が無声音の/t/, /k/, /s/, /h/（いわゆる「清音」）である語、及び有声音の/d/, /b/, /z/（いわゆる「濁音」）である語が含まれているものの、「半濁音」の/p/で始まる語はなかった。中国語話者が同一の日本語のオノマトペに対して感覚的に評価する際に、その語の意味が既知か未知かにかかわらず、「半濁音」の語に比べ、「清音」や「濁音」の語をより日本語話者の感覚に近い面で捉えているようである。
　一方、「だらだら」、「ぎらぎら」、「ぐるぐる」、「ばらばら」、「ぎらり」、「ばらり」、「べたり」の7語について、CLS2とJLSとの間に有意な相関関係がなかったのに対し、CLS1とJLSとの間には有意な相関関係が見られた。このように、中国語話者にとって捉えにくいオノマトペが含む音象徴的な感覚は、直接的に教科書から教わらないものの、日本語を学習している過程において、語の意味の習得と同時に間接的に養った可能性があると推測できる。
　しかし、このような音象徴的な感覚にはある言語特有の特徴（いわゆる音象徴の個別的な面）もあり、日本語を第二言語として学ぶ中国人学習者にとって、なかなか身につけにくい部分である。「そろそろ」、「ぺたぺた」、「ずるずる」、「たらり」、「ぺたり」、「ぐるり」、「ずるり」の7語に対して、JLSとCLS1（r_1）、JLSとCLS2（r_2）いずれも有意な相関関係が認められなかった。さらに、相関係数を見ると、「ぺたぺた」（$r_1=-.173$、$r_2=-.189$）、「たらり」（$r_1=-.040$、$r_2=-.010$）、「ぺたり」（$r_1=-.016$、$r_2=-.239$）で、統計的に有意ではないものの、数値的に逆の評価方向が見られた。

3.3　C_1が「有声音・無声音」であるオノマトペに対する感覚評価

　第一音節の子音（C_1）が有声か無声かによる差異を見るため、無声音/t/, /k/, /s/で始まる12語と有声音/d/, /g/, /z/で始まる12語に分けて分析した。①
　まず、「C_1が無声音である刺激語」・「C_1が有声音である刺激語」それぞれに対し、日本語話者の評価（JLS）、中国語話者の評価（CLS1、CLS2）の平均値と標準偏差を算出し、両言語話者の評価の傾向を見た。
　次に、算出した平均値に基づき、JLS、CLS1、CLS2別に、「無声音・有声音」の差異（なお、後述するが、これは中国語話者にとっては「有気音・無気音」の差異となっ

---

　① 音声学では、/p/・/b/も無声音・有声音に含まれているが、本研究は/h/-/b/-/p/の対立関係を「有声音・無声音」から抽出して検討するため、ここでの分析は/p/・/b/を除外した。/h/-/b/-/p/についての検討は3.4に譲る。

ている）について、t検定（両側検定）を用いた。これは「無声・有声（有気・無気）」の差異が、日本語のオノマトペに接する際に、日本語話者と中国語話者にどのような影響を与えるかを明らかにしようとしたものである。

最後に、三つのグループの結果を比較対照することにより、日本語のオノマトペに対する感覚評価の異同及びオノマトペにおける音象徴の普遍的な面と個別的な面を検討した。

3.3.1　日本語話者の場合

第一音節の子音（C_1）が無声音/t/,/k/,/s/であるオノマトペ、有声音/d/,/g/,/z/であるオノマトペに対して、日本語話者の評価（JLS）の平均値と標準偏差を表3-7に示す。

日本語話者の評価（JLS）の平均値を見ると、「大きさ」、「明るさ」、「強さ」、「気持ち良さ」、「重さ」、「うるささ」、「良さ」という7項目について、C_1が有声音のオノマトペとC_1が無声音のオノマトペの間に反対の評価方向が見られた。なお、「速さ」、「鋭さ」、「硬さ」という3項目については、C_1が有声音のオノマトペとC_1が無声音のオノマトペの間に一致した評価方向が見られた。

表3-7　C_1が無声音・有声音の語に対するJLSの平均値と標準偏差

評価項目	無声音		有声音	
	平均値	標準偏差	平均値	標準偏差
①速さ	3.94	1.61	3.90	1.32
②大きさ	3.46	0.33	4.50	0.20
③明るさ	4.34	0.88	3.45	0.65
④強さ	3.55	0.54	4.26	0.55
⑤気持ち良さ	4.26	0.90	2.77	0.65
⑥重さ	3.31	0.66	4.87	0.36
⑦鋭さ	4.07	1.09	4.01	1.11
⑧硬さ	3.67	0.65	3.65	0.83
⑨うるささ	3.12	0.65	4.09	0.59
⑩良さ	4.27	0.84	3.03	0.55

次に、このような評価傾向が偶然なのか、各被験者の中に潜在的に存在するのかを検証するため、統計的な手法であるt検定（両側検定）①を用いて検討した。その結果、「大きさ」、「明るさ」、「強さ」、「気持ち良さ」、「重さ」、「うるささ」、「良さ」という7項目について、有意差があった。（表3-8参照）

---

①　統計学では、2組の標本について平均に有意差があるかどうかの検定などに用いられる検定手法である。スチューデントのt検定（Student's t-test）とも呼ばれる。

表 3-8　JLS による各評価項目における無声音・有声音についての t 検定

	速さ	大きさ	明るさ	強さ	気持ち良さ	重さ	鋭さ	硬さ	うるささ	良さ
無声音	3.94	3.46	4.34	3.55	4.26	3.31	4.07	3.67	3.12	4.27
有声音	3.90	4.50	3.45	4.26	2.77	4.87	4.01	3.65	4.09	3.03
差の絶対値	.04	1.04**	.89**	.71**	1.49**	1.56**	.06	.02	.97**	1.24**

**. P＜.01

　表 3-8 から見られるように、上述した C_1 が有声音か無声音かによる評価の差異は統計的に検証したところ、有意差があった。日本語話者にとっては、有声音のオノマトペが無声音のオノマトペより、「大きい」「暗い」「強い」「気持ちよくない」「重い」「うるさい」「悪い」という感覚であった。

3.3.2　中国語話者（CLS1）の場合

　次に、第一音節の子音（C_1）が中国語話者にとって、有気音/t/, /k/, /s/であるオノマトペ、無気音/d/, /g/, /z/であるオノマトペに対して、その意味を理解しているものの評価（CLS1）の平均値と標準偏差を表 3-9 に示す。

　既知のオノマトペに対して、中国語話者による評価（CLS1）の平均値から、「大きさ」、「明るさ」、「気持ち良さ」、「重さ」、「鋭さ」、「うるささ」、「良さ」という7項目について、C_1 が有気音のオノマトペと C_1 が無気音のオノマトペの間に反対の評価方向が見られた。なお、「速さ」、「強さ」、「硬さ」という3項目については、C_1 が有気音のオノマトペと C_1 が無気音のオノマトペの間に一致した評価方向が見られた。

表 3-9　C_1 が無気音・有気音の語に対する CLS1 の平均値と標準偏差

評価項目	有気音		無気音	
	平均値	標準偏差	平均値	標準偏差
①速さ	4.35	1.35	4.12	1.08
②大きさ	3.59	0.67	4.22	0.53
③明るさ	4.29	0.88	3.54	0.76
④強さ	4.19	0.83	4.43	0.48
⑤気持ち良さ	4.25	0.89	2.70	0.72
⑥重さ	3.26	0.76	4.77	0.46
⑦鋭さ	4.03	1.20	3.95	1.05
⑧硬さ	3.87	0.70	3.97	0.80
⑨うるささ	3.42	1.12	4.70	0.79
⑩良さ	4.29	0.91	2.68	0.53

　続いて、日本語話者の場合と同様に、t 検定（両側検定）を用いて統計的に検討した結果、「大きさ」、「明るさ」、「気持ち良さ」、「重さ」、「うるささ」、「良さ」という6項

目について、有意差があった。（表 3-10 参照）

表 3-10　CLS1 による各評価項目における無気音・有気音についての t 検定

	速さ	大きさ	明るさ	強さ	気持ち良さ	重さ	鋭さ	硬さ	うるささ	良さ
無気音	4.12	4.22	3.54	4.43	2.70	4.77	3.95	3.97	4.70	2.68
有気音	4.35	3.59	4.29	4.19	4.25	3.26	4.03	3.87	3.42	4.29
差の絶対値	.23	.63**	.75**	.24	1.55**	1.51**	.08	.10	1.28**	1.61**

**. $P<.01$

表 3-10 から見られるように、CLS1 において C_1 が有気音か無気音かによる評価の差異は統計的に検証した結果、「鋭さ」以外の 6 項目について有意差があった。中国語話者が既知のオノマトペに対して評価する際に、語頭子音（C_1）が有気音のオノマトペに比べ、語頭子音（C_1）無気音のオノマトペのほうが、より「大きい」「暗い」「気持ちよくない」「重い」「うるさい」「悪い」というふうに捉えていた。

3.3.3　中国語話者（CLS2）の場合

最後に、第一音節の子音（C_1）が中国語話者にとって、有気音/t/,/k/,/s/であるオノマトペ、無気音/d/,/g/,/z/であるオノマトペに対して、その意味を理解していないものの評価（CLS2）の平均値と標準偏差を表 3-11 に示す。

表 3-11　C_1 が無気音・有気音の語に対する CLS2 の平均値と標準偏差

評価項目	有気音		無気音	
	平均値	標準偏差	平均値	標準偏差
①速さ	4.27	0.86	4.02	0.83
②大きさ	3.80	0.59	4.12	0.53
③明るさ	4.20	0.67	3.69	0.69
④強さ	3.98	0.43	4.28	0.29
⑤気持ち良さ	4.29	0.43	3.46	0.30
⑥重さ	3.41	0.66	4.35	0.45
⑦鋭さ	4.22	0.63	3.96	0.55
⑧硬さ	3.88	0.47	4.13	0.40
⑨うるささ	3.82	0.57	4.27	0.40
⑩良さ	4.31	0.50	3.62	0.43

未知のオノマトペに対して、中国語話者による評価（CLS2）の平均値から、「速さ」という唯一な項目について C_1 が有気音のオノマトペと C_1 が無気音のオノマトペの間

に一致した評価方向が見られた。それに対して、「大きさ」、「明るさ」、「強さ」、「気持ち良さ」、「重さ」、「鋭さ」、「硬さ」、「うるささ」、「良さ」という9項目について、C_1が有気音のオノマトペとC_1が無気音のオノマトペの間に反対の評価方向が見られた。

次に、中国語話者の評価（CLS2）の平均値に対しても、t検定（両側検定）を行うことにより、統計的に検討した。その結果、「明るさ」、「気持ち良さ」、「重さ」、「うるささ」、「良さ」という5項目について、有意差があった。（表3-12参照）

表3-12 CLS2による各評価項目における無気音・有気音についてのt検定

	速さ	大きさ	明るさ	強さ	気持ち良さ	重さ	鋭さ	硬さ	うるささ	良さ
無気音	4.02	4.12	3.69	4.28	3.46	4.35	3.96	4.13	4.27	3.62
有気音	4.27	3.80	4.20	3.98	4.29	3.41	4.22	3.88	3.82	4.31
差の絶対値	.25	.32	.51*	.30	.83**	.94**	.26	.25	.45**	.69**

*. P<.05　**. P<.01

表3-12から見られるように、CLS2においてC_1が有気音か無気音かによる評価の差異は統計的に検証した結果、「速さ」、「大きさ」、「強さ」、「鋭さ」、「硬さ」以外の5項目について有意差があった。中国語話者が未知のオノマトペに対して評価する際に、語頭子音（C_1）が有気音のオノマトペは、語頭子音（C_1）が無気音のオノマトペより、「明るい」「気持ちよい」「軽い」「静か」「よい」というふうに捉えていた。

3.3.4　日中両言語話者の比較

3.3.4.1　語頭子音が無声音（有気音）である刺激語に対する評価

語頭子音（C_1）が無声音（中国語話者にとっては有気音）である刺激語に対する両国被験者の評価の平均値をまとめて表3-13に示す。

表3-13　C_1が無声音である刺激語に対する評価の平均値の比較

評価項目	JLS	CLS1	CLS2
①速さ	3.94	4.35	4.27
②大きさ	3.46	3.59	3.80
③明るさ	4.34	4.29	4.20
④強さ	3.55	4.19	3.98
⑤気持ち良さ	4.26	4.25	4.29
⑥重さ	3.31	3.26	3.41
⑦鋭さ	4.07	4.03	4.22
⑧硬さ	3.67	3.87	3.88
⑨うるささ	3.12	3.42	3.82
⑩良さ	4.27	4.29	4.31

※表中の網掛けは、3グループの評価傾向が一致した項目である。以下の表も同様。

評価平均値から見られるように、「大きさ」、「明るさ」、「気持ち良さ」、「重さ」、「鋭さ」、「硬さ」、「うるささ」、「良さ」の8項目について、JLS、CLS1、CLS2の方向が一致していた。中国語話者が刺激語の意味を理解しているかどうかにかかわらず、日本語話者と同様に、無声音（有気音）/t/, /k/, /s/で始まるオノマトペに対して、「小さくて明るい」、「軽くて鋭い」、「やわらかくて静か」、「良い」と捉えていた。

　注目すべきなのは、このような特徴は日本語話者だけではなく、日本語学習者である中国語話者（CLS1とCLS2）にも捉えられたことである。特に、CLS2は中国語話者が刺激語の意味を理解しておらず、ひらがなとカタカナ両方で表記した刺激語を目で見て（あるいは口で読んで）から頭の中で想像したもので、ほぼ直感的な評価であった。意味要素に影響されていないにもかかわらず、JLSと同様の評価の方向性が出てきたのは、中国語の音韻特徴に起因するかもしれない。/t/, /k/, /s/というのが中国語の「有気子音」で、文字通り発音する時に、強い呼気を伴っているのが特徴である。

　西郡（2008）はVOT①で日本語と中国語（北京語）のカテゴリー境界の差異を区別している。（図3-1 参照）「北京語では無声有気音/t'/と無声無気音/t/の2カテゴリーであり、有声無気音/d/は/t/のカテゴリーの異音として存在するだけで、有声無声は弁別特徴となっていない。」一方、「日本語は無声無気音/t/と有声無気音/d/の2カテゴリーであり、無声有気音/t'/は/t/のカテゴリーの異音として存在する。」という。このように、「無声有気音（/p'/, /t'/, /k'/）」は日本語と中国語の両方の音韻体系の中にも存在するので、両言語話者がこれらの「無声有気音」からなるオノマトペに対して、類似した感覚を持っていると推測できる。

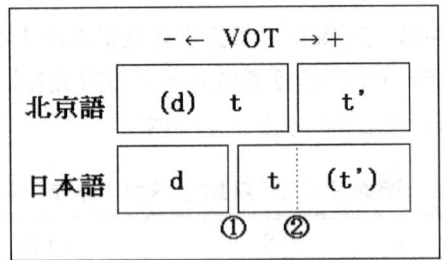

図3-1　日本語と北京語のカテゴリー境界の差異（西郡, 2008）

　CLS1は中国語と日本語の両方の音韻体系の影響を受けている一方、JLSと同じように、刺激語自身の意味からの影響も受けたと思われるので、JLS、CLS2と一致した評価をしたのであろう。

　しかし、「速さ」（JLS：3.94, CLS1：4.35, CLS2：4.27）という項目について、中国語話者による評価（CLS1、CLS2）の方向が日本語話者による評価（JLS）の方向と逆

---

① VOT（voice onset time）破裂と声帯振動開始の時間的関係である。（西郡, 2008による引用、初出はLisker,L. and Abramson,A.S.1970）

になった。日本語話者は「無声音が語頭子音である刺激語」が「遅い」感じと捉えていたのに対し、中国語話者は逆に「速い」と捉えていた。中国語話者が刺激語の意味を理解しているにもかかわらず、JLSと一致した評価をしなかったことから見ると、この項目に関しては、中国人被験者の評価はさほど意味要素に左右されたものではないと言えよう。

中国語の「有気音・無気音」と日本語の「無声子音・有声子音」について実験的な研究を行った朱（2010）によると、「中国語話者の有気音の呼気の強さの平均値が日本語話者の無声音を大きく上回る。」という。発音特徴や破裂に伴う呼気の強さなどの違いにより、中国語話者は意味を理解している刺激語に対しても、日本語話者が捉えたニュアンスが捉えられなかった。すなわち、既習のオノマトペを評価する際に、母語からの影響を受けていると考えられる。

また、日本語の語頭の破裂音は有気化しやすく/t'/で発音されることが多い（朱, 1994；西郡, 2008）ので、中国語話者にとって知覚においては難しくはない。しかし、「語中語尾の日本語破裂音は有気化することが滅多になく無声無気である。」が、中国語話者が実際に発音するとき、「この音声を母語である北京語の音韻体系を当てはめたままでVOTが遅い方の/t'/で調音し」、日本語話者がそれを聞くと「意味は分かるが強く不自然な発音」だと思われることが多い（西郡, 2008）。

今回の調査で使用した12語の「無声音」の半分は畳語で、「たらたら（taratara）」「とろとろ（torotoro）」「きらきら（kirakira）」「くるくる（kurukuru）」「ぱらぱら（parapara）」「ぺたぺた（petapeta）」であった。これらの語は語根の繰り返しにより、語頭にくる無声破裂音/p/, /t/, /k/が語中にも出ている。特に、「ぺたぺた（petapeta）」という語に関しては、語頭、語中、語尾の4音節の子音はともに「無声音」である。このように、被験者である中国語話者が語中及び語尾にくる「無声音」に対しても、語頭にくるのと同じように「有気音」と頭の中で強く意識してしまう可能性が十分に考えられる。これが評価に影響することもあるだろう。中国語話者が刺激語の意味を習得したとはいえ、日本語話者と違う評価をしたのは、ここにも原因があるだろう。

3.3.4.2　語頭子音が有声音（無気音）である刺激語に対する評価

同様に、「語頭子音が有声音である刺激語」に対する両国被験者の評価の平均値をまとめて表3-14に示す。

評価の平均値から分かるように、「語頭子音が有声音である刺激語」に対する評価では、「大きさ」、「明るさ」、「強さ」、「気持ち良さ」、「重さ」、「うるささ」、「良さ」の7項目について、3グループともに一致した評価方向が見られた。日本語話者も中国語話者（意味を理解しているかどうかにもかかわらず）も、語頭子音（C_1）が有声音（中国語話者にとっては無気音）/d/, /g/, /z/である刺激語のほうが、「大きい」「暗い」「強い」「気持ちよくない」「重い」「うるさい」「悪い」というような印象を持つ傾向があるようである。

表 3-14　C_1 が有声音である刺激語に対する評価の平均値の比較

評価項目	JLS	CLS1	CLS2
①速さ	3.90	4.12	4.02
②大きさ	4.50	4.22	4.12
③明るさ	3.45	3.54	3.69
④強さ	4.26	4.43	4.28
⑤気持ち良さ	2.77	2.70	3.46
⑥重さ	4.87	4.77	4.35
⑦鋭さ	4.01	3.95	3.96
⑧硬さ	3.65	3.97	4.13
⑨うるささ	4.09	4.70	4.27
⑩良さ	3.03	2.68	3.62

　日本語の「有声音」と中国語の「無気音」の発音特徴から考えると、日本語の有声音を発音する時に、口腔が拡張され、調音位置が低くなり、声帯の振動を伴っている。一方、中国語の「無気音」を発音する時に、調音位置も低く、気流を阻害するのが特徴である。このような生理的な発音特徴により、「重い」「大きい」「うるさい」などの心理的な印象を連想させる可能性があると推測される。また、「有声音」と「無気音」を発音する際には、調音上、運動生理的に似ている部分があるので、類似した評価をしたのではないかと思われる。

　さらに、朱（2010）は「中国語の有気音は呼気が強く、破裂後に摩擦音が生じるが、無気音は呼気が弱く、閉鎖時に呼気を詰めておいて弱く破裂する。これは日本語の有声子音で代用することができる。」という。図 3-1 を見れば分かるように、日本語の「有声無気音」は中国語で VOT の早い方のカテゴリーに属し、「無声無気音」のカテゴリーの異音であるため、中国語話者にとって、知覚や弁別には大きな問題とはならない。筆者自身の経験でも、日本語の「無声音」の弁別（特に語中語尾にくる場合）には大変困難だったが、「有声音」の場合は「無声音」ほど難しくないようだ。このように、知覚や弁別には大きな問題とならないことから、「無声音」に比べて、「有声音」を評価するときに、中国語話者と日本語話者は比較的近い感覚で捉えていると言えるだろう。

　一方、「硬さ」（JLS：3.65；CLS1：3.97；CLS2：4.13）という項目に関しては、同じ中国語話者であるのに、CLS1 と CLS2 との 2 グループの評価には反対の方向性が見られた。CLS1 と JLS とはともに「有声音が語頭子音である刺激語」が「やわらかい」という印象であったのに対し、CLS2 は逆に「かたい」という印象を受けたようである。冒頭で述べたように、日本語学習者[①]は普段の学習や生活の中で、様々な状況においてオノマトペと接触している。学習者がこうした環境で聞いたり教わったり、そして自

---

　① 「視覚提示」による調査の被験者はほとんど日本に在住しているので、普段の生活の中でオノマトペと接触する機会が多いが、中国国内にいる被験者の場合はそうでない可能性がある。

分も真似したり使ったりすることで、上述の音韻上象徴的な特徴を、語の意味の学習とともに自然的に習得する可能性があると考えられる。

最後に、刺激語としての日本語のオノマトペの発音と類似した中国語の単語が存在するかどうかが、中国語話者（特に刺激語の意味を理解しない時）の評価に影響を及ぼす可能性も考えられる。語頭子音が無声音の/p/、/t/、/k/である刺激語の発音と類似した単語が中国語の中にはほぼ存在しないのに対し、有声音の/b/、/d/、/g/で始まる刺激語の発音と類似した単語がいくつか存在する。なお、中国語では一般的に二つの漢字が一つの単語になり、「音節の繰り返しが音的象徴の加重となる」[1]ことから、刺激語の語根の発音と対応する中国語の例を以下に提示する。

だら	耷拉[2] dā la	垂らす。垂れ下がる。
ぐる	①骨碌 gū lu	転がる。
	②軲轆 gū lu	a.（動詞）転がる。　b.（名詞）車輪。
	③咕嚕 gū lu	a.（水ギセルを吸う音や水を勢いよく飲む音）「ゴボゴボ」 b.（お腹の鳴る音や物の転がる音）「グーグー」「グルグル」 c.（くぐもった声）「ぼそぼそ」
どろ	堕落 duò luò	堕落する。なりさがる。

出典：『講談社　中日辞典』第三版（2010）

「有声音の刺激語」の発音と対応する中国語の単語の意味を見ると、これらの語は品詞には関係なく、あまりよくないことを表すときに使われることが分かる。感覚的に「よくない」ニュアンスが感じられる。中国語話者が意味の分からない刺激語に対して評価するときに、自然に母語の単語を思い出し、母語にもある象徴的な特徴に左右された可能性がある。なお、このような中国語の象徴的な特徴は日本語と一致している部分があるので、両言語話者が非常に類似した評価をすることになったのであろう。

3.3.4.3　「有声音・無声音」全般についての評価の統計的検定

これまで、「語頭子音が有声音であるオノマトペ」と「語頭子音が無声音であるオノマトペ」について、中国語話者による感覚評価（CLS1、CLS2）と日本語話者による感覚評価（JLS）を比較対照することを通して、両言語話者による評価の共通点と相違点を見た。次に、これらの「有声・無声」の差異が統計的に有意であるかどうかを検証した結果を比較した。その結果を表3-15に示し、「語頭子音が有声音である語」と「語頭子音が無声音である語」について、JLS、CLS1及びCLS2それぞれ、7項目、6項目、5

---

[1] 松本昭（1986）「中国語の擬音語・擬態語」『日本語学』、38ページ。
[2] 日本語の「ら行」の子音の発音は/r/と/l/の間にあるが、中国語の発音に当てはまると、ピンインの/l/に近い。

項目に有意差があった。

表 3-15　両言語話者による無声音・有声音についてのt検定の比較

	速さ	大きさ	明るさ	強さ	気持ち良さ	重さ	鋭さ	硬さ	うるささ	良さ
JLS	n.s.	**	**	**	**	**	n.s.	n.s.	**	**
CLS1	n.s.	**	**	n.s.	**	**	n.s.	n.s.	**	**
CLS2	n.s.	n.s.	*	n.s.	**	**	n.s.	n.s.	**	**

*.P＜.05　**.P＜.01　n.s. 統計的に有意でない

　JLSでは、「速さ」「鋭さ」「硬さ」以外の7項目において、「有声音」・「無声音」の間に有意差があった。すなわち、日本語話者にとって、「無声音」が語頭子音である語より、「有声音」が語頭子音である語のほうがより「大きい」「暗い」「強い」「気持ちよくない」「重い」「うるさい」「悪い」という印象を抱くようである。これは先行研究の丹野（2005）とかなり一致する結果となった。本研究で使用した評価項目は丹野（2005）の10項目を援用してきたが、丹野（2005）の調査結果では、「静か―うるさい」「小さい―大きい」「暗い―明るい」「悪い―よい」「軽い―重い」「弱い―強い」「鈍い―鋭い」の7項目について、清音と濁音の間に有意差がみられた。本研究でも7項目について有清音と無声音の間に有意差があったが、その中の6項目は丹野（2005）の「鈍い―鋭い」以外の6項目と一致した。

　また、「有声音」・「無声音」の持つ語感の差異については、金田一（1978）、Hamano（1998）、田守（2002）などでも指摘されている。Hamano（1998）では、「語頭子音が/b/、/d/、/g/、/z/の擬音語・擬態語は、『重い』『大きい』『粗い』という象徴的な意味を持つ。それに対して、語頭子音が/p/、/t/、/k/、/s/の擬音語・擬態語は、『軽い』『小さい』『細かい』という象徴的な意味を持つ。」と述べている。金田一（1978）、田守（2002）は、「日本語のオノマトペには、/g/、/z/、/d/、/b/のような濁音は鈍いもの、重いもの、大きいもの、汚いものを表し、否定なニュアンスを持ち、他方清音は鋭いもの、軽いもの、小さいもの、美しいものを表し、肯定なニュアンスを持つ。」と主張する。このように、先行研究の「有声音」・「無声音」の持つ音象徴的な差異は本調査の日本語話者の評価結果でも追認され、本調査の結果は先行研究の結論と一致し、先行研究の結論を検証したと言えるだろう。

　それと同時に、このような語感の差異は、日本語話者だけではなく、中国語話者にも捉えられたことは興味深い。結果から分かるように、「有声音」・「無声音」に関しては、CLS1とCLS2ともに5項目についてJLSと一致した評価をし、「有声音が語頭子音である語」は「無声音が語頭子音である語」より「暗くて重い」、「うるさくて気持ちよくない」、そして「悪い」という感覚であった。言語が異なり、刺激語の意味を理解していないにもかかわらず、中国語話者も日本語話者と同じように捉えていた。田守

（2002）は日本語の擬音語・擬態語と英語との対応関係から、日本語と英語との間に見られる共通の音象徴及び英語独特の音象徴を分析している。結論としては、日本語と英語との「共通の音象徴は個別言語特有のものではなく、普遍的なものである可能性が大きい。」としている。本研究の調査結果でも、日本語と中国語との間に、音象徴における共通する要素がいくつか見られた。

また、音韻論の面から考えると、日本語の子音は発音する際に、声帯振動を伴うか（「有声音」）と声帯振動を伴わないか（「無声音」）との対立であるのに対し、中国語の子音は発音時に、強い呼気を伴うか（「有気音」）と強い呼気を伴わないか（「無気音」）との対立である。言い換えれば、弁別が起こるカテゴリー境界となるVOTが言語間で異なっている。このように、両言語の子音のカテゴリー境界は異なるが、どのカテゴリーにおいても対立が存在している点は共通性がある。この音声的な特徴は音象徴的な特徴の生成につながっている可能性があるだろう。

上記の5項目以外に、「大きさ」という項目についても、CLS1はJLSと一致しており、「有声音が語頭子音である語」は「無声音が語頭子音である語」より「大きい」という評価であった。一方、CLS2はこのような評価をしなかった。中国語話者は刺激語の意味を理解していると日本語話者と一致した評価ができ、逆に刺激語の意味を理解していないと日本語話者と違う評価をしたことから考えると、これは意味による影響で、学習者が日本語を習得していく過程において生じた変化なのではないかと思われる。

「強さ」という項目は、JLSだけに有意差があった。日本語話者だけが「有声音が語頭子音である語」は「無声音が語頭子音である語」より「強い」と感じられたのに対し、中国語話者はこのような感覚的な差異が捉えられなかった。前述したように、音象徴に個別的な面があり、岩崎他（2007）によれば、擬音語・擬態語には「慣用的音象徴」が存在し、そして、このような「慣用的音象徴」はそれぞれの言語の話者が母語獲得の過程で習得するものであると考えられる。中国語話者が刺激語の意味を理解しているにもかかわらず、ある程度しか日本語話者の語感が身につけられず、より細かく微妙なニュアンスまで習得するのは困難である。これは日本語を第二言語として学ぶ学習者のことを考えてみると、いくら上達した者であっても、日本語を完全に日本人のように運用するのが非常に困難であるのは、この「慣用的音象徴」もその原因の一つであると思われる。

3.4　C_1が/h/-/b/-/p/であるオノマトペに対する感覚評価

刺激語の第一音節の子音（C_1）の/h/, /b/, /p/による差異を見るため、/h/で始まる4語、/b/で始まる4語、/p/で始まる4語に分けて分析した。

まず、「C_1が/h/である刺激語」、「C_1が/b/である刺激語」、「C_1が/p/である刺激語」それぞれに対し、日本語話者の評価（JLS）、中国語話者の評価（CLS1、CLS2）の平均

値と標準偏差を算出し、両言語話者の評価の傾向を見た。

次に、算出した平均値に基づき、JLS、CLS1、CLS2別に、/h/-/b/-/p/の差異について、一元配置分散分析[①]を用いた。

最後に、三つのグループの結果を比較対照することにより、/h/, /b/, /p/日本語のオノマトペに対する感覚評価の異同及びオノマトペにおける音象徴の普遍的な面と個別的な面を検討した。

3.4.1 日本語話者の場合

第一音節の子音（C_1）が/h/であるオノマトペ、/b/であるオノマトペ、/p/であるオノマトペそれぞれに対して、日本語話者の評価（JLS）の平均値と標準偏差を表3-16に示す。

表3-16 C_1が/h/-/b/-/p/の語に対するJLSの平均値と標準偏差

評価項目	/h/		/b/		/p/	
	平均値	標準偏差	平均値	標準偏差	平均値	標準偏差
①速さ	3.74	1.31	3.51	0.78	4.37	0.69
②大きさ	3.84	0.22	4.39	0.22	3.32	0.27
③明るさ	3.78	0.61	3.37	0.24	4.29	0.27
④強さ	2.98	0.62	4.30	0.13	3.39	0.04
⑤気持ち良さ	3.28	0.78	2.61	0.73	3.99	0.39
⑥重さ	3.73	0.92	4.55	0.43	2.99	0.55
⑦鋭さ	3.58	0.87	3.34	0.66	3.99	0.53
⑧硬さ	3.39	0.38	3.89	0.66	3.60	0.38
⑨うるささ	3.12	0.43	4.28	0.56	3.81	0.55
⑩良さ	3.36	0.75	2.87	0.49	4.06	0.27

日本語話者によるC_1が/h/-/b/-/p/の語に対する評価の傾向を見て分かるように、「大きさ」、「強さ」、「重さ」、「うるささ」という4項目について、C_1が/h/のオノマトペとC_1が/p/のオノマトペに対する評価の方向が一致し、両方ともC_1が/b/のオノマトペに対する評価の方向と逆であった。また、「気持ち良さ」、「鋭さ」、「硬さ」という3項目については、C_1が/h/であるオノマトペ、C_1が/b/であるオノマトペ、C_1が/p/であるオノマトペの間に一致した評価方向が見られた。なお、「速さ」、「明るさ」、「良さ」という3項目に関しては、C_1が/h/のオノマトペとC_1が/b/のオノマトペに対する評価の方向が一致したのに対し、C_1が/p/のオノマトペに対する評価の方向は逆であった。

次に、このような/h/-/b/-/p/に対する評価傾向が統計的に有意であるかについて、統計的な手法である一元配置分散分析を用いて検討した。グループ間検証した結果、

[①] 複数個（3つ以上）のグループの平均の差の検定は分散分析を用いる。一元配置分散分析は分散分析の手法の一つである。

「大きさ」、「明るさ」、「強さ」、「気持ち良さ」、「重さ」、「うるささ」、「良さ」という7項目について、有意差があった。（表3-17参照）

表3-17　JLSによる各評価項目における/h/-/b/-/p/についての分散分析

	速さ	大きさ	明るさ	強さ	気持ち良さ	重さ	鋭さ	硬さ	うるささ	良さ
/h/	3.74	3.84	3.78	2.98	3.28	3.73	3.58	3.39	3.12	3.36
/b/	3.51	4.39	3.37	4.30	2.61	4.55	3.34	3.89	4.28	2.87
/p/	4.37	3.32	4.29	3.39	3.99	2.99	3.99	3.60	3.81	4.06
統計検定	n.s.	**	*	**	*	*	n.s.	n.s.	*	*

*. $P<.05$　**. $P<.01$　n.s. 統計的に有意でない

さらに、多重比較を行った結果、有意差があった項目を以下の表3-18で示す。

表3-18　JLSによる/h/-/b/-/p/の刺激語に対する評価の多重比較

評価項目		差の絶対値		評価項目		差の絶対値	
		/b/	/p/			/b/	/p/
②大きさ	/h/	0.55*	0.52*	⑥重さ	/h/	0.82	0.74
	/p/	1.07*			/p/	1.56*	
		/b/	/p/			/b/	/p/
③明るさ	/h/	0.41	0.51	⑨うるささ	/h/	1.16*	0.69
	/p/	0.92*			/p/	0.47	
		/b/	/p/			/b/	/p/
④強さ	/h/	1.32*	0.41	⑩良さ	/h/	0.49	0.70
	/p/	0.91*			/p/	1.19*	
		/b/	/p/				
⑤気持ちよさ	/h/	0.67	0.71				
	/p/	1.38*					

*. 平均値の差は0.05水準で有意

多重比較を行った結果、上記の有意差があった7項目の中の6項目について、「語頭子音（C_1）が/b/である語」と「語頭子音（C_1）が/p/である語」に対する評価の間に、有意差があり、子音/b/と/p/との対立関係がはっきりと見られた。それに、「大きさ」と「強さ」という2項目について、「語頭子音（C_1）が/b/である語」は「語頭子音（C_1）が/p/である語」に対する評価との間に有意差があった一方、「語頭子音（C_1）が/h/である語」に対する評価との間にも有意差があった。このように、/b/は/p/と/h/との両

方と対立することが分かった。

なお、「うるささ」という項目では、「語頭子音（C_1）が/b/である語」は「語頭子音（C_1）が/h/である語」に対する評価との間に有意差が見られ、「大きさ」という項目では、語頭子音（C_1）が/h/である語」は「語頭子音（C_1）が/p/である語」に対する評価との間にも有意差が見られた。

3.4.2 中国語話者（CLS1）の場合

続いて、第一音節の子音（C_1）が/h/であるオノマトペ、/b/であるオノマトペ、/p/であるオノマトペそれぞれに対して、中国語話者の評価（CLS1）の平均値と標準偏差を表3-19に示す。

表3-19 C_1が/h/-/b/-/p/の語に対するCLS1の平均値と標準偏差

評価項目	/h/		/b/		/p/	
	平均値	標準偏差	平均値	標準偏差	平均値	標準偏差
①速さ	3.88	1.49	3.48	0.96	4.16	0.88
②大きさ	4.32	0.38	4.73	0.13	4.90	0.62
③明るさ	4.20	0.70	3.47	0.28	4.48	0.82
④強さ	2.81	0.58	4.49	0.37	4.14	0.76
⑤気持ち良さ	3.49	1.16	2.23	0.64	3.46	0.71
⑥重さ	3.63	1.32	4.81	0.39	3.87	0.25
⑦鋭さ	3.38	0.91	3.40	0.90	4.22	0.70
⑧硬さ	3.57	0.28	4.17	0.80	4.27	0.31
⑨うるささ	2.57	0.39	4.17	0.62	4.56	0.35
⑩良さ	3.66	1.16	2.35	0.10	3.94	0.62

中国語話者が既知のオノマトペに対する評価（CLS1）の平均値を見ると、「大きさ」、「気持ち良さ」、「良さ」という3項目について、C_1が/h/であるオノマトペ、C_1が/b/であるオノマトペ、C_1が/p/であるオノマトペの間に一致した評価方向が見られた。

それに対して、「速さ」、「鋭さ」という2項目について、C_1が/h/のオノマトペとC_1が/b/のオノマトペに対する評価の方向が一致し、両方ともC_1が/p/のオノマトペに対する評価の方向と逆であった。

また、「明るさ」、「重さ」の2項目については、C_1が/h/のオノマトペとC_1が/p/のオノマトペに対する評価の方向が一致したのに対し、C_1が/b/のオノマトペに対する評価の方向と反対であった。

なお、「強さ」、「硬さ」、「うるささ」という3項目に関しては、C_1が/b/のオノマトペとC_1が/p/のオノマトペに対する評価の方向が一致し、両方ともC_1が/h/のオノマトペに対する評価の方向と逆であった。

続いて、日本語話者の場合と同様に、一元配置分散分析を用いて検討した。グループ間検証した結果、「強さ」、「うるささ」、「良さ」という3項目について、有意差があっ

た。(表 3-20 参照)

　また、多重比較を行った結果、上記の有意差があった 3 項目の中の 2 項目について、「語頭子音（C_1）が/h/である語」に対する評価は、「語頭子音（C_1）が/b/である語」と「語頭子音（C_1）が/p/である語」に対する評価の両方との間に、有意差があり、子音/h/と/b/, /p/との対立関係が見られた。なお、「良さ」という項目について、「語頭子音（C_1）が/b/である語」は「語頭子音（C_1）が/p/である語」に対する評価との間に有意差があった。

表 3-20　CLS1 による各評価項目における/h/-/b/-/p/についての分散分析

	速さ	大きさ	明るさ	強さ	気持ち良さ	重さ	鋭さ	硬さ	うるささ	良さ
/h/	3.88	4.32	4.20	2.81	3.49	3.63	3.38	3.57	2.57	3.66
/b/	3.48	4.73	3.47	4.49	2.23	4.81	3.40	4.17	4.17	2.35
/p/	4.16	4.90	4.48	4.14	3.46	3.87	4.22	4.27	4.56	3.94
統計検定	n.s.	n.s.	n.s.	**	n.s.	n.s.	n.s.	n.s.	**	*

*. $P<.05$　**. $P<.01$　n.s. 統計的に有意でない

　このように、日本語話者による評価（JLS）では、/b/は/p/と/h/との両方と対立する関係が確認されたのに対し、中国語話者による評価（CLS1）では、/h/, /b/, /p/三者の対立関係が不明瞭であったことが窺えた。

　以下、表 3-21 で多重比較の結果で有意差があった項目を示す。

表 3-21　CLS1 による/h/-/b/-/p/の刺激語に対する評価の多重比較

評価項目		差の絶対値		評価項目		差の絶対値	
		/b/	/p/			/b/	/p/
④強さ	/h/	1.68*	1.33*	⑩良さ	/h/	1.31	0.28
	/p/	0.35			/p/	1.59*	
⑨うるささ	/h/	1.60*	1.99*				
	/p/	0.39					

*. 平均値の差は 0.05 水準で有意

3.4.3　中国語話者（CLS2）の場合

　最後に、第一音節の子音（C_1）が/h/であるオノマトペ、/b/であるオノマトペ、/p/であるオノマトペそれぞれに対して、中国語話者の評価（CLS2）の平均値と標準偏差を表 3-22 に示す。

　中国語話者が未知のオノマトペに対する評価（CLS2）の平均値を見ると、「気持ち良

さ」、「良さ」という2項目について、C_1が/h/であるオノマトペ、C_1が/b/であるオノマトペ、C_1が/p/であるオノマトペの間に一致した評価方向が見られた。それに対して、「速さ」、「明るさ」、「鋭さ」という3項目について、C_1が/h/のオノマトペとC_1が/b/のオノマトペに対する評価の方向が一致し、両方ともC_1が/p/のオノマトペに対する評価の方向と逆であった。また、「大きさ」、「強さ」、「重さ」、「硬さ」、「うるささ」という5項目については、C_1が/b/のオノマトペとC_1が/p/のオノマトペに対する評価の方向が一致し、両方ともC_1が/h/のオノマトペに対する評価の方向と逆であった。

表3-22 C_1が/h/-/b/-/p/の語に対するCLS2の平均値と標準偏差

評価項目	/h/		/b/		/p/	
	平均値	標準偏差	平均値	標準偏差	平均値	標準偏差
①速さ	3.98	0.77	3.68	0.83	4.17	0.73
②大きさ	3.83	0.53	4.14	0.38	4.33	0.32
③明るさ	3.83	0.46	3.84	0.66	4.15	0.39
④強さ	3.45	0.37	4.06	0.42	4.01	0.23
⑤気持ち良さ	3.67	0.44	3.55	0.69	3.78	0.51
⑥重さ	3.48	0.71	4.03	0.68	4.02	0.39
⑦鋭さ	3.74	0.40	3.65	0.67	4.14	0.49
⑧硬さ	3.79	0.28	4.27	0.23	4.28	0.30
⑨うるささ	3.60	0.25	4.19	0.24	4.31	0.23
⑩良さ	3.74	0.43	3.41	0.45	3.87	0.21

次に、中国語話者の評価（CLS2）の平均値に対しても、一元配置分散分析を行うことにより、統計的に検討した。その結果、「硬さ」、「うるささ」という2項目について、有意差があった。（表3-23参照）

表3-23 CLS2による各評価項目における/h/-/b/-/p/についての分散分析

	速さ	大きさ	明るさ	強さ	気持ち良さ	重さ	鋭さ	硬さ	うるささ	良さ
/h/	3.98	3.83	3.83	3.45	3.67	3.48	3.74	3.79	3.60	3.74
/b/	3.68	4.14	3.84	4.06	3.55	4.03	3.65	4.27	4.19	3.41
/p/	4.17	4.33	4.15	4.01	3.78	4.02	4.14	4.28	4.31	3.87
統計検定	n.s.	n.s.	n.s.	n.s.	n.s.	n.s.	n.s.	*	**	n.s.

*. $P<.05$ **. $P<.01$ n.s. 統計的に有意でない

さらに、多重比較を行った結果、上記の有意差があった2項目の中の「うるささ」という項目について、「語頭子音（C_1）が/h/である語」に対する評価は、「語頭子音（C_1）

が/b/である語」と「語頭子音（C_1）が/p/である語」に対する評価の両方との間に、有意差があり、子音/h/と/b/, /p/との対立関係が見られた。

以下表3-24で多重比較の結果で有意差があった項目を示す。

表3-24 CLS2による/h/-/b/-/p/の刺激語に対する評価の多重比較

評価項目	差の絶対値		
		/b/	/p/
⑧うるささ	/h/	0.59*	0.71*
	/p/	0.12	

*. 平均値の差は0.05水準で有意

3.4.4 日中両言語話者の比較

3.4.4.1 語頭子音（C_1）が/h/である刺激語に対する評価

語頭子音（C_1）が/h/である刺激語に対する両国被験者の評価の平均値をまとめて表3-25に示す。

表3-25 C_1が/h/である刺激語に対する評価の平均値の比較

評価項目	JLS	CLS1	CLS2
①速さ	3.74	3.88	3.98
②大きさ	3.84	4.32	3.83
③明るさ	3.78	4.20	3.83
④強さ	2.98	2.81	3.45
⑤気持ち良さ	3.28	3.49	3.67
⑥重さ	3.73	3.63	3.48
⑦鋭さ	3.58	3.38	3.74
⑧硬さ	3.39	3.57	3.79
⑨うるささ	3.12	2.57	3.60
⑩良さ	3.36	3.66	3.74

※表中の網掛けは、3グループの評価傾向が一致した項目である。

評価平均値から見られるように、「速さ」、「強さ」、「気持ち良さ」、「重さ」、「鋭さ」、「硬さ」、「うるささ」、「良さ」の8項目について、JLS、CLS1、CLS2による評価の方向が一致していた。中国語話者が刺激語の意味を理解しているかどうかにかかわらず、日本語話者と同様に、/h/で始まるオノマトペに対して、「遅くて弱い」、「軽くて鋭い」、「やわらかくて静か」、「良い」と捉えていた。

しかし、「大きさ」と「明るさ」の2項目に関しては、JLSとCLS2による評価の方

向が一致するのに対し、CLS1 による評価の方向と反対であった。中国語話者が未知のオノマトペに対して評価する際に、日本語話者と同じように/h/で始まるオノマトペのほうが、より「小さくて暗い」と感じていた。一方、中国語話者が既知のオノマトペに対して、日本語話者と逆に、/h/で始まるオノマトペがより「大きい」「明るい」というふうに捉えていた。

3.4.4.2　語頭子音（C_1）が/b/である刺激語に対する評価

上記と同様に、語頭子音（C_1）が/b/である刺激語に対する両国被験者の評価の平均値をまとめて表 3-26 に示す。

評価の平均値から分かるように、語頭子音（C_1）が/b/である刺激語に対する評価では、「硬さ」という項目を除いてすべての項目について、3 グループともに一致した評価方向が見られた。日本語話者も中国語話者（意味を理解しているかどうかにもかかわらず）も、語頭子音（C_1）が/b/である刺激語のほうが、「遅い」「大きい」「暗い」「強い」「気持ちよくない」「重い」「鈍い」「うるさい」「悪い」というような印象を持つ傾向があるようである。

なお、「硬さ」という唯一の項目に関しては、中国語話者による評価（CLS1 と CLS2）の方向は日本語話者による評価（JLS）の方向と不一致であった。日本語話者が/b/で始まるオノマトペのほうが「やわらかい」と捉えていたのに対し、中国語話者（既知か未知かにかかわらず）が逆に「硬い」と捉えていた。

表 3-26　C_1 が/b/である刺激語に対する評価の平均値の比較

評価項目	JLS	CLS1	CLS2
①速さ	3.51	3.48	3.68
②大きさ	4.39	4.73	4.14
③明るさ	3.37	3.47	3.84
④強さ	4.30	4.49	4.06
⑤気持ち良さ	2.61	2.23	3.55
⑥重さ	4.55	4.81	4.03
⑦鋭さ	3.34	3.40	3.65
⑧硬さ	3.89	4.17	4.27
⑨うるささ	4.28	4.17	4.19
⑩良さ	2.87	2.35	3.41

3.4.4.3　語頭子音（C_1）が/p/である刺激語に対する評価

最後に、語頭子音（C_1）が/p/である刺激語に対する両国被験者の評価の平均値をまとめて表 3-27 に示す。

表3-27　C_1が/p/である刺激語に対する評価の平均値の比較

評価項目	JLS	CLS1	CLS2
①速さ	4.37	4.16	4.17
②大きさ	3.32	*4.90*	*4.33*
③明るさ	4.29	4.48	4.15
④強さ	3.39	*4.14*	*4.01*
⑤気持ち良さ	3.99	3.46	3.78
⑥重さ	2.99	3.87	4.02
⑦鋭さ	3.99	*4.22*	*4.14*
⑧硬さ	3.60	*4.27*	*4.28*
⑨うるささ	3.81	*4.56*	*4.31*
⑩良さ	4.06	3.94	3.87

　評価の平均値から見られるように、語頭子音（C_1）が/h/や/b/である刺激語に対する評価の傾向と大きく異なって、語頭子音（C_1）が/p/である刺激語に対する評価では不一致が目立つ。3グループに一致した評価方向が見られたのは3項目しかなく、「速さ」、「明るさ」、「気持ち良さ」であった。日本語話者も中国語話者も、語頭子音（C_1）が/p/である刺激語のほうが、「速い」「明るい」「気持ちよくない」というような印象を持つ傾向があるようだ。

　しかし、「大きさ」、「強さ」、「鋭さ」、「硬さ」、「うるささ」、「良さ」という6項目については、CLS1の評価方向とCLS2の評価方向が一致し、2グループともJLSの評価方向と反対であった。日本語話者が/p/で始まるオノマトペに対して、「小さくて弱い」「鈍くてやわらかい」「静かなよい」という印象を抱く傾向があるのに対し、中国語話者はこのような印象を抱いていなかった。

　なお、「重さ」という唯一の項目に関しては、JLSとCLS1の評価方向が一致するのに対し、CLS2の評価方向は反対であった。中国語話者が既知のオノマトペに対して評価する際に、日本語話者と同じように/p/で始まるオノマトペのほうが、より「軽い」と感じていた。一方、中国語話者が未知のオノマトペに対して、日本語話者と逆に、/p/で始まるオノマトペがより「重い」というふうに捉えていた。

3.4.4.4　/h/-/b/-/p/全般についての評価の統計的検定

　これまで、「語頭子音（C_1）が/h/であるオノマトペ」、「語頭子音（C_1）が/b/であるオノマトペ」、「語頭子音（C_1）が/p/であるオノマトペ」について、中国語話者による感覚評価（CLS1、CLS2）と日本語話者による感覚評価（JLS）を比較対照することにより、両言語話者による評価の共通点と相違点を見た。次に、これらの/h/-/b/-/p/の対立関係が統計的に有意であるかどうかを検証した結果を比較した。その結果をまとめて表3-28に示し、「語頭子音（C_1）が/h/-/b/-/p/である語」について、JLS、CLS1及びCLS2それぞれ、7項目、3項目、2項目に有意差があった。

表 3-28　両言語話者による/h/-/b/-/p/についての分散分析の比較

	速さ	大きさ	明るさ	強さ	気持ち良さ	重さ	鋭さ	硬さ	うるささ	良さ
JLS	n.s.	**	**	**	**	**	n.s.	n.s.	**	**
CLS1	n.s.	n.s.	n.s.	**	n.s.	n.s.	n.s.	n.s.	**	**
CLS2	n.s.	n.s.	n.s.	n.s.	n.s.	n.s.	n.s.	**	**	n.s.

*. P<.05　**. P<.01　n.s. 統計的に有意でない

　金田一（1978）は、「/h/と/p/とはともに/b/と対立するが、/h/は、より文章語的で品がいい感じがあるのに対し、/p/は俗語的で品が落ちる。」と指摘している。芳賀（1977）では、「『パ』と『バ』がはっきりと対立しており、『ハ』は両者の中間に、『パ』寄りの位置で評価される。」と報告している。このように、先行研究で指摘された/h/, /b/, /p/の対立関係は本研究で行った調査の日本語話者の評価結果（JLS）に再度検証され、本研究は先行研究の結論を追認できただろう。

　また、「語頭子音（C_1）が有声音・無声音であるオノマトペ」に対する評価においても、「語頭子音（C_1）が/h/-/b/-/p/であるオノマトペ」に対する評価においても、日本語話者による評価では同様の7項目について有意差があった。日本語話者が「大きさ」「暗さ」「強さ」「気持ちよさ」「重さ」「うるささ」「良さ」という7要因により、有声音・無声音、さらに清音・濁音・半濁音を区別していることが分かった。

　一方、日本語を外国語として学ぶ中国語話者が、このような語感の差異を捉えられるとは言いがたい。中国語話者は母語の音韻体系の中の有気音に対応する/t/, /k/, /s/で始まる語と、無気音に対応する/d/, /g/, /z/で始まる語との間の差異を感じていたが、現代日本語における/h/-/b/-/p/の特殊な位置関係について評価する際に、混乱が生じたようである。中国語話者にとって、/b/と/p/は中国語の音韻体系の中に無気音と有気音に対応するが、日本語を学び始めた頃には、「清音」と「濁音」とが対立することを教わり、母語の音韻体系の中にない/h/と/b/との対立を丸暗記しかできない。しかし、/h/, /b/, /p/に同時に遭遇する際に、中国語話者にとってこれらの3者の位置関係をどういうふうに捉えるのか、迷ってしまう可能性が十分にあることが本研究の調査結果から窺える。

　しかし、「硬さ」という唯一の項目について、中国語話者の評価（CLS2）のみに有意差が見られた。中国語話者が「視覚刺激」により未知のオノマトペに対して評価する際に、「硬さ」という要因により注目しているようである。

3.5　「反復形・非反復形」であるオノマトペに対する感覚評価

　同様に、語形による影響を見るため、36語の刺激語を反復形の18語と非反復形の18語に分けて分析した。なお、冒頭で述べたように、本研究で使用した反復形の刺激

語（例えば、「たらたら」）と非反復形の刺激語（例えば、「たらり」）の語根（「たら」）が同じであるため、ここでの語形による検討は語中にくる子音についての検討にもなる。

まず、「反復形の刺激語」・「非反復形の刺激語」それぞれに対し、日本語話者の評価（JLS）、中国語話者の評価（CLS1、CLS2）の平均値と標準偏差を算出し、両言語話者の評価の傾向を見た。

次に、算出した平均値に基づき、JLS、CLS1、CLS2別に、「反復形・非反復形」の差異について、t検定（両側検定）を用いた。これは「反復・非反復（語中にくる子音）」の差異が、日本語のオノマトペに接する際に、日本語話者と中国語話者にどのような影響を与えるかを明らかにしようとしたものである。

最後に、三つのグループの結果を比較対照することにより、日本語のオノマトペに対する感覚評価の異同及びオノマトペにおける音象徴の普遍的な面と個別的な面を検討した。

3.5.1 日本語話者の場合

反復形のオノマトペ、非反復形のオノマトペに対して、日本語話者の評価（JLS）の平均値と標準偏差を表 3-29 に示す。

表 3-29　反復形・非反復形の語に対するJLSの平均値と標準偏差

評価項目	反復形		非反復形	
	平均値	標準偏差	平均値	標準偏差
①速さ	4.02	1.39	3.78	1.19
②大きさ	3.84	0.56	4.03	0.56
③明るさ	3.87	0.82	3.87	0.76
④強さ	3.78	0.65	3.80	0.69
⑤気持ち良さ	3.36	1.06	3.53	0.96
⑥重さ	4.00	0.84	3.96	1.04
⑦鋭さ	3.90	1.01	3.91	0.96
⑧硬さ	3.75	0.62	3.55	0.68
⑨うるささ	3.89	0.80	3.42	0.62
⑩良さ	3.49	0.91	3.66	0.82

日本語話者による評価（JLS）の平均値から見ると、「速さ」、「大きさ」という2項目について、反復形のオノマトペと非反復形のオノマトペの間に反対の評価方向が見られた。なお、「明るさ」、「強さ」、「気持ち良さ」、「重さ」、「鋭さ」、「硬さ」、「うるささ」、「良さ」という8項目については、反復形のオノマトペと非反復形のオノマトペの間に一致した評価方向が見られた。

次に、このような評価傾向が統計的に有意であるかどうかについて、t検定（両側検定）を用いて検討した。その結果、「速さ」、「大きさ」、「硬さ」、「うるささ」という4項目について、有意差があった。（表3-30参照）

表3-30　JLSによる各評価項目における反復形・非反復形についてのt検定

	速さ	大きさ	明るさ	強さ	気持ち良さ	重さ	鋭さ	硬さ	うるささ	良さ
反復形	4.02	3.84	3.87	3.78	3.36	4.00	3.90	3.75	3.89	3.49
非反復形	3.78	4.03	3.87	3.80	3.53	3.96	3.91	3.55	3.42	3.66
差の絶対値	.24*	.19*	0.00	.02	.17	.04	.01	.20*	.47**	.17

*. P＜.05　**. P＜.01

表3-30から見られるように、上述した語形が反復か非反復かによる評価の差異を統計的に検証したところ、有意差があった。日本語話者にとっては、反復形のオノマトペが非反復形のオノマトペより、「速い」「小さい」「硬い」「うるさい」という感覚であった。

3.5.2　中国語話者（CLS1）の場合

次に、中国語話者が既知のオノマトペに対して評価する際に、反復形のオノマトペと非反復形のオノマトペに対する評価（CLS1）の平均値と標準偏差を表3-31に示す。

表3-31　反復形・非反復形の語に対するCLS1の平均値と標準偏差

評価項目	反復形		非反復形	
	平均値	標準偏差	平均値	標準偏差
①速さ	4.32	1.28	3.89	1.01
②大きさ	4.17	0.62	4.13	0.79
③明るさ	3.86	0.86	4.06	0.81
④強さ	4.05	0.86	4.24	0.72
⑤気持ち良さ	3.28	1.22	3.39	0.96
⑥重さ	4.01	0.93	4.08	0.99
⑦鋭さ	3.53	1.00	4.23	0.95
⑧硬さ	3.86	0.66	4.04	0.71
⑨うるささ	4.19	1.16	3.73	1.01
⑩良さ	3.43	1.13	3.43	1.01

中国語話者による評価（CLS1）の平均値を見ると、「速さ」、「明るさ」、「鋭さ」、「硬さ」、「うるささ」という5項目について、反復形のオノマトペと非反復形のオノマトペの間に反対の評価方向が見られた。なお、「大きさ」、「強さ」、「気持ち良さ」、「重さ」、「良さ」という5項目については、反復形のオノマトペと非反復形のオノマトペの間

に一致した評価方向が見られた。

続いて、t検定（両側検定）を用いて検討した結果、「鋭さ」、「うるささ」という2項目について、有意差があった。（表3-32参照）

表3-32　CLS1による各評価項目における反復形・非反復形についてのt検定

	速さ	大きさ	明るさ	強さ	気持ち良さ	重さ	鋭さ	硬さ	うるささ	良さ
反復形	4.32	4.17	3.86	4.05	3.28	4.01	3.53	3.86	4.19	3.43
非反復形	3.89	4.13	4.06	4.24	3.39	4.08	4.23	4.04	3.73	3.43
差の絶対値	.43	.04	.20	.19	.11	.07	.70**	.18	.46**	0.00

**. P＜.01

表3-32から見られるように、上述した語形が反復か非反復かによる評価の差異を統計的に検証したところ、5項目の中の2項目について有意差があった。中国語話者が既知のオノマトペに対して、非反復形のオノマトペが反復形のオノマトペより「鋭い」、反復形のオノマトペが非反復形のオノマトペより「うるさい」という感覚を抱いていることが分かった。

3.5.3　中国語話者（CLS2）の場合

最後に、中国語話者が未知のオノマトペに対して評価する際に、反復形のオノマトペと非反復形のオノマトペに対する評価（CLS2）の平均値と標準偏差を表3-33に示す。

表3-33　反復形・非反復形の語に対するCLS2の平均値と標準偏差

評価項目	反復形		非反復形	
	平均値	標準偏差	平均値	標準偏差
①速さ	4.21	0.88	3.94	0.71
②大きさ	4.08	0.56	3.94	0.51
③明るさ	3.95	0.72	3.94	0.58
④強さ	4.07	0.46	4.00	0.39
⑤気持ち良さ	3.83	0.66	3.78	0.42
⑥重さ	3.84	0.70	3.89	0.69
⑦鋭さ	3.80	0.62	4.21	0.46
⑧硬さ	3.95	0.39	4.13	0.43
⑨うるささ	4.12	0.48	3.96	0.49
⑩良さ	3.86	0.66	3.88	0.39

中国語話者による評価（CLS2）の平均値を見ると、「速さ」、「大きさ」、「鋭さ」、「硬さ」、「うるささ」という5項目について、反復形のオノマトペと非反復形のオノマトペの間に反対した評価方向が見られた。なお、「明るさ」、「気持ち良さ」、「重さ」、「良さ」という4項目については、反復形のオノマトペと非反復形のオノマトペの間に一

致した評価方向が見られた。

次に、中国語話者による評価（CLS2）に対しても、t検定（両側検定）を用いて検討した。その結果、反復形・非反復形のオノマトペについて有意差があった項目は「鋭さ」という唯一の項目であった。（表3-34 参照）

表3-34 CLS2による各評価項目における反復形・非反復形についてのt検定

	速さ	大きさ	明るさ	強さ	気持ち良さ	重さ	鋭さ	硬さ	うるささ	良さ
反復形	4.21	4.08	3.95	4.07	3.83	3.84	3.80	3.95	4.12	3.86
非反復形	3.94	3.94	3.94	4.00	3.78	3.89	4.21	4.13	3.96	3.88
差の絶対値	.27	.14	.01	.07	.05	.05	.41**	.18	.16	.02 / .02

**.P<.01

表3-34から見られるように、上述した語形が反復か非反復かによる評価の差異を統計的に検証したところ、5項目の中の1項目について有意差があった。CLS1と同じように、CLS2にとっても、非反復形のオノマトペが反復形のオノマトペより「鋭い」という感覚であった。

3.5.4 日中両言語話者の比較

3.5.4.1 反復形の刺激語に対する評価

反復形の刺激語に対する両国被験者の評価の平均値をまとめて表3-35に示す。

表3-35 反復形の刺激語に対する評価の平均値の比較

評価項目	JLS	CLS1	CLS2
①速さ	4.02	4.32	4.21
②大きさ	3.84	4.17	4.08
③明るさ	3.87	3.86	3.95
④強さ	3.78	4.05	4.07
⑤気持ち良さ	3.36	3.28	3.83
⑥重さ	4.00	4.01	3.84
⑦鋭さ	3.90	3.53	3.80
⑧硬さ	3.75	3.86	3.95
⑨うるささ	3.89	4.19	4.12
⑩良さ	3.49	3.43	3.86

評価平均値から見られるように、「速さ」、「明るさ」、「気持ち良さ」、「鋭さ」、「硬さ」、「良さ」の6項目について、JLS、CLS1、CLS2による評価の方向が一致していた。中国語話者が刺激語の意味を理解しているかどうかにかかわらず、日本語話者と同様に、

非反復形のオノマトペに比べて、反復形のオノマトペのほうが、「速くて暗い」、「鈍くて気持ち良くない」、「やわらかくて良くない」と捉えていた。

しかし、「大きさ」、「強さ」、「うるささ」という3項目については、CLS1の評価方向とCLS2の評価方向が一致し、2グループともJLSの評価方向と反対であった。日本語話者が反復形のオノマトペに対して、「小さい」「弱い」「静か」という印象を抱く傾向があるのに対し、中国語話者はこのような印象を抱いていなかった。

3.5.4.2 非反復形の刺激語に対する評価

同様に、非反復形の刺激語に対する両国被験者の評価の平均値をまとめて表3-36に示す。

表3-36 非反復形の刺激語に対する評価の平均値の比較

評価項目	JLS	CLS1	CLS2
①速さ	3.78	3.89	3.94
②大きさ	4.03	4.13	3.94
③明るさ	3.87	4.06	3.94
④強さ	3.80	4.24	4.00
⑤気持ち良さ	3.53	3.39	3.78
⑥重さ	3.96	4.08	3.89
⑦鋭さ	3.91	4.23	4.21
⑧硬さ	3.55	4.04	4.13
⑨うるささ	3.42	3.73	3.96
⑩良さ	3.66	3.43	3.88

評価の平均値から分かるように、非反復形の刺激語に対する評価では、「速さ」、「気持ち良さ」、「うるささ」、「良さ」という4項目について、3グループともに一致した評価方向が見られた。日本語話者も中国語話者（意味を理解しているかどうかにもかかわらず）も、非反復形のオノマトペのほうが、「遅い」「気持ちよくない」「静かな」「悪い」というような印象を持つ傾向が分かった。

なお、「反復形の刺激語」に対する評価と同様に、「鋭さ」、「硬さ」という2項目については、CLS1の評価方向とCLS2の評価方向が一致し、2グループともJLSの評価方向と逆であった。日本語話者が非反復形のオノマトペに対して、「鈍くてやわらかい」印象を抱いていたのに対し、中国語話者が逆に「鋭くて硬い」という印象を抱いていたようである。

また、「大きさ」という項目については、JLSとCLS1の評価方向が一致するのに対し、CLS2の評価方向と反対であった。中国語話者が既知のオノマトペに対して評価する際に、日本語話者と同じように非反復形のオノマトペのほうが、より「大きい」と感じていた。一方、中国語話者が未知のオノマトペに対して、日本語話者と逆に、非反復形のオノマトペがより「小さい」というふうに捉えていた。

3.5.4.3 「反復形・非反復形」全般についての評価の統計的検定

以上の分析まで、「反復形のオノマトペ」と「非反復形のオノマトペ」について、中国語話者による感覚評価（CLS1、CLS2）と日本語話者による感覚評価（JLS）を比較対照することを通して、両言語話者による評価の共通点と相違点を見た。次に、これらの「反復形・非反復形」の差異が統計的に有意であるかどうかを検証した結果を比較した。その結果を表3-37に示し、「反復形のオノマトペ」と「非反復形のオノマトペ」について、JLS、CLS1及びCLS2それぞれ、4項目、2項目、1項目に有意差があった。

表3-37　両言語話者による反復形・非反復形についてのt検定の比較

	速さ	大きさ	明るさ	強さ	気持ち良さ	重さ	鋭さ	硬さ	うるささ	良さ
JLS	*	*	n.s.	n.s.	n.s.	n.s.	n.s.	*	**	n.s.
CLS1	n.s.	n.s.	n.s.	n.s.	n.s.	n.s.	**	n.s.	**	n.s.
CLS2	n.s.	n.s.	n.s.	n.s.	n.s.	n.s.	**	n.s.	n.s.	n.s.

*. P＜.05　**. P＜.01　n.s. 統計的に有意でない

「有声音・無声音」と「/h/-/b/-/p/の対立関係」についての評価結果と異なり、語形が反復であるかどうかが両言語話者の評価に与える影響はばらばらであり、三つのグループに共通する意味項目がなかった。日本語話者が「速さ」、「大きさ」、「硬さ」、「うるささ」という4要因により「反復形・非反復形」を区別しているのに対し、中国語話者が既知のオノマトペについて「鋭さ」と「うるささ」という2要因に注目し、一方、中国語話者が未知のオノマトペについて「鋭さ」という要因に注目していることが分かった。

中国語話者が既知のオノマトペに対する評価（CLS1）で有意差があった2項目の中で、「うるささ」という唯一の項目についてJLSと同じであった。この項目に関しては、同じ中国語話者であっても、CLS2では有意差がなかった。前述したように、刺激語の意味の学習や習得に伴って、何らかの変化が生じたのではないかと考えられる。

中国語話者による評価（CLS1とCLS2）の間に、「鋭さ」という項目についての評価が一致し、「反復形のオノマトペ」より「非反復形のオノマトペ」のほうがより「鋭い」と感じられている。それに対して、日本語話者はこのような性質を捉えていなかった。本研究で使用した「非反復形の刺激語」はすべて「語根＋り」の形であるため、中国人日本語学習者にとって、語の「繰り返し」ということより、むしろ「リ音」のほうに、より注目したのではないかと思われる。

「速さ」、「大きさ」、「硬さ」という3項目について、日本語話者の評価（JLS）に有意差があったのに対し、中国語話者の評価（CLS1・CLS2）には有意差が認められなかった。日本語話者にとって、「反復形のオノマトペ」が「非反復形のオノマトペ」より「速い」「小さい」「硬い」という感覚であったのに対し、中国語話者はこのよ

うな性質を捉えていなかった。前にも述べたように、日本語話者による評価のみに見られるこれらの音象徴的な特徴から日本語固有の音象徴の個別的な面が窺える。

なお、本研究の評価項目として使用した10項目は、丹野（2005）の実験で使用された10項目をそのまま用いてきたが、この10項目は「清音・濁音」の語感の差異を比べるために設定したものである。同項目を「反復形・非反復形」の評価に適用する際に、やや不十分な面があると思われる。今後、より適切な評価項目を設定し、「反復形・非反復形」の語感の差異を明らかにする必要がある。

3.6 探索的因子分析

ここまで、「C_1 が有声音・無声音」、「C_1 が /h/-/b/-/p/」および「語形が反復形・非反復形」を巡って、日本語話者による評価（JLS）と中国語話者による評価（CLS1・CLS2）とを比較対照することにより、両言語話者による評価の共通点と相違点について考察した。次に、本研究の刺激語としての36語のオノマトペに対して、日本語話者と中国語話者それぞれがどのような印象を抱くかについてより深く検討していく。具体的には、JLS、CLS1、CLS2別に36語のオノマトペに対する評価値に基づいて、因子分析を行い、抽出した因子から日中両言語話者がオノマトペに対して抱く印象を見た。

日本語話者による評価（JLS）と中国語話者による評価（CLS1・CLS2）の全般の評価傾向を調べるため、36語のオノマトペに対するJLS（計2052ケース）の評価値、CLS1（計1404ケース）の評価値、及びCLS2（計1908ケース）の評価値を用いて因子分析（主因子法、バリマックス回転）を行った。因子を抽出する際に、各変数の固有値の大きさの変化、及び抽出した因子は因子としての解釈可能性などを考慮し、「カイザー基準」[①]に基づき、固有値1.0以上で因子数を決定することにした。

なお、因子命名について、「SD法によるイメージの測定」を詳しく論述した岩下（1983）の解説を参照し、オスグッド学派が主張した「E.P.A.次元」[②]を参考にしながら命名した。

その結果、日本語のオノマトペに対して、日本語話者による評価（JLS）と中国語話者による評価（CLS1・CLS2）において、それぞれ二つの因子が抽出された。なお、抽

[①] 相関行列の固有値1以上の数を因子数とするものである。英語でのカイザー基準の呼び方として，the Kaiser criterion, the Kaise-Guttman rule, the eigenvalueone criterion, truncated principal components, the K1rule と様々なものがある（Preacher & MacCallum, 2003）。日本語でもいろいろな言い方がある。固有値1以上については Gutttman（1954）が Kaiser（1960）よりも先に指摘している。1つの因子にしか負荷しない因子（独自因子）は最大1であることから合理化される。

[②] オスグッド学派は意味を測定する方法として、「SD法（Semantic Differential Technique）」を提起した。そして、この手法を用いて意味研究、コミュニケーション研究を進める経過において彼らは、イメージ測定の結果が、E.（Evaluation 評価性）、P.(Potency 力量性)、A.(Activity 活動性)といった3次元の直交座標軸をもつ空間に位置づけられ得ること、この「意味空間」の構成が言語圏・文化圏を超えた一般性（generality）をもっていることを、くり返し主張した（Osgood,1952；Osgood & Suci,1955；Osgood et al.,1957）。すなわち、この考え方によると、ある項目の意味は、すべてSD法によって析出された意味空間の各次元（E.P.A.）上での有意味度を表記できると考えられる。

出された因子の累積寄与率に関しては、日本語話者（JLS）の結果では82.50%を占め（表3-38参照）、中国語話者（CLS1）の結果では69.60%を占め（表3-39参照）、中国語話者（CLS2）の結果では68.27%を占める（表3-40参照）。また、各項目の共通性を見ると、どの項目（変数）でも共通因子から大きな影響を受けていることが分かる。よって、本研究で行った実験調査で使用した10の意味項目はすべて適当な尺度と認められる。

3.6.1　日本語話者による評価（JLS）の因子分析結果と因子命名

まず、日本語話者（JLS）がオノマトペに対して抱く主な印象は何かを明らかにするために、調査で使用した10項目について因子分析を行った。因子の抽出には、主因子法を用い、バリマックス回転を行った。抽出因子数は固有値1.0以上の基準を設け、さらに因子の解釈の可能性も考慮して因子数を決定した結果、日本語話者の評価（JLS）において2因子が抽出された。因子分析の結果を表3-38に示す。

表3-38　日本語話者による評価（JLS）の因子分析結果（主因子法）

意味項目	因子 I	因子 II	共通性
気持ち良さ	0.95	0.13	0.92
重さ	-0.93	0.14	0.89
良さ	0.92	0.13	0.87
明るさ	0.86	0.40	0.91
大きさ	-0.85	0.28	0.80
鋭さ	0.59	0.69	0.83
速さ	0.54	0.58	0.63
強さ	-0.17	0.88	0.80
うるささ	-0.26	0.75	0.63
硬さ	0.30	0.68	0.55
因子固有値	5.37	2.88	
因子分散率	53.73%	28.77%	
因子累積率	53.73%	82.50%	
因子名	I 軽快さと小気味良さ	II 強硬さと鋭敏さ	

＊表中の網掛け部分は、それぞれの因子を命名する際に判断の基準にした項目で、因子得点の算出する際に用いられる変数である。

＊本研究では、各因子の負荷量が0.45以上のものを因子得点の算出に用いた。

なお、「鋭さ」、「速さ」という2項目は二つの因子が重なって高い負荷量を示していた。因子分析に関する先行研究では、このような項目を削除して分析する研究例があ

るが、本研究では、「鋭さ」、「速さ」という2項目が二つの因子から影響を受けている可能性があると判断し、削除せずに分析を行った。

因子負荷量の絶対値が0.45以上の項目を基準に、プラス・マイナスの影響を考慮し因子の命名を行った結果、第1因子には、「気持ち良さ」(0.95)、「重さ」(-0.93)、「良さ」(0.92)、「明るさ」(0.86)、「大きさ」(-0.85)、「鋭さ」(0.59)、「速さ」(0.54)の7項目に対して負荷量が高かった。「E.P.A.次元」を参考にし、「軽快さと小気味良さ」に関する因子と命名した。

第2因子には、「鋭さ」(0.69)、「速さ」(0.58)、「強さ」(0.88)、「うるささ」(0.75)、「硬さ」(0.68)の5項目に対して負荷量が高く、「強硬さと鋭敏さ」に関する因子と命名した。

このように、本研究の調査結果では、日本語話者は日本語のオノマトペに接触する際に、「軽快さと小気味良さ」と「強硬さと鋭敏さ」という二つの潜在的な印象を抱くことが分かった。

しかし、日本語話者がオノマトペに対して、以上の二つの潜在的な印象しか持たないとは言えない。以上の結果は本研究で行った実験調査に基づいた結果であるので、普遍性を検証する必要がある。また、本研究の実験調査では、意味項目数、刺激語数、被験者数などの要素が限られていて、特に意味項目が10個という少数であるため、抽出された因子数も少なかった。今後、意味項目を増やせば、新たな因子が見つかる可能性があると思われ、これからの課題として、多くの意味項目を選定し、さまざまな面でさらなる検討する必要がある。

3.6.2 中国語話者による評価（CLS1）の因子分析結果と因子命名

次に、中国語話者による評価（CLS1）についても、同様に因子分析を行い、共通因子を抽出した。その結果、中国語話者による評価（CLS1）においても、二つの因子が抽出された。（表3-39参照）

それぞれの因子の負荷量が高い値を示す項目の内容に基づき（絶対値が0.45以上の項目）、以下のように命名した。

第1因子には、「重さ」(-0.94)、「気持ち良さ」(0.93)、「良さ」(0.92)、「明るさ」(0.69)、「大きさ」(-0.59)、「速さ」(0.54)の6項目に対して負荷量が高く、日本語話者（JLS）の結果と同様に、「軽快さと小気味良さ」に関する因子と命名した。

第2因子には、「硬さ」(0.74)、「鋭さ」(0.72)、「うるささ」(0.69)、「強さ」(0.58)の4項目に対して因子負荷量が高かった。日本語話者（JLS）の結果に比べると、「速さ」という項目に対してCLS1の因子負荷量が基準以下の「0.39」であるのに対し、JLSの因子負荷量が基準以上の「0.58」であった。日本語話者が既知のオノマトペに対して、「速さ」という抽象的な感覚により注目するのに対し、中国語話者が既知のオノマトペに対して、このような抽象的な感覚に注目しないようである。

因子負荷量の高い項目から鑑み、中国語話者（CLS1）の結果では、第2因子を「強

さと鋭さ」に関する因子と命名した。

表 3-39　中国語話者による評価（CLS1）の因子分析結果（主因子法）

意味項目	因子 I	因子 II	共通性
重さ	-0.94	-0.02	0.89
気持ち良さ	0.93	-0.01	0.86
良さ	0.92	-0.04	0.85
明るさ	0.69	0.43	0.66
大きさ	-0.59	-0.07	0.35
速さ	0.54	0.39	0.44
硬さ	0.10	0.74	0.55
鋭さ	0.43	0.72	0.76
うるささ	-0.32	0.69	0.59
強さ	0.08	0.58	0.34
因子固有値	4.62	2.34	
因子分散率	46.22%	23.38%	
因子累積率	46.22%	69.60%	
因子名	I 軽快さと小気味良さ	II 強硬さと鋭さ	

＊表中の網掛け部分は、それぞれの因子を命名する際に判断の基準にした項目で、因子得点の算出する際に用いられる変数である。

＊本研究では、各因子の負荷量が 0.45 以上のものを因子得点の算出に用いた。

3.6.3　中国語話者による評価（CLS2）の因子分析結果と因子命名

最後に、中国語話者による評価（CLS2）について、因子分析を行うことにより共通因子を抽出した。その結果、日本語話者（JLS）や中国語話者（CLS1）の結果と同様に、中国語話者による評価（CLS2）においても、二つの因子が抽出された。（表 3-40 参照）

それぞれの因子の負荷量が高い値を示す項目の内容に基づき（絶対値が 0.45 以上の項目）、以下のように命名した。

第 1 因子には、「重さ」（-0.90）、「気持ち良さ」（0.84）、「速さ」（0.77）、「良さ」（0.74）、「明るさ」（0.72）、「鋭さ」（0.70）、「大きさ」（-0.69）の 7 項目に対して負荷量が高く、JLS と CLS1 と同様に、「軽快さと小気味良さ」に関する因子と命名した。

第 2 因子には、「うるささ」（0.79）、「硬さ」（0.77）、「強さ」（0.59）の 3 項目に対して因子負荷量が高く、「強硬さとうるささ」に関する因子と命名した。

表 3-40　中国語話者による評価（CLS2）の因子分析結果（主因子法）

意味項目	因子 I	因子 II	共通性
重さ	-0.90	0.20	0.84
気持ち良さ	0.84	0.07	0.70
速さ	0.77	0.37	0.73
良さ	0.74	-0.04	0.55
明るさ	0.72	0.27	0.59
鋭さ	0.70	0.28	0.56
大きさ	-0.69	0.18	0.50
うるささ	0.02	0.79	0.62
硬さ	-0.04	0.77	0.59
強さ	0.11	0.59	0.36
因子固有値	4.56	2.26	
因子分散率	45.64%	22.63%	
因子累積率	45.64%	68.27%	
因子名	I 軽快さと小気味良さ	II 強硬さとうるささ	

＊表中の網掛け部分は、それぞれの因子を命名する際に判断の基準にした項目で、因子得点の算出する際に用いられる変数である。

＊本研究では、各因子の負荷量が 0.45 以上のものを因子得点の算出に用いた。

3.6.4　日中両言語話者の比較

以上の分析では、日本語話者（JLS）と中国語話者（CLS1・CLS2）の三つのグループが日本語のオノマトペに対して抱く印象について、因子分析を行うことにより検討した。その結果、JLS、CLS1、CLS2 それぞれにおいて二つの因子が抽出された。

各グループにおいて抽出された第 1 因子では、ほとんどの因子負荷量の高い項目が一致したが、寄与率が違い、「軽快さと小気味良さ」と命名した。

第 2 因子に関しては、JLS では「強さ」、「うるささ」、「鋭さ」、「硬さ」、「速さ」の 5 項目に高い負荷量が現われ、「強硬さと鋭敏さ」と命名した。それに対して、CLS1 では「速さ」という項目を除いて、「硬さ」、「鋭さ」、「うるささ」、「強さ」という 4 項目について、JLS と同じように因子負荷量が高く、「強硬さと鋭さ」と命名した。なお、CLS2 では、「速さ」と「鋭さ」という 2 項目を除いて、「うるささ」、「硬さ」、「強さ」という 3 項目について、JLS、CLS1 と同じように因子負荷量が高く、「強硬さとうるささ」と命名した。ただし、JLS では、「鋭さ」と「速さ」という 2 項目は二つの因子に対して、両方とも高い負荷量が現われ、二つの因子ともに関係していると推測される。

以下の表 3-41 に、日本語話者（JLS）、中国語話者（CLS1・CLS2）の三つのグループそれぞれが、日本語のオノマトペに対して抱く印象についての因子分析結果、及び

各グループから抽出された因子と因子の寄与率をまとめておく。

表 3-41　各グループにおけるオノマトペに対する主な印象とその因子の寄与率

グループ	第 1 因子		第 2 因子		累積寄与率
	因子名	寄与率	因子名	寄与率	
JLS	軽快さと小気味良さ	53.73%	強硬さと鋭敏さ	28.77%	82.50%
CLS1	軽快さと小気味良さ	46.22%	強硬さと鋭さ	23.38%	69.60%
CLS2	軽快さと小気味良さ	45.64%	強硬さとうるささ	22.63%	68.27%

　表 3-41 に見られるように、日本語のオノマトペに対して抱く印象の因子寄与率は日本語話者（JLS）(82.50%)＞中国語話者（CLS1）(69.60%)＞中国語話者（CLS2）(68.27%)で、日本語話者がオノマトペに接触する際に、中国語話者に比べて、印象を抱きやすい傾向があることが分かった。

　また、各グループにおいて抽出された二つの因子に関しては、同一の因子名「軽快さと小気味良さ」が存在するが、それぞれの因子の個別要因は必ずしも一致するものではなく、因子の寄与率も各グループにおいて一致していない。本研究で行った調査の結果から、日本語話者であっても、中国語話者であっても、中国語話者が既知のオノマトペに対しても、未知のオノマトペに対しても、「軽快さと小気味良さ」という潜在的な印象を抱いていることを判明した。このことから、日本語と中国語との間に、共通する音象徴が存在する可能性が窺えるだろう。

　さらに、第 2 因子に関しては、日本語話者（JLS）の因子名は「強硬さと鋭敏さ」で、「速さ」という項目の因子負荷量が高いのに対し、中国語話者（CLS1・CLS2）では、この項目の負荷量が高くなかった。中国語話者（CLS1・CLS2）が 36 語の刺激語に対して、日本語話者と同じように「強硬さ」という潜在的な印象を抱いた一方、「鋭敏さ」という潜在的な印象を抱いていなかったようである。

　同じ中国語話者であっても、未知のオノマトペに対して、3 項目が第 2 因子に関わっているのに対し、既知のオノマトペに対して、もう 1 つの項目「鋭さ」も第 2 因子に関わっていて、CLS1 は CLS2 より、JLS に近い感覚で捉えていることが分かった。

　しかし、中国語話者が既知のオノマトペに対しても、未知のオノマトペに対しても、日本語話者のように「鋭敏さ」という潜在的な印象を抱いていなかったのは、評価する際に、既知のオノマトペの意味だけではなく、母語の中国語のあらゆる特徴や語感も働いている可能性があると推測できる。

　なお、本研究で行った因子分析は、今回の実験調査の結果に基づいたものであるので、より深く検討するには、刺激語数及び評価項目数を拡大し、さらなる調査を行うことを今後の課題にしたい。

3.7 まとめ

　本章では、36語の日本語のオノマトペを取り上げ、「視覚提示」により中国語話者と日本語話者がそれぞれの刺激語に対して抱く感覚を比較対照し、日本語特有の音象徴、中国語と日本語に共通した音象徴、さらに中国語のみに見られる音象徴について探索的に検討した。

　第一に、語頭子音（C_1）が「有声音・無声音」に関しては、中国語話者（CLS1・CLS2）が5項目について日本語話者（JLS）と一致した評価をし、「有声音が語頭子音である語」は「無声音が語頭子音である語」より「暗い」「重い」「うるさい」「気持ち良くない」「悪い」という感覚であったことが明らかになった。日本語と中国語との間に、音象徴における共通する要素が見られたと言えよう。

　なお、「強さ」という項目は、JLSだけに有意差があった。日本語話者だけが「有声音が語頭子音である語」は「無声音が語頭子音である語」より「強い」と感じられたのに対し、中国語話者はこのような感覚的な差異が捉えられなかった。音象徴の個別的な面、いわゆる日本語の「慣用的音象徴」を見出した。

　また、音韻論の側面で日中両言語話者の評価に与える影響について検討した結果、「有声・無声」が弁別特徴となる日本語と「有気・無気」が弁別特徴となる中国語の間、「有声・無声」及び「有気・無気」の対立が日本語と中国語に見られる共通の音象徴を起こす可能性があり、すなわち、共通の音象徴については音韻論の面で説明できると言えるだろう。

　第二に、語頭子音（C_1）が「/h/-/b/-/p/」についての検討では、日本語話者による評価（JLS）で有意差があった項目は、「語頭子音（C1）が有声音・無声音」についての検討の結果と同様の7項目であった。日本語話者が「大きさ」「暗さ」「強さ」「気持ちよさ」「重さ」「うるささ」「良さ」という7要因により、有声・無声音、さらに/h/-/b/-/p/（いわゆる清音・濁音・半濁音）を区別していることが分かった。

　一方、日本語を外国語として学ぶ中国語話者が、現代日本語における/h/-/b/-/p/の特殊な位置関係について評価する際に、混乱が生じたようである。/h/, /b/, /p/に同時に遭遇する際に、中国語話者にとってこれらの3者の位置関係をどういうふうに捉えるのかについて、迷ってしまう可能性が本研究の調査結果から窺える。

　しかし、「硬さ」という唯一の項目について、中国語話者の評価（CLS2）のみに有意差が見られた。中国語話者が「視覚刺激」により未知のオノマトペに対して評価する際に、「硬さ」という要因により注目しているようである。

　第三に、語形が「反復・非反復」についての検討では、「語頭子音（C_1）が有声音・無声音」と「語頭子音（C_1）が/h/-/b/-/p/」についての検討結果と異なり、語形が反復であるかどうかが両言語話者の評価に与える影響はばらばらであり、三つのグループに共通する評価項目がなかった。日本語話者（JLS）が「速さ」、「大きさ」、「硬

さ」、「うるささ」という4要因により「反復形・非反復形」を区別しているのに対し、中国語話者（CLS1）が既知のオノマトペについて「鋭さ」と「うるささ」という2要因に注目し、中国語話者（CLS2）が未知のオノマトペについて「鋭さ」という要因に注目していることが分かった。

また、中国語話者による評価（CLS1・CLS2）の間に、ともに有意差が見られた1項目「鋭さ」、日本語話者の評価（JLS）のみに有意差があった3項目「速さ」、「大きさ」、「硬さ」から、中国語と日本語に共通していない音象徴の個別的な面が窺える。

最後に、日中両言語話者による評価全般についての探索的因子分析では、JLS、CLS1、CLS2それぞれにおいて二つの因子が抽出された。

各グループにおいて抽出された第1因子は一致したが、寄与率が違い、「軽快さと小気味良さ」と命名した。第2因子に関しては、JLSでは「強さ」、「うるささ」、「鋭さ」、「硬さ」、「速さ」の5項目に高い負荷量が現われ、「強硬さと鋭敏さ」と命名した。それに対して、CLS1では「硬さ」、「鋭さ」、「うるささ」、「強さ」という4項目について、JLSと同じように因子負荷量が高く、「強硬さと鋭さ」と命名した。なお、CLS2では「うるささ」、「硬さ」、「強さ」という3項目について、JLS、CLS1と同じように因子負荷量が高く、項目の意味の関連性を考えた結果、「強硬さとうるささ」と命名した。

また、各グループにおける因子分析の因子寄与率を観察すると、日本語話者がオノマトペに接触する際に、中国語話者に比べて、印象を抱きやすい傾向が見られた。

本章の結果から、中国語話者を対象とする日本語教育現場においてのオノマトペの指導、並びに中国語を学ぶ日本語話者にとっての中国語の学習について考察した。本章では、日本語のオノマトペについて音象徴的な特徴がいくつか存在することが再確認され、日本語と中国語のその異同が認められた。これをもとに考えるならば、オノマトペの指導は、意味だけではなく、音象徴的な面にも考慮して行われるべきだと思われる。

第4章 「聴覚提示」による日本語の
　　　　　オノマトペに対する感覚評価

　本章では、36語の日本語のオノマトペを聴覚的に提示することにより、10評価項目について、日本語母語話者と中国北京語話者それぞれが感覚的にどのように評価するかを明らかにする。また、日本語母語話者と中国北京語話者による日本語のオノマトペに対する感覚評価の異同を比較することにより、日本語のオノマトペが含む両言語話者がともに捉える音象徴の普遍的な側面と、各言語話者のみが捉える音象徴の個別的な側面について検討する。

4.1　はじめに

4.1.1　本章の研究背景

　第3章では、36語の日本語のオノマトペをひらがなとカタカナの両方で提示（すなわち「視覚刺激」）し、SD法を用いて10の評価項目について、57名の日本語母語話者と92名の中国語話者が抱く感覚を求めた。両言語話者の評価を比較対照することにより、「語頭子音（C_1）が有声音・無声音」などについて、中国語話者と日本語母語話者の評価において、ともに見られる音象徴の普遍的な面と、日本語話者と中国語話者それぞれの評価のみに見られる音象徴の個別的な面を検討した。

　本章では、同様の36の日本語のオノマトペを刺激語とし、デジタル化した音声ファイル（男女5回ずつ読み上げたもの）を聞かせる方法で刺激語を提示（すなわち「聴覚刺激」）し、日本語話者と中国語話者それぞれが感覚的にどのように評価するかを調べた。加えて、「C_1が有声か無声か」、「C_1が/h/-/b/-/p/」、「語形が反復か非反復か」を巡って、日中両言語話者の感覚評価における異同について詳しく分析し、比較対照した。さらに、日本語話者、中国語話者のそれぞれがすべての刺激語に対する感覚評価に基づき、因子分析を行うことにより、日中両言語話者が刺激語としての日本語のオノマトペに対して、どのような印象を抱くかについて検討した。

4.1.2　先行研究とその問題点

日本語のオノマトペと音象徴についての実証的な研究としては、以下の日本語母語話者のみを対象として調査したものと、日本語母語話者と非日本語母語話者の両方を調査対象としたものがある。

4.1.2.1　日本語母語話者のみを調査対象とした研究

日本語母語話者のみを対象として調査した研究としては、以下の丹野（2005）、芳賀（1977）などがある。

丹野（2005）では、日本語の擬音語・擬態語の中に数多く存在している畳語（清音17語、濁音17語、計34語）に対し、日本語話者205人が持つ印象を、SD法を用い、「強い－弱い」などの10項目について7段階で評定を求めた結果、「うるささ」、「大きさ」、「明るさ」、「良さ」、「重さ」、「強さ」、「鋭さ」の7要因について、清音と濁音の間に語感の相違が見られた。しかし、他の言語話者にもこのような相違が感じられるかどうかはまだ明らかになっていない。

芳賀（1977）は「ハ」「パ」「バ」の音韻象徴性の上での対立、すなわち、3者の間にどのような関係が認められるかを明らかにするために、「ハハハ」「パパパ」「ババババ」「ハハハハ」「パパパパ」「ババババ」の6通りの無意味綴りを22名の被験者に視覚的に提示し、被験者がそれらの無意味綴りの音に対して感じる印象を25項目について7段階で評価させた。その結果、「パ」と「バ」がはっきりと対立しており、「ハ」は両者の中間に、「パ」寄りの位置で評価されることが分かった。この研究は特定の語音だけを測定の対象としたが、日本語に実在する語彙からこの対立関係が見られるかどうかという課題が残されている。

Hamano（1998）は、「現代日本語では、/p/音で始まるやまと言葉や漢語が存在しないのに対し、擬音語・擬態語の六分の一は/p/音で始まる。」と指摘した。日本語に実在するオノマトペにおいては、この「ハ」「パ」「バ」の対立関係はどうなるかについて研究する必要がある。

4.1.2.2　日本語母語話者と非日本語母語話者の両方を調査対象とした研究

日本語母語話者と非日本語母語話者の両方を調査対象とした研究としては、以下の岩崎他（2007）、王（2011）などがある。

岩崎他（2007）では、日本語を学習したことのない英語話者18人と日本語話者12人のそれぞれが、痛みを表現する擬態語13語に対し、14項目について7段階の評価を求めた。その結果、反復形の語と非反復形の語との間の語感の相違に関しては、日本語話者と英語話者の判断に一致が見られた。一方、日本語話者の捉える濁音・清音や母音の表す語感の相違は、英語話者には捉えることができなかった。しかし、この研究は、日本語話者には刺激語をカタカナとひらがな両方で印刷して意味判断を求めたのに対し、英語話者にはデジタル化した音声ファイルをコンピュータを用いて何度でも好きなだけ聞ける方法で提示し、音声に基づく意味判断を求めた。このように、刺

激語の異なる提示手法が調査結果に影響してしまう可能性があると考えられるので、同様の提示手法で求めた被験者の判断に基づいた分析が必要である。

　王（2011）は、57名の日本語母語話者と92名の中国語話者（全員日本語学習者である）が、24語の日本語のオノマトペに対し、感覚的にどのように評価するかを10評価項目について調査した。結果では、中国語話者も日本語母語話者も、有声破裂音が語頭子音であるオノマトペは無声破裂音が語頭子音である語より、「重い」「気持ちよくない」「悪い」という感覚であったことが判明した。また、音韻論の側面で有声音・無声音及び有気音・無気音の対立が日中両言語話者の評価に与える影響についても検討した。この研究は有声破裂音（/b/, /d/, /g/）と無声破裂音（/p/, /t/, /k/）との対立に焦点を絞って分析したが、/h/, /b/, /p/（いわゆる清音・濁音・半濁音）が五十音図および音声学における特殊な位置関係についての検討が欠けている。研究を更に深め、/h/, /b/, /p/の位置関係を「有声音・無声音」から抽出して再検討する必要がある。また、異なる刺激方法（「聴覚刺激」）による評価についても検討すべきである。

4.1.3　研究の目的と刺激語、評価項目

4.1.3.1　研究目的

　本章の目的は以下の4点である。

　①「聴覚刺激」の条件において、中国語話者と日本語話者との感覚評価の共通点と相違点を明らかにする。

　②日本語に実在するオノマトペに見られる音象徴的な特徴から、日本語話者が「有声音・無声音の対立」、「/h/-/b/-/p/の3者の間の対立関係」及び「反復形・非反復形の対立」について、どのように捉えているかを確認する。

　③日中両言語話者による同一のオノマトペに対する感覚評価を比較対照することにより、そこから見られる音象徴の普遍的な面と個別的な面を見出し、音韻論の側面で日中両言語話者の評価に与える影響について検討する。なお、第3章にも述べたように、中国語話者にとって、日本語の無声音が語頭に現れる場合（「たらたら」を例とすれば一番目の「た」）と、語中に現れる場合（「たらたら」の二番目の「た」）とは、音韻的に異なるが、本研究では、「有声音・無声音の対立」および「/h/-/b/-/p/の3者の間の対立関係」について、語頭子音に限って考察していく。また、本研究で使用した刺激語は同じ語根（例えば、「たら」）からなるため、反復形の刺激語（「たらたら」）と非反復形の刺激語（「たらり」）についての検討は語中にくる子音についての検討にもなる。

　④日本語話者、中国語話者のそれぞれがすべての刺激語に対する感覚評価について因子分析を行うことを通して、日中両言語話者が刺激語としての日本語のオノマトペに対して抱く印象について検討する。

4.1.3.2　刺激語

　第3章と同様に、本章で使用する刺激語も第1章の表1-1を参照されたい。

4.1.3.3 評価項目
評価項目に関しては、第3章の表3-1を参照されたい。

4.1.4 予備調査

4.1.4.1 調査日および被験者
適切な音声データを作成し、被験者への負担を最小限にするために、本調査を行う前に、2011年2月22日、23日に都内の大学で予備調査を行った。予備調査の参加者は、日本滞在期間が1年～3年であり、日本語学習歴が2年～3年の中国人日本語学習者4名（男性3名、女性1名）である。

4.1.4.2 調査の手順
まず、調査票に基づいて調査の目的および回答の仕方について詳しく説明した。なお、中国語話者を対象とした調査では、より理解しやすくするために、調査票の最初のカバーレターと回答方法に関しては、中国語で提示した。

次に、被験者にアンケートの回答方法、7段階評価方法および評価項目について一度目を通すよう指示し、調査に関する質疑応答時間を設けた。被験者からの質問などにはその都度対応した。アンケートの回答方法は以下に具体的に示す。

①聞き取り：聞いた単語を ☐ 中に書く。（カタカナ・ひらがな両方可）
②意味確認：聞いた単語の意味を理解しているかどうかを自分で判断し、理解していれば、（ ）の中に〇を書いてから、後ろにその単語の意味を書く。理解していなければ、（ ）の中に×を書く。
③7段階評価：引き続き単語を聞きながら、設定した10評価項目について評価する。

4.1.4.3 予備調査で使用した音声データ
予備調査で使用した音声データはネイティブスピーカー（男女各1名、東京方言話者）により自然なスピードで読み上げたものである。筆者が音声編集ソフトPraatを用いて90s/語セット（男女15回ずつ読み上げた）のデータと、60s/語セット（男女10回ずつ読み上げた）のデータ2種類を作成した。①

4.1.4.4 予備調査の問題点
アンケートの回答が終了した後、筆者が被験者に対して調査の内容、音声データの内容についてフォローアップインタビューをした。その結果、以下の問題点が現れた。

①90s/語の音声データは長く、60s/語の音声はすべての評価を完成するまで十分である。②60s/語の音声データに関しては、10回読み上げるのは若干うるさく、評価に影響する可能性があるため、間隔をもう少し置いたほうがいい。③男声と女声との間に、少し間隔を入れたほうがいい。

---

① なお、最初の2問は90s/語セットの音声データを使用したが、途中で被験者がほとんど60秒程度で回答を完了し、30秒ぐらいのあまりが出たことに気付いた。筆者が一度音声を止め、被験者の同意を得た上で、第3問から予め用意しておいた60s/語セットの音声データを使用することにした。

4.1.5 本調査

4.1.5.1 被験者及び調査期間

本調査は日本語話者と中国語話者を対象にして実施した。被験者の構成は以下の通りである。（表4-1参照）

表4-1 被験者の構成および調査期間

年齢	日本語話者 18歳〜67歳	中国語話者 19歳〜23歳	合計
男性	12人（55%）	10人（45%）	22人（100%）
女性	18人（31%）	40人（69%）	58人（100%）
合計	30人（37.5%）	50人（62.5%）	80人（100%）

4.1.5.2 本調査で使用した音声データ

予備調査で現れた問題点を改善し、新たな音声データを作成した。以下、本調査で使用した音声データの改善点を示す。（表4-2参照）

表4-2 本調査で使用した音声データの改善点

改善点	予備調査		本調査
①一語セットの長さ	90s	60s	60s
②一単語あたり読み上げた回数	30回	20回	10回
③一単語前後の提示音	なし		シグナル（前・後）
④男女声の間の間隔	なし		1.5s

4.1.5.3 調査手順

本調査では、予備調査とほぼ同様な手順に従って進んだ。

4.1.6 分析方法

本章では、中国語話者を対象とした調査は中国国内にある大学の日本語専攻で実施し、協力者全員が2年生と3年生であり、日本語学習歴は1年〜3年であった。

まず、中国語話者の評価に対して、聞き取りの結果により刺激語を正確に聞き取った被験者のデータを抽出した。なお、日本語話者に関しては、全員聞き取りにおいて間違いがなかった。

次に、刺激語の意味理解に関しては、中国国内にいる学習者が普段日本語のオノマトペと接触する機会があまりないことから、刺激語の意味を理解していない場合がほとんどであった。従って、本章では、母語別に被験者を中国語話者（刺激語が未知の者）と日本語話者（意味は既知であると確認されている）の2グループに分けた。

グループ1：JLH→「聴覚提示」で日本語話者による評価
グループ2：CLH→「聴覚提示」で中国語話者による未知の刺激語に対する評価

また、刺激語ごと、項目別に各被験者による7段階評価の1～7の数値に基づき、評価平均値と標準偏差を算出して比較し、各刺激語についての日中両言語話者による評価の異同を見た。さらに、「C_1が有声か無声かによる差異」、「C_1が/h/-/b/-/p/による差異」、「語形が反復か非反復かによる差異」、「因子分析」について、統計ソフトPASW Statistics 17を使用して統計的に検証した。

4.2 調査結果の全体像

4.2.1 各刺激語についての日・中両言語話者による評価の平均値

36語の日本語のオノマトペそれぞれについて、中国語話者による聞き取りの正答数を表4-3、日本語話者による評価（JLH）、中国語話者による評価（CLH）の平均値を表4-4、表4-5に示す。

表4-3 中国語話者（CLH）による聞き取りの正答数

刺激語	正答数	刺激語	正答数	刺激語	正答数
①そろそろ	50	⑬ぱらぱら	43	㉕とろとろ	38
②きらきら	50	⑭どろり	42	㉖たらり	38
③どろどろ	50	⑮はらり	42	㉗するり	38
④ずるずる	49	⑯だらり	42	㉘くるり	37
⑤ばらばら	48	⑰ぐるぐる	42	㉙とろり	37
⑥するする	46	⑱ぞろり	41	㉚きらり	36
⑦だらだら	46	⑲ぐるり	41	㉛ぱらり	36
⑧ぞろぞろ	46	⑳ずるり	41	㉜たらたら	32
⑨そろり	45	㉑くるくる	40	㉝へたり	32
⑩べたべた	45	㉒ばらり	40	㉞ぺたぺた	28
⑪はらはら	44	㉓べたり	39	㉟ぎらり	28
⑫ぎらぎら	44	㉔へたへた	39	㊱ぺたり	26

表4-4 日本語話者による評価（JLH）の平均値

	速さ	大きさ	明るさ	強さ	気持ちよさ	重さ	鋭さ	硬さ	うるささ	良さ
たらたら	2.07	3.54	3.25	3.39	2.68	4.43	2.64	3.00	3.43	2.93
はらはら	4.75	3.79	4.32	3.75	3.57	3.04	4.64	3.68	3.61	3.86
きらきら	5.04	3.86	6.36	4.54	5.96	3.54	5.25	4.50	3.89	6.00
くるくる	5.86	3.50	5.32	4.07	4.93	2.36	5.11	3.86	3.82	4.61
するする	5.71	3.43	4.71	3.79	5.11	2.64	4.71	3.25	2.89	5.04
へたへた	2.86	3.61	3.21	2.64	2.64	4.04	2.68	3.21	3.36	2.75
そろそろ	3.39	3.39	3.71	3.18	3.90	3.18	2.93	3.21	2.61	4.07
とろとろ	2.39	3.75	4.00	3.36	4.00	4.25	2.36	2.29	2.86	4.07

	速さ	大きさ	明るさ	強さ	気持ちよさ	重さ	鋭さ	硬さ	うるささ	良さ
たらり	2.75	3.57	3.50	3.07	2.86	3.68	3.07	3.07	2.93	3.14
はらり	3.64	3.25	4.43	2.71	4.46	2.07	4.07	3.04	2.25	4.46
きらり	5.75	3.46	6.43	4.75	5.68	2.75	5.96	4.64	3.64	5.61
くるり	5.04	3.36	4.93	3.82	4.96	2.86	4.86	3.46	3.32	5.04
するり	5.68	2.96	4.86	4.04	4.89	2.61	5.00	3.29	2.93	4.82
へたり	2.71	3.75	3.00	2.71	2.64	4.75	2.57	3.07	3.04	2.89
そろり	2.75	3.11	3.64	2.89	3.93	3.39	3.68	3.36	1.89	4.07
とろり	2.36	3.61	4.07	3.36	4.61	4.54	2.61	2.18	2.86	4.68
だらだら	1.79	4.46	2.46	3.46	2.25	5.57	2.29	3.57	3.68	1.93
ばらばら	4.29	4.21	3.50	4.36	2.86	4.04	3.93	4.36	5.14	3.00
ぎらぎら	4.75	5.18	5.61	6.11	3.54	5.14	5.21	5.29	5.29	3.29
ぐるぐる	5.04	4.46	4.00	4.64	3.21	4.14	4.18	3.75	4.61	3.57
ずるずる	2.50	4.39	2.57	4.36	2.36	5.50	2.39	3.46	4.68	2.39
べたべた	2.86	4.39	2.68	4.71	2.18	5.57	2.29	3.14	4.96	2.18
ぞろぞろ	2.68	5.32	3.54	4.50	2.86	5.21	2.82	4.07	5.29	3.21
どろどろ	2.43	4.75	2.36	4.64	2.11	5.86	2.29	2.61	4.43	2.50
だらり	2.36	4.43	3.07	3.25	2.82	5.39	2.39	3.25	3.61	3.00
ばらり	3.57	4.68	3.43	4.79	3.25	4.36	3.36	4.29	4.54	2.96
ぎらり	4.71	4.61	5.32	5.89	3.54	4.96	5.32	5.11	4.46	3.64
ぐるり	4.11	5.04	4.29	4.64	4.00	4.36	3.64	3.64	4.50	4.18
ずるり	3.29	4.61	3.21	3.93	2.68	4.86	3.04	3.68	3.89	2.96
べたり	2.57	4.57	2.64	4.46	2.14	5.71	2.32	3.18	3.89	2.68
ぞろり	3.07	4.82	3.36	4.43	3.25	5.11	3.25	4.00	4.36	3.36
どろり	2.21	4.57	2.64	4.29	2.61	5.64	2.61	2.75	3.25	2.86
ぱらぱら	4.29	2.96	4.32	3.04	4.46	2.64	4.11	3.79	3.57	4.43
ぺたぺた	3.82	3.39	4.57	3.61	3.82	3.39	3.46	3.18	4.32	3.96
ぱらり	4.14	3.43	4.68	3.18	4.57	2.25	4.00	3.54	2.89	4.46
ぺたり	3.32	3.82	4.04	3.57	3.61	3.71	3.36	3.25	3.11	3.79

表 4-5 中国語話者による評価（CLH）の平均値

	速さ	大きさ	明るさ	強さ	気持ちよさ	重さ	鋭さ	硬さ	うるささ	良さ
たらたら	4.11	3.91	4.29	4.22	3.84	3.91	3.64	3.87	4.22	4.53
はらはら	4.73	4.20	4.90	4.45	5.02	3.92	4.20	3.82	4.53	4.67
きらきら	4.96	3.68	5.16	4.56	5.08	4.00	4.80	4.44	4.36	4.52
くるくる	4.68	3.50	4.82	3.98	4.62	3.37	4.10	3.78	4.35	4.24
するする	4.76	3.60	4.46	4.36	4.37	3.96	4.04	3.39	4.06	4.16
へたへた	3.92	3.82	4.08	4.00	4.04	3.61	3.96	3.88	3.92	4.25
そろそろ	4.59	4.31	4.53	4.28	4.34	3.91	4.06	3.84	4.48	4.48
とろとろ	4.21	4.08	4.50	4.56	4.19	4.08	3.79	4.27	4.58	4.15
たらり	4.06	4.04	4.31	4.00	4.14	3.98	4.02	4.06	3.96	4.10

続表

	速さ	大きさ	明るさ	強さ	気持ちよさ	重さ	鋭さ	硬さ	うるささ	良さ
はらり	4.58	3.98	4.77	4.21	4.34	3.85	4.30	4.08	4.23	4.23
きらり	4.56	3.90	4.46	4.23	4.29	3.79	4.69	4.29	4.31	4.29
くるり	4.02	4.04	3.80	4.20	3.65	4.14	3.75	4.06	4.12	3.92
するり	4.22	3.62	4.36	4.14	3.92	3.73	4.37	3.71	3.63	4.22
へたり	3.81	3.62	3.68	3.64	3.62	3.91	3.72	3.83	3.74	3.96
そろり	4.12	3.92	4.12	4.04	4.16	3.75	3.88	3.94	3.78	4.00
とろり	3.79	4.17	3.85	4.31	3.38	4.35	3.50	4.06	4.12	3.60
だらだら	4.34	4.06	4.38	4.28	4.36	3.83	4.21	4.21	4.70	4.55
ばらばら	4.48	3.95	4.88	4.21	4.43	4.10	4.64	4.45	4.74	4.14
ぎらぎら	4.52	4.08	4.80	4.72	4.56	3.88	4.64	4.48	4.12	4.04
ぐるぐる	4.29	4.38	4.13	4.80	3.84	4.76	3.64	5.00	4.89	4.00
ずるずる	4.52	3.64	4.26	4.17	4.10	4.36	4.29	4.43	4.52	3.57
べたべた	4.31	3.90	4.55	4.24	4.37	3.92	4.18	4.24	4.12	4.06
ぞろぞろ	4.48	4.54	4.32	4.73	4.04	4.49	4.13	4.53	4.96	3.66
どろどろ	4.00	4.32	4.04	4.57	3.70	4.70	3.64	4.17	4.49	3.83
だらり	3.87	4.67	4.10	4.29	3.75	4.63	3.56	4.42	4.13	3.90
ばらり	4.40	4.09	4.36	4.60	4.11	4.11	4.38	4.40	4.15	4.08
ぎらり	4.32	3.94	3.81	4.51	3.42	4.81	3.77	4.81	4.67	3.54
ぐるり	3.59	4.06	3.63	4.43	3.51	4.59	3.41	4.59	4.43	3.39
ずるり	4.22	3.80	3.43	4.39	3.18	4.28	4.30	4.62	4.62	3.56
べたり	4.04	4.19	4.25	4.40	3.85	4.12	3.92	4.15	4.37	4.13
ぞろり	3.75	4.35	3.57	4.49	3.24	4.63	4.08	4.64	4.24	3.52
どろり	3.65	4.40	3.63	4.38	3.44	4.48	3.60	4.25	4.23	3.81
ぱらぱら	4.67	4.04	4.81	4.69	4.38	3.83	4.40	4.06	4.88	4.44
ぺたぺた	4.45	3.51	4.81	3.89	4.75	3.42	4.15	3.77	3.98	4.70
ぱらり	3.75	4.25	3.90	4.44	3.87	4.29	3.69	4.25	3.94	3.88
ぺたり	3.87	3.92	4.17	4.08	3.98	4.19	4.15	4.10	4.06	4.04

4.2.2　各刺激語についての日・中両言語話者による評価の相関

　同一のオノマトペに対して、日本語話者と中国語話者の感覚評価にどのような異同があるかを明らかにするために、日本語話者と中国語話者による 36 語に対して、10 項目についての評価の平均値に基づき、ピアソンの相関係数を用いて相関分析を行った。その結果、36 語の中に、JLH と CLH（r）の評価に有意な相関関係が認められたのは 15 語であった。（表 4-6 参照）

　日本語話者の評価（JLH）と中国語話者の評価（CLH）に有意な相関関係があった刺激語の中に、相関係数がかなり高かったのは「どろどろ」（r =.911）、「くるくる」（r =.862）、「するり」（r =.861）、「だらり」（r =.852）、「きらり」（r =.838）、「きらきら」（r =.822）、「どろり」（r =.815）の 7 語で、続いて、「ぞろり」（r =.796）、

「へたへた」（r =-.769)、「くるり」（r =-.751)、「するする」（r =.692)、「ぞろぞろ」（r =.680)、「ぺたぺた」（r =.674)、「ぱらり」（r =-.658)、「はらり」（r =.633)であった。

表4-6　各刺激語に対する評価の相関

					r（JLH・CLH）
繰り返し	無声音	清音	/t/	たらたら	.029
				とろとろ	.081
			/k/	きらきら	.822**
				くるくる	.862**
			/s/	するする	.692*
				そろそろ	.036
			/h/	はらはら	.339
				へたへた	-.769**
		半濁音	/p/	ぱらぱら	.466
				ぺたぺた	.674*
	有声音	濁音	/d/	だらだら	-.627
				どろどろ	.911**
			/g/	ぎらぎら	.314
				ぐるぐる	.362
			/z/	ずるずる	.139
				ぞろぞろ	.680*
			/b/	ばらばら	.121
				べたべた	-.563
リ音	無声音	清音	/t/	たらり	.147
				とろり	-.131
			/k/	きらり	.838**
				くるり	-.751*
			/s/	するり	.861**
				そろり	.368
			/h/	はらり	.633*
				へたり	.325
		半濁音	/p/	ぱらり	-.658*
				ぺたり	.152
	有声音	濁音	/d/	だらり	.852**
				どろり	.815**
			/g/	ぎらり	.514
				ぐるり	.299
			/z/	ずるり	.462
				ぞろり	.796**
			/b/	ばらり	.174
				べたり	.537

*. P＜.05　　**. P＜.01

なお、「へたへた」（r =-.769）、「くるり」（r =-.751）、「ぱらり」（r =-.658）の3語についての相関係数を見ると、日本語話者の評価（JLH）と中国語話者の評価（CLH）とは負の相関関係が見られた。それに対して、この3語以外の12語について、日本語話者の評価（JLH）と中国語話者の評価（CLH）とは正の相関関係が見られた。

また、この15語をよく観察してみると、C_1が無声音の/k/, /s/, /h/, /p/である語、及び有声音の/d/, /b/, /z/である語が含まれているものの、/t/と/g/が語頭子音である語はなかった。特に、C_1が無声音の/t/である4語の中に、「たらたら」（r =.029）、「とろとろ」（r =.081）、「たらり」（r =.147）の3語に関して、相関係数がかなり低かった。さらに、「とろり」（r =-.131）という刺激語に関して、JLHとCLHとの相関係数から負の相関関係が見られ、むしろ、日本語話者と中国語話者が「聴覚提示」という条件で、「とろり」に対して感覚的に評価する際に、逆の感覚で捉えていることが分かった。/t/は日本語音韻体系の中の無声音の一つであるが、中国語音韻体系に当てはまると有気音に属する。このように、C_1が/t/である刺激語に対して、中国語話者の耳に聞き取ったのは有気音であったため、それに対する感覚は評価に影響を及ぼす可能性があるので、日本語話者と違う評価をしたのであろう。

最後に、日中両言語話者による36語のオノマトペに対する感覚評価の相関関係から見ると、相関関係が認められなかった刺激語が目立ち、「たらたら」、「とろとろ」、「そろそろ」、「はらはら」、「ぱらぱら」、「だらだら」、「ぎらぎら」、「ぐるぐる」、「ずるずる」、「ばらばら」、「べたべた」、「たらり」、「とろり」、「そろり」、「へたり」、「ぺたり」、「ぎらり」、「ぐるり」、「ずるり」、「ばらり」、「ばたり」の21語であった。

さらに、相関係数を見ると、「だらだら」（r =-.627）、「べたべた」（r =-.563）、「とろり」（r =-.131）で、統計的に有意ではないものの、数値的に逆の評価方向が見られた。第3章にも述べたように、音象徴には言語により個別的な面があり、日本語を第二言語として学ぶ中国人学習者にとって、なかなか身につけにくい内容であろう。

4.3 C_1が「有声音・無声音」であるオノマトペに対する感覚評価

第一音節の子音（C_1）が有声か無声かによる差異を見るため、無声音/t/, /k/, /s/で始まる12語と有声音/d/, /g/, /z/で始まる12語に分けて分析した。①

まず、「C_1が無声音である刺激語」・「C_1が有声音である刺激語」それぞれに対し、日本語話者の評価（JLH）、中国語話者の評価（CLH）の平均値と標準偏差を算出し、両言語話者の評価の傾向を見た。

次に、算出した平均値に基づき、JLH、CLH別に、「無声音・有声音」の差異（中国語話者にとっては「有気音・無気音」の差異となっている）について、t検定（両側検

---

① 第3章と同じように、「有声音・無声音」、「/h/-/b/-/p/の対立関係」に分けて検討するので、/h/-/b/-/p/についての検討は4.4に譲る。

定）を用いた。これは「無声・有声（有気・無気）」の差異が、日本語のオノマトペに接する際に、日本語話者と中国語話者にどのような影響を与えるかを明らかにしようとしたものである。

最後に、2グループの結果を比較対照することにより、日本語のオノマトペに対する感覚評価の異同及びオノマトペにおける音象徴の普遍的な面と個別的な面を検討した。

4.3.1 日本語話者の場合

第一音節の子音（C_1）が無声音/t/,/k/,/s/であるオノマトペ、有声音/d/,/g/,/z/であるオノマトペに対して、日本語話者の評価（JLH）の平均値と標準偏差を表4-7に示す。

表4-7 C_1が無声音・有声音の語に対するJLHの平均値と標準偏差

評価項目	無声音		有声音	
	平均値	標準偏差	平均値	標準偏差
①速さ	4.07	1.56	3.24	1.12
②大きさ	3.46	0.25	4.72	0.31
③明るさ	4.57	1.07	3.54	1.08
④強さ	3.69	0.58	4.51	0.83
⑤気持ち良さ	4.46	1.01	2.93	0.58
⑥重さ	3.37	0.75	5.15	0.51
⑦鋭さ	4.10	1.21	3.29	1.09
⑧硬さ	3.34	0.74	3.76	0.80
⑨うるささ	3.09	0.56	4.34	0.63
⑩良さ	4.51	0.91	3.07	0.61

日本語話者の評価（JLH）の平均値を見ると、「速さ」、「大きさ」、「明るさ」、「強さ」、「気持ち良さ」、「重さ」、「鋭さ」、「うるささ」、「良さ」という9項目について、C_1が有声音のオノマトペとC_1が無声音のオノマトペの間に反対の評価方向がはっきりと見られた。なお、「硬さ」という唯一の項目については、C_1が有声音のオノマトペとC_1が無声音のオノマトペの間に一致した評価方向が見られた。

次に、このような評価傾向が偶然なのか、日本語話者の中に潜在的に存在するのかを検証するため、統計的にt検定（両側検定）を用いて検討した。その結果、「大きさ」、「明るさ」、「強さ」、「気持ち良さ」、「重さ」、「うるささ」、「良さ」という7項目について、有意差があった。（表4-8参照）

表4-8から見られるように、上述したC_1が有声音か無声音かによる評価の差異は統計的に検証したところ、7項目について有意差があった。日本語話者にとっては、有声音のオノマトペが無声音のオノマトペより、「大きい」「暗い」「強い」「気持ちよくない」「重い」「うるさい」「悪い」という感覚であった。

表 4-8　JLH による各評価項目における無声音・有声音についての t 検定

	速さ	大きさ	明るさ	強さ	気持ち良さ	重さ	鋭さ	硬さ	うるささ	良さ
無声音	4.07	3.46	4.57	3.69	4.46	3.37	4.10	3.34	3.09	4.51
有声音	3.24	4.72	3.54	4.51	2.93	5.15	3.29	3.76	4.34	3.07
差の絶対値	.83	1.26**	1.03*	.82*	1.53**	1.78**	.81	.42	1.25**	1.44**

*. P<.05　　**. P<.01

4.3.2　中国語話者の場合

　次に、第一音節の子音（C_1）が中国語話者にとって、有気音 /t/, /k/, /s/ であるオノマトペ、無気音 /d/, /g/, /z/ であるオノマトペに対して、その意味を理解していないものによる評価（CLH）の平均値と標準偏差を表 4-9 に示す。

表 4-9　C_1 が無気音・有気音の語に対する CLH の平均値と標準偏差

評価項目	有気音		無気音	
	平均値	標準偏差	平均値	標準偏差
①速さ	4.34	0.36	4.13	0.34
②大きさ	3.90	0.25	4.19	0.31
③明るさ	4.39	0.38	4.01	0.40
④強さ	4.24	0.19	4.48	0.20
⑤気持ち良さ	4.17	0.45	3.76	0.44
⑥重さ	3.91	0.24	4.45	0.32
⑦鋭さ	4.05	0.40	3.94	0.38
⑧硬さ	3.97	0.29	4.51	0.24
⑨うるささ	4.16	0.28	4.50	0.28
⑩良さ	4.19	0.27	3.78	0.32

　未知のオノマトペを聴覚で提示され、中国語話者（CLH）が感覚で評価した平均値から、「大きさ」、「気持ち良さ」、「重さ」、「鋭さ」、「硬さ」、「良さ」という 6 項目について、C_1 が有気音のオノマトペと C_1 が無気音のオノマトペの間に反対の評価方向が見られた。なお、「速さ」、「明るさ」、「強さ」、「うるささ」という 4 項目については、C_1 が有気音のオノマトペと C_1 が無気音のオノマトペの間に一致した評価方向が見られた。
　続いて、日本語話者の場合と同様に、t 検定（両側検定）を用いて統計的に検討した結果、「大きさ」、「明るさ」、「気持ち良さ」、「重さ」、「硬さ」、「うるささ」、「良さ」という 7 項目について、有意差があった。（表 4-10 参照）
　表 4-10 を見ると、CLH において C_1 が有気音か無気音かによる評価の差異を統計的に検証した結果、すべて有意差があった。中国語話者が未知のオノマトペを聞いて直感的に評価する際に、語頭子音（C_1）が有気音のオノマトペに比べ、語頭子音（C_1）

無気音のオノマトペのほうが、より「大きい」「暗い」「気持ちよくない」「重い」「硬い」「うるさい」「悪い」というふうに捉えていた。

表4-10 CLHによる各評価項目における無気音・有気音についてのt検定

	速さ	大きさ	明るさ	強さ	気持ち良さ	重さ	鋭さ	硬さ	うるささ	良さ
無気音	4.13	4.19	4.01	4.48	3.76	4.45	3.94	4.51	4.50	3.78
有気音	4.34	3.90	4.39	4.24	4.17	3.91	4.05	3.97	4.16	4.19
差の絶対値	.21	.29*	.38*	.24	.41*	.54**	.11	.54**	.34**	.41**

*. P<.05 **. P<.01

4.3.3 日中両言語話者の比較

4.3.3.1 語頭子音が無声音（有気音）である刺激語に対する評価

語頭子音（C_1）が無声音（中国語話者にとっては有気音）である刺激語に対する両国被験者の評価の平均値をまとめて表4-11に示す。

表4-11 C_1が無声音である刺激語に対する評価の平均値の比較

評価項目	JLH	CLH
①速さ	4.07	4.34
②大きさ	3.46	3.90
③明るさ	4.57	4.39
④強さ	3.69	4.24
⑤気持ち良さ	4.46	4.17
⑥重さ	3.37	3.91
⑦鋭さ	4.10	4.05
⑧硬さ	3.34	3.97
⑨うるささ	3.09	4.16
⑩良さ	4.51	4.19

評価平均値から見られるように、「速さ」、「大きさ」、「明るさ」、「気持ち良さ」、「重さ」、「鋭さ」、「硬さ」、「良さ」の8項目について、JLH、CLHによる評価の方向が一致していた。中国語話者が刺激語の意味を理解していないにもかかわらず、日本語話者と同様に、無声音（有気音）/t/、/k/、/s/で始まるオノマトペに対して、「速くて小さい」、「明るくて気持ちいい」、「軽くて鋭い」、「やわらかくて良い」というふうに捉えていた。

なお、このような特徴は日本語話者（JLH）だけではなく、日本語学習者である中国語話者（CLH）にも捉えられたことが注目に値する。CLHは中国語話者が刺激語の意味を理解しておらず、日本語母語話者が普通のスピードで読み上げたオノマトペの音声を聞きながら直感的に評価したものである。意味要素に影響されていないにもかか

わらず、JLH と同様の評価の方向性が出てきたのは、中国語の音韻特徴に起因するかもしれない。

第 3 章で述べた西郡（2008）が日本語と中国語（北京語）のカテゴリー境界の差異を区別するために作った図を繰り返し見ると、日本語と中国語の音韻特徴が分かる。（図 4-1 参照）「北京語では無声有気音/t'/と無声無気音/t/の 2 カテゴリーであり、有声無気音/d/は/t/のカテゴリーの異音として存在するだけで、有声無声は弁別特徴となっていない。」一方、「日本語は無声無気音/t/と有声無気音/d/の 2 カテゴリーであり、無声有気音/t'/は/t/のカテゴリーの異音として存在する。」という。（西郡, 2008）

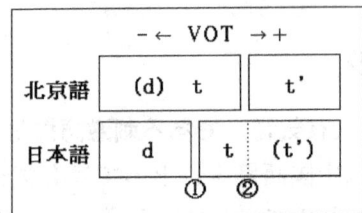

図 4-1　日本語と北京語のカテゴリー境界の差異（西郡, 2008）

このように、「無声有気音（/p'/, /t'/, /k'/）」は日本語と中国語の両方の音韻体系の中にも存在するので、両言語話者がこれらの「無声有気音」からなるオノマトペに対して、類似した感覚を持っていると推測できる。

一方、「強さ」（JLH：3.69, CLH：4.24）、「うるささ」（JLH：3.09, CLH：4.16）の 2 項目について、両言語話者は反対の方向で評価をした。日本語話者は C_1 が無声音（有気音）であるオノマトペが「弱い」「静かな」感覚であったのに対し、中国語話者は逆に「強い」「うるさい」という感覚であった。

日本語の音韻体系の中の無声子音である/t/, /k/, /s/は中国語の音韻体系に当てはまると、有気子音であり、文字通り発音する時に、強い呼気を伴っているのが特徴である。

中国語の「有気音・無気音」と日本語の「無声音・有声音」について実験的な研究を行った朱（2010）によると、「中国語話者の有気音の呼気の強さの平均値が日本語話者の無声音を大きく上回る。」発音特徴や破裂に伴う呼気の強さなどの違いにより、中国語話者が同一のオノマトペに対して評価する時に、「強さ」、「うるささ」という項目に関する感覚は日本語話者と違うであろう。すなわち、「聴覚提示」で未知のオノマトペを評価する際に、被験者である中国語話者が母語の音韻体系からの影響を受けていると考えられる。

4.3.3.2　語頭子音が有声音（無気音）である刺激語に対する評価

同様に、「語頭子音が有声音である刺激語」に対する両国被験者の評価の平均値をまとめて表 4-12 に示す。

表 4-12　C_1 が有声音である刺激語に対する評価の平均値の比較

評価項目	JLH	CLH
①速さ	3.24	4.13
②大きさ	4.72	4.19
③明るさ	3.54	4.01
④強さ	4.51	4.48
⑤気持ち良さ	2.93	3.76
⑥重さ	5.15	4.45
⑦鋭さ	3.29	3.94
⑧硬さ	3.76	4.51
⑨うるささ	4.34	4.50
⑩良さ	3.07	3.78

　評価の平均値から分かるように、「語頭子音が有声音である刺激語」に対する評価では、「大きさ」、「強さ」、「気持ち良さ」、「重さ」、「鋭さ」、「うるささ」、「良さ」の7項目について、2グループともに一致した評価方向が見られた。日本語話者も中国語話者も、聴覚で提示されたオノマトペについて、語頭子音（C_1）が有声音（中国語話者にとっては無気音）/d/, /g/, /z/である刺激語のほうが、「大きい」「強い」「気持ちよくない」「重い」「鈍い」「うるさい」「悪い」というような印象を持つ傾向があることが明らかになった。

　第3章にも述べたように、日本語の有声音を発音する時に、口腔が拡張され、調音位置が低くなり、声帯の振動を伴っている。一方、中国語の「無気音」を発音する時に、調音位置も低く、気流を阻害するのが特徴である。このような日本語の「有声音」と中国語の「無気音」の生理的な発音特徴により、「重い」「大きい」「うるさい」などの心理的な印象を連想させる可能性があると推測される。また、「有声音」と「無気音」を発音する際には、調音上、運動生理的に似ている部分があるので、類似した評価をしたのではないかと思われる。

　また、図4-1を見れば分かるように、日本語の「有声無気音」は中国語でVOTの早い方のカテゴリーに属し、「無声無気音」のカテゴリーの異音であるため、中国語話者にとって、知覚や弁別には大きな問題とはならない。朱（2010）は「中国語の有気音は呼気が強く、破裂後に摩擦音が生じるが、無気音は呼気が弱く、閉鎖時に呼気を詰めておいて弱く破裂する。これは日本語の有声子音で代用することができる。」と述べている。筆者自身の日本語学習者としての経験でも、日本語の「無声音」の弁別（特に語中語尾にくる場合）には大変困難だったが、「有声音」の場合は「無声音」ほど難しくない気がする。このように、知覚や弁別には大きな問題ではないことは、語頭子音（C_1）が有声音であるオノマトペを評価するときに、中国語話者と日本語話者とはいくつかの評価項目について、近い感覚で捉えていることに繋がるだろう。

　一方、「速さ」（JLH：3.24；CLH：4.13）、「明るさ」（JLH：3.54；CLH：4.01）、「硬

さ」（JLH：3.76；CLH：4.51）という3項目に関しては、両言語話者による評価の方向が反対であった。既知の日本語のオノマトペを聞いて、日本語話者（JLH）は語頭子音（C_1）が有声音であるオノマトペが「遅い」「暗い」「やわらかい」という感覚であったのに対し、中国語話者（CLH）は未知の語頭子音（C_1）が有声音であるオノマトペを聞いて、逆に「速い」「明るい」「かたい」という印象を受けたようである。

4.3.3.3 「有声音・無声音」全般についての評価の統計的検定

以上の分析では、「聴覚提示」により、「語頭子音が有声音であるオノマトペ」と「語頭子音が無声音であるオノマトペ」について、中国語話者による感覚評価（CLH）と日本語話者による感覚評価（JLH）を比較対照することを通して、両言語話者による評価の共通点と相違点を見た。

次に、これらの「有声・無声」の差異が統計的に有意であるかどうかを検証した結果を比較した。その結果を表4-13に示し、「語頭子音が有声音である語」と「語頭子音が無声音である語」について、JLHとCLHともに、7項目について有意差があった。

表4-13　両言語話者による無声音・有声音についてのt検定の比較

	速さ	大きさ	明るさ	強さ	気持ち良さ	重さ	鋭さ	硬さ	うるささ	良さ
JLH	n.s.	**	**	**	**	**	n.s.	n.s.	**	**
CLH	n.s.	**	**	n.s.	**	**	n.s.	**	**	**

*.P<.05　**.P<.01　n.s. 統計的に有意でない

JLHでは、「速さ」、「鋭さ」、「硬さ」以外の7項目において、有声音・無声音の間に有意差があった。すなわち、日本語話者にとって、「無声音が語頭子音である語」より、「有声音が語頭子音である語」のほうがより「大きい」「暗い」「強い」「気持ちよくない」「重い」「うるさい」「悪い」という感覚を抱くことが分かった。この結果は王（2011）の調査結果と一致した。王（2011）では、「視覚提示」により日本語話者の感覚評価を求めたのに対し、本研究では「聴覚提示」により日本語話者の感覚評価を調査している。このように、刺激語の提示手法（いわゆる「刺激方法」）が異なるが、日本語話者による同一のオノマトペに対する感覚評価においては、有声音と無声音との間に同様の差異が見られた。要するに、異なる提示手法が日本語話者による既知の言葉に対する評価にはあまり影響を与えなかったと言えるのではないだろうか。言い換えれば、「有声音・無声音（濁音・清音）」の語感の差異は、日本語話者にとってすでに母語獲得の過程で定着し、「視覚」か「聴覚」かの刺激方法によらないものではないかと考えられる。

また、有声音・無声音の持つ語感の差異については、金田一（1978）、Hamano（1998）、

田守（2002）、丹野（2005）などでも指摘されている①。本研究は日本語に実在するオノマトペに対する感覚評価から、日本語話者が有声音・無声音の語感の差異についてどのように捉えているかを確認でき、調査結果は先行研究の結論と一致するものとなった。

一方、中国語話者による評価の有意差があった項目を見てみると、このような語感の差異は、日本語話者だけではなく、中国語話者にも捉えられたことが分かった。結果から分かるように、「有声音」・「無声音」に関しては、CLHは6項目についてJLHと一致した評価をし、「有声音が語頭子音である語」は「無声音が語頭子音である語」より「大きい」「暗い」「気持ちよくない」「重い」「うるさい」「悪い」といったような感覚であった。母語が異なり、刺激語の意味を理解していないにもかかわらず、中国語話者も日本語話者と同じように捉えていた。

王（2011）では、音韻論の面で音象徴的な特徴の生成の可能性について論じた。日本語の子音は発音する際に、有声か無声かによる対立であるのに対し、中国語の子音は発音時に、有気と無気との対立である。「このように、両言語のカテゴリー境界は異なるが、どのカテゴリーにおいても対立が存在している点は共通性がある。この音声的な特徴は音象徴的な特徴の生成につながっている可能性があるだろう。」（王，2011）

さらに、王（2011）の結果では、中国語話者が「視覚提示」による未知のオノマトペに対する評価において、「気持ちよさ」、「重さ」、「うるささ」、「良さ」の4項目について、「有声破裂音・無声破裂音」②に有意差があった。それに対して、本研究で行われた「聴覚提示」による調査では、中国語話者の評価では上記の4項目を除いて更に2項目について「有声音・無声音」に有意差があった。つまり、異なる提示手法が中国語話者の感覚評価に与えた影響が窺える。

「音象徴」とは、例えば、/a/は大きいことを表し、/i/は小さいことを表すなど、音が象徴的な意味を表すことを指す。中国語話者が未知のオノマトペに対して評価する際に、刺激語の表記を見るだけでイメージするより、むしろ、直接的にその刺激語の発音を聞いてイメージするほうが印象付けやすいようである。つまり、非母語話者に未知の言葉（映像、絵ではない）に対する評価を求めるには、刺激方法に関して、「聴覚提示」のほうが「視覚提示」より印象を生成させやすいのではないかと思われる。

「強さ」という項目は、JLHだけに有意差があった。日本語話者だけが「有声音が語頭子音である語」は「無声音が語頭子音である語」より「強い」と感じていたのに対

---

① Hamano（1998）では、「語頭子音が/b/、/d/、/g/、/z/の擬音語・擬態語は、『重い』『大きい』『粗い』という象徴的な意味を持つ。それに対して、語頭子音が/p/、/t/、/k/、/s/の擬音語・擬態語は、『軽い』『小さい』『細かい』という象徴的な意味を持つ。」と述べている。金田一（1978）、田守（2002）は、「日本語のオノマトペには、/g/、/z/、/d/、/b/のような濁音は鈍いもの、重いもの、大きいもの、汚いものを表し、否定的なニュアンスを持ち、他方清音は鋭いもの、軽いもの、小さいもの、美しいものを表し、肯定なニュアンスを持つ。」と主張する。また、本研究で使用した評価項目は丹野（2005）の10項目を援用してきたが、丹野（2005）の調査結果では、「静か一うるさい」「小さい一大きい」「暗い一明るい」「悪いーよい」「軽い一重い」「弱い一強い」「鈍い一鋭い」の7項目について、清音と濁音の間に有意差がみられた。本研究でも7項目について有声音と無声音の間に有意差があったが、その中の6項目は丹野（2005）の「鈍い一鋭い」以外の6項目と一致した。

② 王（2011）では、有声破裂音/b/,/d/,/g/と無声破裂音/p/,/t/,/k/を分けて分析していた。

し、中国語話者はこのような感覚的な差異が捉えられなかった。一方、「硬さ」という項目は、CLHだけに有意差があり、「有声音が語頭子音である語」は「無声音が語頭子音である語」より「硬い」というのが中国語話者だけの感覚であった。王（2011）では、「音象徴に個別的な面があり」と述べ、その習得は非母語話者にとって大変困難であると考えられる。本研究の結果でも、このような日本語および中国語のみに見られる音象徴の個別的な面を見出した。

4.4　C_1が/h/-/b/-/p/であるオノマトペに対する感覚評価

刺激語の第一音節の子音（C_1）が/h/、/b/、/p/による差異を見るため、/h/で始まる4語、/b/で始まる4語、/p/で始まる4語に分けて分析した。

まず、「C_1が/h/である刺激語」、「C_1が/b/である刺激語」、「C_1が/p/である刺激語」それぞれに対し、日本語話者の評価（JLH）、中国語話者の評価（CLH）の平均値と標準偏差を算出し、両言語話者の評価の傾向を見た。

次に、算出した平均値に基づき、JLH、CLH別に、/h/-/b/-/p/の差異について、一元配置分散分析を用いて検討した。

最後に、2グループの結果を比較対照することにより、/h/、/b/、/p/日本語のオノマトペに対する感覚評価の異同及びオノマトペにおける音象徴の普遍的な面と個別的な面を検討した。

4.4.1　日本語話者の場合

第一音節の子音（C_1）が/h/であるオノマトペ、/b/であるオノマトペ、/p/であるオノマトペそれぞれに対して、日本語話者の評価（JLH）の平均値と標準偏差を表 4-14 に示す。

表 4-14　C_1が/h/-/b/-/p/の語に対する JLH の平均値と標準偏差

評価項目	/h/		/b/		/p/	
	平均値	標準偏差	平均値	標準偏差	平均値	標準偏差
①速さ	3.49	0.93	3.32	0.77	3.89	0.43
②大きさ	3.60	0.25	4.46	0.21	3.40	0.35
③明るさ	3.74	0.74	3.06	0.46	4.40	0.28
④強さ	2.96	0.53	4.58	0.20	3.35	0.28
⑤気持ち良さ	3.33	0.87	2.61	0.54	4.12	0.47
⑥重さ	3.47	1.17	4.92	0.84	3.00	0.67
⑦鋭さ	3.49	1.03	2.97	0.81	3.73	0.38
⑧硬さ	3.25	0.30	3.74	0.67	3.44	0.28
⑨丸さ	3.06	0.59	4.63	0.56	3.47	0.63
⑩良さ	3.49	0.81	2.71	0.38	4.16	0.34

日本語話者による C_1 が/h/-/b/-/p/の語に対する評価（JLH）の傾向を見て分かるように、「大きさ」、「強さ」、「重さ」、「うるささ」という4項目について、C_1 が/h/のオノマトペと C_1 が/p/のオノマトペに対する評価の方向が一致し、両方とも C_1 が/b/のオノマトペに対する評価の方向と逆であった。

また、「速さ」、「鋭さ」、「硬さ」という3項目については、C_1 が/h/であるオノマトペ、C_1 が/b/であるオノマトペ、C_1 が/p/であるオノマトペの間に一致した評価方向が見られた。

なお、「明るさ」、「気持ち良さ」、「良さ」という3項目関しては、C_1 が/h/のオノマトペと C_1 が/b/のオノマトペに対する評価の方向が一致したのに対し、C_1 が/p/のオノマトペに対する評価の方向は逆であった。

次に、このような/h/-/b/-/p/に対する評価傾向が統計的に有意であるかについて、統計的な手法である一元配置分散分析を用いて検討した。グループ間検証した結果、「大きさ」、「明るさ」、「強さ」、「気持ち良さ」、「重さ」、「うるささ」、「良さ」という7項目について、有意差があった。（表4-15参照）

表4-15 JLHによる各評価項目における/h/-/b/-/p/についての分散分析

	速さ	大きさ	明るさ	強さ	気持ち良さ	重さ	鋭さ	硬さ	うるささ	良さ
/h/	3.49	3.60	3.74	2.96	3.33	3.47	3.49	3.25	3.06	3.49
/b/	3.32	4.46	3.06	4.58	2.61	4.92	2.97	3.74	4.63	2.71
/p/	3.89	3.40	4.40	3.35	4.12	3.00	3.73	3.44	3.47	4.16
統計検定	n.s.	**	*	**	*	n.s.	n.s.	n.s.	*	*

*. $P<.05$ **. $P<.01$ n.s. 統計的に有意でない

さらに、多重比較を行った結果、有意差があった項目を以下の表4-16で示す。

表4-16 JLHによる/h/-/b/-/p/の刺激語に対する評価の多重比較

評価項目		差の絶対値		評価項目		差の絶対値	
		/b/	/p/			/b/	/p/
②大きさ	/h/	0.86*	0.20	⑥重さ	/h/	1.45	0.48
	/p/	1.06*			/p/	1.92*	
③明るさ	/h/	0.68	0.66	⑨うるささ	/h/	1.57*	0.41
	/p/	1.34*			/p/	1.16	
④強さ	/h/	1.63*	0.40	⑩良さ	/h/	0.79	0.67
	/p/	1.23*			/p/	1.46*	
⑤気持ちよさ	/h/	0.72	0.79				
	/p/	1.51*					

*. 平均値の差は0.05水準で有意

多重比較を行った結果、上記の有意差があった 7 項目の中の「大きさ」、「明るさ」、「強さ」、「気持ち良さ」、「重さ」、「良さ」の 6 項目について、「/b/が語頭子音である語」と「/p/が語頭子音である語」に対する評価の間に、有意差があり、子音/b/と/p/との対立関係がはっきりと見られた。それに、「大きさ」と「強さ」という 2 項目について、「/b/が語頭子音である語」は「/p/が語頭子音である語」に対する評価との間に有意差があった一方、「/h/が語頭子音である語」に対する評価との間にも有意差があった。このように、/b/は/p/と/h/との両方と対立することが分かった。

また、「うるささ」という項目に関しては、「/h/が語頭子音である語」と「/b/が語頭子音である語」に対する評価との間に有意差があり、子音/h/と/b/とが対立することが見られた。

4.4.2　中国語話者の場合

続いて、第一音節の子音（C_1）が/h/であるオノマトペ、/b/であるオノマトペ、/p/であるオノマトペそれぞれに対して、中国語話者の評価（CLH）の平均値と標準偏差を表 4-17 に示す。

表 4-17　C_1 が/h/-/b/-/p/の語に対する CLH の平均値と標準偏差

評価項目	/h/		/b/		/p/	
	平均値	標準偏差	平均値	標準偏差	平均値	標準偏差
①速さ	4.26	0.46	4.30	0.19	4.18	0.44
②大きさ	3.91	0.25	4.03	0.13	3.93	0.31
③明るさ	4.36	0.58	4.51	0.28	4.43	0.46
④強さ	4.07	0.34	4.37	0.18	4.27	0.36
⑤気持ち良さ	4.26	0.59	4.19	0.27	4.24	0.40
⑥重さ	3.82	0.15	4.06	0.10	3.93	0.39
⑦鋭さ	4.05	0.26	4.28	0.31	4.10	0.30
⑧硬さ	3.90	0.12	4.31	0.14	4.05	0.20
⑨うるささ	4.10	0.35	4.34	0.29	4.21	0.45
⑩良さ	4.28	0.29	4.10	0.04	4.26	0.37

中国語話者（CLH）が未知の/h/-/b/-/p/で始まるオノマトペを聞いて直感的に評価した平均値を見ると、全体的に評価の中間値「4」を超える数字で評価していることが分かった。すなわち、中国語話者（CLH）が未知の語頭子音（C_1）が/h/-/b/-/p/であるオノマトペの音声に対して、ポジティブな評価傾向が見られた。

「速さ」、「明るさ」、「強さ」、「気持ち良さ」、「鋭さ」、「うるささ」、「良さ」という 7 項目について、C_1 が/h/であるオノマトペ、C_1 が/b/であるオノマトペ、C_1 が/p/であるオノマトペの間に一致した評価方向が見られた。

それに対して、「大きさ」、「重さ」という2項目について、C_1が/h/のオノマトペとC_1が/p/のオノマトペに対する評価の方向が一致し、両方ともC_1が/b/のオノマトペに対する評価の方向と逆であった。

また、「硬さ」という項目に関しては、C_1が/b/であるオノマトペとC_1が/p/であるオノマトペに対する評価の方向が一致し、両方ともC_1が/h/であるオノマトペに対する評価の方向と逆であった。

続いて、日本語話者の場合と同様に、一元配置分散分析を用いて検討した。グループ間検証した結果、「硬さ」という唯一の項目について、有意差があった。（表4-18参照）

表4-18　CLHによる各評価項目における/h/-/b/-/p/についての分散分析

	速さ	大きさ	明るさ	強さ	気持ち良さ	重さ	鋭さ	硬さ	うるささ	良さ
/h/	4.26	3.91	4.36	4.07	4.26	3.82	4.05	3.90	4.10	4.28
/b/	4.30	4.03	4.51	4.37	4.19	4.06	4.28	4.31	4.34	4.10
/p/	4.18	3.93	4.43	4.27	4.24	3.93	4.10	4.05	4.21	4.26
統計検定	n.s.	n.s.	n.s.	n.s.	n.s.	n.s.	n.s.	*	n.s.	n.s.

*. $P<.05$　n.s. 統計的に有意でない

さらに、多重比較を行った結果、上記の有意差があった「硬さ」という項目について、「語頭子音（C_1）が/h/である語」に対する評価は、「語頭子音（C_1）が/b/である語」に対する評価との間に、有意差があり、子音/h/と/b/との対立関係が見られた。このように、日本語話者による評価（JLH）では、/b/は/p/と/h/との両方と対立する関係が確認されたのに対し、中国語話者による評価（CLH）では、子音/h/と/b/との対立関係のみが見られ、子音/b/と/p/及び子音/h/と/p/との関係が見られなかった。

以下表4-19で多重比較の結果で有意差があった項目を示す。

表4-19　CLHによる/h/-/b/-/p/の刺激語に対する評価の多重比較

評価項目	差の絶対値		
		/b/	/p/
⑧硬さ	/h/	0.41*	0.15
	/p/	0.26	

*. 平均値の差は0.05水準で有意

4.4.3　日中両言語話者の比較

4.4.3.1　語頭子音（C_1）が/h/である刺激語に対する評価

語頭子音（C_1）が/h/である刺激語に対する両国被験者の評価の平均値をまとめて表

4-20に示す。

　評価平均値から見られるように、「大きさ」、「重さ」、「硬さ」の3項目について、JLH、CLHによる評価の方向が一致していた。未知の日本語のオノマトペを聞いて、中国語話者が日本語話者と同様に、語頭子音（C_1）が/h/であるオノマトペに対して、「小さい」「軽い」「やわらかい」というふうに捉えていた。

表 4-20　C_1 が/h/である刺激語に対する評価の平均値の比較

評価項目	JLH	CLH
①速さ	3.49	4.26
②大きさ	3.60	3.91
③明るさ	3.74	4.36
④強さ	2.96	4.07
⑤気持ち良さ	3.33	4.26
⑥重さ	3.47	3.82
⑦鋭さ	3.49	4.05
⑧硬さ	3.25	3.90
⑨うるささ	3.06	4.10
⑩良さ	3.49	4.28

※表中の網掛けは、3グループの評価傾向が一致した項目である。

　しかし、「速さ」、「明るさ」、「強さ」、「気持ち良さ」、「鋭さ」、「うるささ」、「良さ」という7項目に関しては、JLHとCLHによる評価の方向が反対であった。日本語話者が音声で提示された既知のオノマトペに対して評価する際に、/h/で始まるオノマトペのほうが、より「遅くて暗い」、「弱くて気持ち良くない」、「鈍くて静か」、「悪い」と感じていた。それに対して、中国語話者が同じく音声で提示された未知のオノマトペに対して、日本語話者と逆に、/h/で始まるオノマトペがより「速くて明るい」、「強くて気持ちいい」、「鋭くてうるさい」、「よい」というふうに捉えていた。

4.4.3.2　語頭子音（C_1）が/b/である刺激語に対する評価

　上記と同様に、語頭子音（C_1）が/b/である刺激語に対する両国被験者の評価の平均値をまとめて表 4-21 に示す。

　評価の平均値から分かるように、語頭子音（C_1）が/b/である刺激語に対する評価では、「大きさ」、「強さ」、「重さ」、「うるささ」という4項目について、2グループともに一致した評価方向が見られた。音声で提示された同一の日本語のオノマトペに対して、日本語話者も中国語話者（意味を理解していないにもかかわらず）も、語頭子音（C_1）が/b/である刺激語のほうが、「大きい」「強い」「重い」「うるさい」というような印象を持つ傾向があるようだ。

　一方、「速さ」、「明るさ」、「気持ち良さ」、「鋭さ」、「硬さ」、「良さ」という6項目に

関しては、中国語話者による評価（CLH）の方向は日本語話者による評価（JLH）の方向と不一致であった。日本語話者が/b/で始まるオノマトペのほうが「遅い」「暗い」「気持ち良くない」「鈍い」「やわらかい」「悪い」と捉えていたのに対し、中国語話者が逆に「速い」「明るい」「気持ちいい」「鋭い」「硬い」「よい」と捉えていた。

表 4-21　C_1 が/b/である刺激語に対する評価の平均値の比較

評価項目	JLH	CLH
①速さ	3.32	4.30
②大きさ	4.46	4.03
③明るさ	3.06	4.51
④強さ	4.58	4.37
⑤気持ち良さ	2.61	4.19
⑥重さ	4.92	4.06
⑦鋭さ	2.97	4.28
⑧硬さ	3.74	4.31
⑨うるささ	4.63	4.34
⑩良さ	2.71	4.10

4.4.3.3　語頭子音（C_1）が/p/である刺激語に対する評価

最後に、語頭子音（C_1）が/p/である刺激語に対する両国被験者の評価の平均値をまとめて表 4-22 に示す。

表 4-22　C_1 が/p/である刺激語に対する評価の平均値の比較

評価項目	JLH	CLH
①速さ	3.89	4.18
②大きさ	3.40	3.93
③明るさ	4.40	4.43
④強さ	3.35	4.27
⑤気持ち良さ	4.12	4.24
⑥重さ	3.00	3.93
⑦鋭さ	3.73	4.10
⑧硬さ	3.44	4.05
⑨うるささ	3.47	4.21
⑩良さ	4.16	4.26

評価の平均値から見られるように、語頭子音（C_1）が/p/である刺激語に対する評価では、2 グループの間に一致した項目と不一致した項目が半々であった。「大きさ」、「明るさ」、「気持ち良さ」、「重さ」、「良さ」という 5 項目について、日中両言語話者の評価に一致した傾向が見られ、日本語話者も中国語話者も、語頭子音（C_1）が/p/であるオノマトペのほうが、「小さい」「明るい」「気持ちいい」「軽い」「よい」というような

印象を持つことが明らかになった。

しかし、「速さ」、「強さ」、「鋭さ」、「硬さ」、「うるささ」という5項目については、中国語話者による評価（CLH）と日本語話者による評価（JLH）の方向とは反対であった。音声で提示されたオノマトペに対して、日本語話者が/p/で始まるオノマトペのほうが、「遅くて弱い」、「鈍くてやわらかい」、「静か」という印象を抱く傾向があるのに対し、中国語話者がこのような印象を抱いておらず、逆に「速くて強い」、「鋭くて硬い」、「うるさい」というふうに捉えていた。

4.4.3.4 /h/-/b/-/p/全般についての評価の統計的検定

ここまでの分析では、「語頭子音（C_1）が/h/であるオノマトペ」、「語頭子音（C_1）が/b/であるオノマトペ」、「語頭子音（C_1）が/p/であるオノマトペ」について、「聴覚提示」により、中国語話者による感覚評価（CLH）と日本語話者による感覚評価（JLH）を比較対照することにより、両言語話者による評価の共通点と相違点を見た。

次に、これらの/h/-/b/-/p/の対立関係が統計的に有意であるかどうかを検証した結果を比較した。その結果をまとめて表4-23に示し、「語頭子音（C_1）が/h/-/b/-/p/である語」について、JLH、CLHそれぞれ、7項目、1項目について有意差があった。

表4-23　両言語話者による/h/-/b/-/p/についての分散分析の比較

	速さ	大きさ	明るさ	強さ	気持ち良さ	重さ	鋭さ	硬さ	うるささ	良さ
JLH	n.s.	**	*	**	*	*	n.s.	n.s.	*	*
CLH	n.s.	n.s.	n.s.	n.s.	n.s.	n.s.	n.s.	*	n.s.	n.s.

*. $P<.05$　**. $P<.01$　n.s. 統計的に有意でない

第3章で述べたように、金田一（1978）と芳賀（1977）は日本語の中の子音/h/,/b/,/p/の象徴的な対立関係について以下のように指摘している。

「/h/と/p/とはともに/b/と対立するが、/h/は、より文章語的で品がいい感じがあるのに対し、/p/は俗語的で品が落ちる。」（金田一, 1978）

「『パ』と『バ』がはっきりと対立しており、『ハ』は両者の中間に、『パ』寄りの位置で評価される。」（芳賀, 1977）

このように、先行研究で指摘された/h/,/b/,/p/の対立関係は本研究で行った「聴覚提示」による調査の日本語話者の評価（JLH）の結果でも検証された。本研究の調査結果は先行研究の結論を追認したと言えよう。

また、「語頭子音（C_1）が有声音・無声音であるオノマトペ」に対する評価においても、「語頭子音（C_1）が/h/-/b/-/p/であるオノマトペ」に対する評価においても、さらに、提示手法（「視覚提示」による調査と「聴覚提示」による調査）が異なるにも

かかわらず、日本語話者による評価では同様の7項目について有意差があった。すなわち、日本語話者が既知のオノマトペに対して、「大きさ」、「暗さ」、「強さ」、「気持ちよさ」、「重さ」、「うるささ」、「良さ」という7要因により、「有声音・無声音」、さらに「清音・濁音・半濁音」を区別していることが明らかになった。

しかし、日本語を外国語として学ぶ中国語話者が、このような語感の差異を捉えられるとは言いがたい。「聴覚提示」による調査においても、中国語話者は母語の音韻体系の中の有気音に対応する/t/, /k/, /s/で始まる語と、無気音に対応する/d/, /g/, /z/で始まる語との間の差異について、日本語話者に近い感覚で捉えていたが、現代日本語における/h/-/b/-/p/の特殊な位置関係について評価する際に、混乱してしまった。

中国語話者が日本語を学び始めた頃に、「清音」と「濁音」とが対立し、「半濁音」が特殊な位置になるということを教わり、母語の音韻体系の中に存在しないのに、/h/と/b/との対立関係を最初に頭の中に入れるべきものであった。なお、中国語話者にとって、/b/と/p/は中国語の音韻体系の中の無気音と有気音に対応するため、両者の対立がすでに意識の中に存在するものであった。このように、/h/, /b/, /p/に同時に遭遇する際に、中国語話者にとってこれらの3者の位置関係をどういうふうに捉えるのかについて、迷ってしまう可能性が十分にあることが本章で行った「聴覚提示」による調査の結果からも窺えた。

なお、「硬さ」という唯一の項目について、中国語話者の評価（CLH）のみに有意差が見られた。この項目に関しては、4.3の「有声音・無声音」に対する評価の結果においてもCLHだけに有意差があった。要するに、中国語話者が「聴覚提示」により未知のオノマトペに対して評価する際に、「硬さ」という要因をより注目している傾向があるようである。

4.5 「反復形・非反復形」であるオノマトペに対する感覚評価

同様に、語形による影響を見るため、36語の刺激語を反復形の18語と非反復形の18語に分けて分析した。なお、冒頭で述べたように、本研究で使用した反復形の刺激語（例えば、「たらたら」）と非反復形の刺激語（例えば、「たらり」）の語根（「たら」）が同じであるため、ここでの語形による検討は語中にくる子音についての検討にもなる。

まず、「反復形の刺激語」・「非反復形の刺激語」それぞれに対し、日本語話者の評価（JLH）、中国語話者の評価（CLH）の平均値と標準偏差を算出し、両言語話者の評価の傾向を見た。

次に、算出した平均値に基づき、JLH、CLH別に、「反復形・非反復形」の差異について、t検定（両側検定）を用いて検証した。これは「反復・非反復（語中にくる子音）」の差異が、日本語のオノマトペに接する際に、日本語話者と中国語話者にどのような影響を与えるかを明らかにしようとしたものである。

最後に、2グループの結果を比較対照することにより、日本語のオノマトペに対する感覚評価の異同及びオノマトペにおける音象徴の普遍的な面と個別的な面を検討した。

4.5.1　日本語話者の場合

反復形のオノマトペ、非反復形のオノマトペに対して、日本語話者の評価（JLH）の平均値と標準偏差を表4-24に示す。

日本語話者（JLH）が未知の「反復形・非反復形のオノマトペ」を聞いて直感的に評価した平均値を見ると、全体的に評価の中間値「4」を超えなくて、ネガティブな評価傾向が見られた。

「大きさ」、「強さ」、「うるささ」という3項目について、反復形のオノマトペと非反復形のオノマトペの間に反対した評価方向が見られた。なお、「速さ」、「明るさ」、「気持ち良さ」、「重さ」、「鋭さ」、「硬さ」、「良さ」という7項目については、反復形のオノマトペと非反復形のオノマトペの間に一致した評価方向が見られた。

表4-24　反復形・非反復形の語に対するJLHの平均値と標準偏差

評価項目	反復形		非反復形	
	平均値	標準偏差	平均値	標準偏差
①速さ	3.69	1.30	3.56	1.12
②大きさ	4.02	0.66	3.98	0.67
③明るさ	3.92	1.12	3.97	1.01
④強さ	4.01	0.82	3.88	0.86
⑤気持ち良さ	3.47	1.11	3.69	0.99
⑥重さ	4.15	1.12	4.06	1.18
⑦鋭さ	3.57	1.12	3.62	1.07
⑧硬さ	3.57	0.70	3.49	0.68
⑨うるささ	4.02	0.85	3.41	0.77
⑩良さ	3.54	1.07	3.81	0.89

次に、このような評価傾向が統計的に有意であるかどうかについて、t検定（両側検定）を用いて検討した。その結果、「気持ち良さ」、「うるささ」、「良さ」という3項目について、有意差があった。（表4-25参照）

表4-25　JLHによる各評価項目における反復形・非反復形についてのt検定

	速さ	大きさ	明るさ	強さ	気持ち良さ	重さ	鋭さ	硬さ	うるささ	良さ
反復形	3.69	4.02	3.92	4.01	3.47	4.15	3.57	3.57	4.02	3.54
非反復形	3.56	3.98	3.97	3.88	3.69	4.06	3.62	3.49	3.41	3.81
差の絶対値	.13	.04	.05	.13	.22*	.09	.05	.08	.61**	.27**

*. P<.05　**. P<.01

表4-25から見られるように、上述した語形が反復か非反復かによる評価で差異が見られた項目について統計的に検証したところ、有意差があった。日本語話者（JLH）にとっては、反復形のオノマトペが非反復形のオノマトペより、「気持ち良くない」「うるさい」「悪い」という感覚であった。

4.5.2　中国語話者の場合

次に、中国語話者（CLH）が音声で提示された未知のオノマトペに対して評価する際に、反復形のオノマトペと非反復形のオノマトペに対する評価の平均値と標準偏差を表4-26に示す。

日本語話者による評価（JLH）と異なり、中国語話者が未知の「反復形・非反復形」のオノマトペを聞いて直感的に評価した（CLH）の平均値を見ると、ほとんどの評価項目について評価の中間値「4」を超えて、ポジティブな評価傾向が見られた。

「大きさ」、「気持ち良さ」、「鋭さ」、「良さ」という4項目について、反復形のオノマトペと非反復形のオノマトペの間に反対の評価方向が見られた。なお、「速さ」、「明るさ」、「強さ」、「硬さ」、「うるささ」という5項目については、反復形のオノマトペと非反復形のオノマトペの間に一致した評価方向が見られた。

表4-26　反復形・非反復形の語に対するCLHの平均値と標準偏差

評価項目	反復形		非反復形	
	平均値	標準偏差	平均値	標準偏差
①速さ	4.45	0.27	4.03	0.30
②大きさ	3.97	0.31	4.06	0.26
③明るさ	4.54	0.32	4.01	0.37
④強さ	4.37	0.28	4.27	0.23
⑤気持ち良さ	4.34	0.38	3.77	0.36
⑥重さ	4.00	0.38	4.20	0.33
⑦鋭さ	4.14	0.34	3.95	0.36
⑧硬さ	4.15	0.38	4.24	0.30
⑨うるささ	4.44	0.32	4.15	0.28
⑩良さ	4.22	0.33	3.90	0.27

続いて、t検定（両側検定）を用いて検討した結果、「速さ」、「明るさ」、「気持ち良さ」、「鋭さ」、「うるささ」、「良さ」という6項目について、有意差があった。（表4-27参照）

表4-27から見られるように、上述した語形が反復か非反復かによる評価で差異が見られた項目について統計的に検証したところ、4項目の中の3項目について有意差があった。中国語話者（CLH）にとっては、反復形のオノマトペが非反復形のオノマトペより「速い」「明るい」「気持ちいい」「鋭い」「うるさい」「よい」という感覚であった。

表 4-27　CLH による各評価項目における反復形・非反復形についての t 検定

	速さ	大きさ	明るさ	強さ	気持ち良さ	重さ	鋭さ	硬さ	うるささ	良さ
反復形	4.45	3.97	4.54	4.37	4.34	4.00	4.14	4.15	4.44	4.22
非反復形	4.03	4.06	4.01	4.27	3.77	4.20	3.95	4.24	4.15	3.90
差の絶対値	.42**	.09	.53**	.10	.57**	.20	.19*	.09	.29**	.32**

*. P＜.05　　**. P＜.01

4.5.3　日中両言語話者の比較

4.5.3.1　反復形の刺激語に対する評価

反復形の刺激語に対する両国被験者の評価の平均値をまとめて表4-28に示す。

表 4-28　反復形の刺激語に対する評価の平均値の比較

評価項目	JLH	CLH
①速さ	3.69	4.45
②大きさ	4.02	3.97
③明るさ	3.92	4.54
④強さ	4.01	4.37
⑤気持ち良さ	3.47	4.34
⑥重さ	4.15	4.00
⑦鋭さ	3.57	4.14
⑧硬さ	3.57	4.15
⑨うるささ	4.02	4.44
⑩良さ	3.54	4.22

評価平均値から見られるように、「強さ」と「うるささ」の2項目について、JLH、CLHの評価方向が一致していた。中国語話者が刺激語の意味を理解していないにもかかわらず、音声で提示された同一のオノマトペに対して、日本語話者と同様に、非反復形のオノマトペに比べて、反復形のオノマトペのほうが、「強くてうるさい」と捉えていた。

しかし、「速さ」、「大きさ」、「明るさ」、「気持ち良さ」、「鋭さ」、「硬さ」、「良さ」という7項目については、CLHの評価方向とJLHの評価方向とは反対であった。日本語話者が「聴覚提示」により反復形のオノマトペに対して、「遅い」「大きい」「暗い」「気持ち良くない」「鈍い」「やわらかい」「悪い」という印象を抱く傾向があるのに対し、中国語話者が逆に「速い」「小さい」「明るい」「気持ちいい」「鋭い」「硬い」「よい」という印象であった。

4.5.3.2　非反復形の刺激語に対する評価

同様に、非反復形の刺激語に対する両国被験者の評価の平均値をまとめて表 4-29 に示す。

表 4-29　非反復形の刺激語に対する評価の平均値の比較

評価項目	JLH	CLH
①速さ	3.56	4.03
②大きさ	3.98	4.06
③明るさ	3.97	4.01
④強さ	3.88	4.27
⑤気持ち良さ	3.69	3.77
⑥重さ	4.06	4.20
⑦鋭さ	3.62	3.95
⑧硬さ	3.49	4.24
⑨うるささ	3.41	4.15
⑩良さ	3.81	3.90

　評価の平均値から分かるように、非反復形の刺激語に対する評価では、「気持ち良さ」、「重さ」、「鋭さ」、「良さ」という4項目について、2グループともに一致した評価方向が見られた。音声で提示された日本語のオノマトペに対して、日本語話者も中国語話者（意味を理解していないにもかかわらず）も、非反復形のオノマトペのほうが、「気持ちよくない」「重い」「鈍い」「悪い」というような印象を持つ傾向が明らかになった。
　なお、「速さ」、「大きさ」、「明るさ」、「強さ」、「硬さ」、「うるささ」という6項目については、CLHの評価方向とJLH評価方向とは逆であった。日本語話者が「聴覚提示」された既知のオノマトペに対して評価する際に、非反復形のほうが、「遅くて小さい」「暗くて弱い」「やわらかくて静か」という印象を抱いていた。それに対して、中国語話者が「聴覚提示」された未知のオノマトペに対して評価する際に、逆に、非反復形のほうが、「速くて大きい」「明るくて強い」「硬くてうるさい」という印象を抱いていたようである。

4.5.3.3　「反復形・非反復形」全般についての評価の統計的検定
　以上の分析まで、「聴覚提示」により、「反復形のオノマトペ」と「非反復形のオノマトペ」について、中国語話者による感覚評価（CLH）と日本語話者による感覚評価（JLH）を比較対照することを通して、両言語話者による評価の共通点と相違点を見た。次に、これらの「反復形・非反復形」の差異が統計的に有意であるかどうかを検証した結果を比較した。その結果を表4-30に示し、「反復形のオノマトペ」と「非反復形のオノマトペ」について、JLH、CLHそれぞれ、3項目、6項目に有意差があった。

表 4-30　両言語話者による反復形・非反復形についてのt検定の比較

	速さ	大きさ	明るさ	強さ	気持ち良さ	重さ	鋭さ	硬さ	うるささ	良さ
JLH	n.s.	n.s.	n.s.	n.s.	*	n.s.	n.s.	n.s.	**	**
CLH	**	n.s.	**	n.s.	**	n.s.	*	n.s.	**	**

*.P＜.05　**.P＜.01　n.s.　統計的に有意でない

結果から分かるように、音声で提示された同一の日本語のオノマトペに対して、日本語話者（JLH）が「気持ち良さ」、「うるささ」、「良さ」という3要因により「反復形・非反復形」を区別しているのに対し、中国語話者（CLH）が「速さ」、「明るさ」、「気持ち良さ」、「鋭さ」、「うるささ」、「良さ」という6要因を注目し、日本語話者よりも注目点が多かった。

なお、「気持ち良さ」、「うるささ」、「良さ」という3項目に関しては、2グループの評価にともに有意差が見られた。しかし、JLHとCLHの評価平均値をよく観察してみると、「うるささ」という項目について、JLHでは「反復形の語」4.02、「非反復形の語」3.41で、CLHでは「反復形の語」4.44、「非反復形の語」4.15で、2グループともに「反復形の語」が「非反復形の語」より「うるさい」という評価であった。それに対して、「気持ち良さ」に関しては、JLHでは「反復形の語」3.47、「非反復形の語」3.69で、CLHでは「反復形の語」4.34、「非反復形の語」3.77で、「良さ」に関しては、JLHでは「反復形の語」3.54、「非反復形の語」3.81で、CLHでは「反復形の語」4.22、「非反復形の語」3.90であった。日本語話者が「反復形の語」に比べ「非反復形の語」のほうがより「気持ち良くていい」感覚であったのに対し、中国語話者にとってこのような感覚を持っているのは「反復形の語」であった。

このように、「聴覚提示」により日本語のオノマトペに対して評価する際に、日本語話者と中国語話者とはともに「気持ち良さ」、「うるささ」、「良さ」という3要因により「反復形・非反復形」を区別しているが、語形が反復であるかどうかが日中両言語話者の評価に与えた影響が違うことが明らかになった。

上記の3項目以外に、中国語話者による評価（CLH）では、「速さ」、「明るさ」、「鋭さ」という3項目についても有意差が認められた。中国語話者は「反復形のオノマトペ」が「非反復形のオノマトペ」より、より「速い」「明るい」「鋭い」と感じていたのに対し、日本語話者はこのような性質を捉えていなかった。本研究で使用した「非反復形の刺激語」はすべて「語根＋り」の形であるため、中国人日本語学習者にとって、未知のオノマトペの音声を接触する際に、語の「繰り返し」と「リ音」という要素がいろいろな面で評価に影響を与えるものではないかと思われる。また、第3章にも述べたように、中国語話者による評価（CLH）のみに見られるこれらの音象徴的な特徴から音象徴の個別的な面が窺える。

なお、本研究の評価項目として使用した10項目は、丹野（2005）の実験で使用された10項目をそのまま用いてきたが、この10項目は「清音・濁音」の語感の差異を比べるために設定したものである。同項目を「反復形・非反復形」の評価に適用する際に、やや不十分な面があると思われる。今後、より適切な評価項目を設定し、「反復形・非反復形」の語感の差異を明らかにする必要がある。

4.6 探索的因子分析

これまで、「聴覚提示」による調査では、「C_1が有声音・無声音」、「C_1が/h/-/b/-/p/」および「語形が反復形・非反復形」を巡って、日本語話者による評価（JLH）と中国語話者による評価（CLH）とを比較対照することにより、両言語話者による評価の共通点と相違点について考察した。次に、本研究の刺激語としての36語のオノマトペに対して、日本語話者と中国語話者それぞれがどのような印象を抱くかについてより深く検討していく。具体的には、JLH、CLH別に36語のオノマトペに対する評価値に基づいて、因子分析を行い、抽出した因子から日中両言語話者がオノマトペに対して抱く印象を見た。

日本語話者による評価（JLH）と中国語話者による評価（CLH）の全般の評価傾向を調べるため、36語のオノマトペに対する日本語話者の評価JLH（計1080ケース）の評価値、中国語話者の評価CLH（計1462ケース）の評価値を用いて因子分析（主因子法、バリマックス回転）を行った。因子を抽出する際に、各変数の固有値の大きさの変化、及び抽出した因子は因子としての解釈可能性などを考慮し、「カイザー基準」に基づき、固有値1.0以上で因子数を決定することにした。

なお、因子命名について、「SD法によるイメージの測定」を詳しく論述した岩下（1983）の解説を参照し、オスグッド学派が主張した「E.P.A.次元」を参考にしながら命名した。

その結果、聴覚で提示された日本語のオノマトペに対して、日本語話者による評価（JLH）と中国語話者による評価（CLH）において、それぞれ二つの因子が抽出された。なお、抽出された因子の累積寄与率に関しては、日本語話者（JLH）の結果では87.82%を占め（表4-31参照）、中国語話者（CLH）の結果では76.21%を占める（表4-32参照）。また、各項目の共通性を見ると、どの項目（変数）でも共通因子から大きな影響を受けていることが分かる。よって、本研究で行った実験調査で使用した10の意味項目はすべて適当な尺度と認められる。

4.6.1 日本語話者による評価（JLH）の因子分析結果と因子命名

まず、日本語話者（JLH）がオノマトペに対して抱く主な印象は何かを明らかにするために、調査で使用した10項目について因子分析を行った。因子の抽出には、主因子法を用い、バリマックス回転を行った。抽出因子数は固有値1.0以上の基準を設け、さらに因子の解釈の可能性も考慮して因子数を決定した結果、日本語話者の評価（JLH）において2因子が抽出された。因子分析の結果を表4-31に示す。

表 4-31　日本語話者による評価（JLH）の因子分析結果（主因子法）

意味項目	因子		共通性
	I	II	
鋭さ	0.95	0.21	0.95
明るさ	0.94	0.11	0.91
気持ち良さ	0.91	-0.24	0.89
速さ	0.89	0.21	0.84
良さ	0.88	-0.27	0.85
重さ	-0.78	0.49	0.86
大きさ	-0.46	0.79	0.84
強さ	0.15	0.91	0.85
うるささ	-0.16	0.87	0.78
硬さ	0.44	0.69	0.69
因子固有値	5.50	3.29	
因子分散率	54.96%	32.86%	
因子累積率	54.96%	87.82%	
因子名	I 軽快さと小気味良さ	II 強硬さと重大さ	

＊表中の網掛け部分は、それぞれの因子を命名する際に判断の基準にした項目で、因子得点の算出する際に用いられる変数である。

＊本研究では、各因子の負荷量が 0.45 以上のものを因子得点の算出に用いた。

なお、「重さ」、「大きさ」という2項目は二つの因子が重なって高い負荷量を示していた。因子分析に関する先行研究では、このような項目を削除して分析する研究例があるが、本研究では、「重さ」、「大きさ」という2項目が二つの因子から影響を受けている可能性があると判断し、削除せずに分析を行った。

因子負荷量の絶対値が 0.45 以上の項目を基準に、プラス・マイナスの影響を考慮し因子の命名を行った結果、第1因子には、「鋭さ」(0.95)、「明るさ」(0.94)、「気持ち良さ」(0.91)、「速さ」(0.89)、「良さ」(0.88)、「重さ」(-0.78)、「大きさ」(-0.46) の7項目に対して負荷量が高かった。「E.P.A.次元」を参考にし、「軽快さと小気味良さ」に関する因子と命名した。

第2因子には、「強さ」(0.91)、「うるささ」(0.87)、「大きさ」(0.79)、「硬さ」(0.69)、「重さ」(0.49) の5項目に対して負荷量が高く、「強硬さと重大さ」に関する因子と命名した。

このように、本研究の調査結果では、日本語話者は日本語のオノマトペに接触する際に、「軽快さと小気味良さ」と「強硬さと重大さ」という二つの潜在的な印象を抱くことが分かった。

しかし、日本語話者がオノマトペに対して、以上の二つの潜在的な印象しか持たな

いとは言えない。以上の結果は本研究で行った実験調査に基づいた結果であるので、普遍性を検証する必要がある。また、本研究の実験調査では、意味項目数、刺激語数、被験者数などの要素が限られていて、特に意味項目が10個という少数であるため、抽出された因子数も少なかった。今後、意味項目を増やせば、新たな因子が見つかる可能性があると思われ、これからの課題として、多くの意味項目を選定し、さまざまな面でさらなる検討する必要がある。

4.6.2 中国語話者による評価（CLH）の因子分析結果と因子命名

次に、中国語話者（CLH）による評価についても、同様に因子分析を行い、共通因子を抽出した。その結果、中国語話者による評価（CLH）においても、二つの因子が抽出された。（表4-32参照）

表4-32 中国語話者による評価（CLH）の因子分析結果（主因子法）

意味項目	因子 I	因子 II	共通性
明るさ	0.95	-0.06	0.91
気持ち良さ	0.92	-0.17	0.88
速さ	0.91	0.12	0.84
良さ	0.72	-0.36	0.65
鋭さ	0.71	0.01	0.50
重さ	-0.60	0.74	0.91
強さ	0.11	0.84	0.73
硬さ	-0.23	0.77	0.65
うるささ	0.23	0.74	0.60
大きさ	-0.32	0.56	0.42
因子固有値	4.89	2.74	
因子分散率	48.85%	27.36%	
因子累積率	48.85%	76.21%	
因子名	I 軽快さと小気味良さ	II 強硬さと重大さ	

＊表中の網掛け部分は、それぞれの因子を命名する際に判断の基準にした項目で、因子得点の算出する際に用いられる変数である。

＊本研究では、各因子の負荷量が0.45以上のものを因子得点の算出に用いた。

それぞれの因子の負荷量が高い値を示す項目の内容に基づき（絶対値が0.45以上の項目）、以下のように命名した。

なお、日本語話者（JLH）の結果と同様に、中国語話者（CLH）の結果においても「重さ」という項目は二つの因子が重なって高い負荷量を示していた。ここでも「重さ」という項目を削除せずに分析を行った。

第 1 因子には、「明るさ」(0.95)、「気持ち良さ」(0.92)、「速さ」(0.91)、「良さ」(0.72)、「鋭さ」(0.71)、「重さ」(−0.60)の 6 項目に対して負荷量が高かった。日本語話者（JLH）の結果に比べると、「大きさ」という項目に対して JLH の因子負荷量が基準以上の「−0.46」であったのに対し、CLH の因子負荷量が基準以下の「−0.32」であった。日本語話者が音声で提示された既知のオノマトペに対して、「大きさ」という抽象的な感覚をより注目するのに対し、中国語話者が音声で提示された未知のオノマトペに対して、このような抽象的な感覚に注目しないようである。

因子負荷量の高い項目から鑑み、日本語話者（JLH）の結果と同様に、「軽快さと小気味良さ」に関する因子と命名した。

第 2 因子には、「強さ」(0.84)、「硬さ」(0.77)、「重さ」(0.74)、「うるささ」(0.74)、「大きさ」(0.56)の 5 項目に対して因子負荷量が高く、日本語話者（JLH）の結果で因子負荷量の高い項目と一致したので、JLH と同様に「強硬さと重大さ」に関する因子と命名した。

4.6.3　日中両言語話者の比較

以上の分析では、「聴覚提示」により、日本語話者による評価（JLH）と中国語話者による評価（CLH）の 2 グループが日本語のオノマトペに対して抱く印象について、因子分析を行うことにより検討した。その結果、JLH、CLH それぞれにおいて二つの因子が抽出された。

2 グループにおいて抽出された第 1 因子に関しては、JLH では「鋭さ」、「明るさ」、「気持ち良さ」、「速さ」、「良さ」、「重さ」、「大きさ」の 7 項目に高い負荷量が現われ、「軽快さと小気味良さ」と命名した。それに対して、CLH では「大きさ」という項目を除いて、「明るさ」、「気持ち良さ」、「速さ」、「良さ」、「鋭さ」、「重さ」という 6 項目について、JLH と同じように因子負荷量が高く、同様に「軽快さと小気味良さ」と命名した。

第 2 因子に関しては、JLH と CLH の 2 グループでは、すべての因子負荷量の高い項目が一致したが、寄与率が違い、「強硬さと重大さ」と命名した。

ただし、JLH では、「重さ」と「大きさ」という 2 項目は二つの因子に対して、両方とも高い負荷量が現われ、CLH では、「重さ」という項目は二つの因子に対して、両方とも高い負荷量が現われ、これらの項目は二つの因子ともに関係していると推測される。

以下の表 4-33 に、日本語話者による評価（JLH）、中国語話者による評価（CLH）の 2 グループそれぞれが、日本語のオノマトペに対して抱く印象についての因子分析結果、及び各グループから抽出された因子と因子の寄与率をまとめておく。

表 4-33 に見られるように、「聴覚」により提示された日本語のオノマトペに対して抱く印象の因子寄与率は日本語話者（JLH）（87.82%）＞中国語話者（CLH）（76.21%）で、日本語話者が音声で提示された既知のオノマトペに接触する際に、中国語話者に

比べて、印象を抱きやすい傾向があることが明らかになった。

表4-33　各グループにおけるオノマトペに対する主な印象とその因子の寄与率

グループ	第1因子		第2因子		累積寄与率
	因子名	寄与率	因子名	寄与率	
JLH	軽快さと小気味良さ	54.96%	強硬さと重大さ	32.86%	87.82%
CLH	軽快さと小気味良さ	48.85%	強硬さと重大さ	27.36%	76.21%

　また、2グループにおいて抽出された第1因子に関しては、同一の因子名「軽快さと小気味良さ」と命名したが、それぞれの因子の個別要因は必ずしも一致するものではなく、因子の寄与率も各グループにおいて一致していない。日本語話者（JLH）では、「大きさ」という項目の因子負荷量が高いのに対し、中国語話者（CLH）では、この項目の負荷量が低かった。中国語話者（CLH）が音声で提示された36語の刺激語に対して、日本語話者と同じように「鋭さ」、「明るさ」、「気持ち良さ」などの潜在的な要因を注目している一方、「大きさ」という潜在的な要因を注目していないようである。

　さらに、2グループにおいて抽出された第2因子に関しては、因子負荷量の高い項目が一致し、「強硬さと重大さ」と命名したが、因子の寄与率も各グループにおいて一致していない。

　本章で行った調査の結果から、「聴覚」で提示された日本語のオノマトペに対して評価する際に、日本語話者であっても、中国語話者であっても、中国語話者が未知のオノマトペに対しても、「軽快さと小気味良さ」と「強硬さと重大さ」という2つの潜在的な印象を抱いていることを判明した。このことから、日本語と中国語との間に、共通する音象徴が存在する可能性が窺えるだろう。

　なお、本章で行った因子分析は、今回の実験調査の結果に基づいたものであるので、より深く検討するには、刺激語数及び評価項目数を拡大し、さらなる調査を行うことを今後の課題にしたい。

4.7　まとめ

　本章では、36語の日本語のオノマトペを取り上げ、「聴覚提示」により中国語話者と日本語話者がそれぞれの刺激語に対して抱く感覚を比較対照し、日本語特有の音象徴、中国語と日本語に共通した音象徴、さらに中国語のみに見られる音象徴について探索的に検討した。

　第一に、語頭子音（C_1）が「有声音・無声音」に関しては、中国語話者による評価（CLH）が6項目について日本語話者による評価（JLH）と一致した評価をし、「有声音が語頭子音である語」は「無声音が語頭子音である語」より「大きい」「暗い」「気持ちよくない」「重い」「うるさい」「悪い」といったような感覚であったことが明らか

になった。日本語と中国語との間に、音象徴における共通する要素が見られたと言えよう。

なお、「強さ」という項目は、JLHだけに有意差があった。日本語話者だけが「有声音が語頭子音である語」は「無声音が語頭子音である語」より「強い」と感じていたのに対し、中国語話者はこのような感覚的な差異が捉えられなかった。一方、「硬さ」という項目は、CLHだけに有意差があり、「有声音が語頭子音である語」は「無声音が語頭子音である語」より「硬い」というのが中国語話者だけの感覚であった。このように、日中両言語における音象徴の個別的な面を見出した。

また、本章で行われた「聴覚提示」による調査の結果は王（2011）で行った「視覚提示」による調査の結果に比べ、中国語話者の評価で「有声音・無声音」について有意差があった項目数が増えたことから、「聴覚提示」のほうが「視覚提示」より印象を生成させやすいという異なる提示手法が中国語話者の感覚評価に与えた影響が窺える。

第二に、語頭子音（C_1）が「/h/-/b/-/p/」についての検討では、日本語話者による評価（JLH）で有意差があった項目は、「語頭子音（C_1）が有声音・無声音」についての検討の結果と同様の7項目であった。「聴覚提示」による調査においても、日本語話者が「大きさ」「暗さ」「強さ」「気持ちよさ」「重さ」「うるささ」「良さ」という7要因により、有声音・無声音、さらに/h/-/b/-/p/（いわゆる清音・濁音・半濁音）を区別していることが確認された。

一方、日本語を外国語として学ぶ中国語話者が、現代日本語における/h/-/b/-/p/の特殊な位置関係について評価する際に、混乱が生じたようである。/h/, /b/, /p/に同時に遭遇する際に、中国語話者にとってこれらの3者の位置関係をどういうふうに捉えるのかについて、迷ってしまう可能性が本研究の調査結果から窺える。

しかし、「硬さ」という唯一の項目について、中国語話者の評価（CLH）のみに有意差が見られた。中国語話者が「聴覚刺激」により未知のオノマトペに対して評価する際に、「硬さ」という要因をより注目していることが分かった。

第三に、語形が「反復・非反復」についての検討では、音声で提示された同一の日本語のオノマトペに対して、日本語話者が「気持ち良さ」、「うるささ」、「良さ」という3要因により「反復形・非反復形」を区別しているのに対し、中国語話者が「速さ」、「明るさ」、「気持ち良さ」、「鋭さ」、「うるささ」、「良さ」という6要因を注目し、日本語話者よりも注目点が多かった。

また、「聴覚提示」により日本語のオノマトペに対して評価する際に、日本語話者と中国語話者とはともに「気持ち良さ」、「うるささ」、「良さ」という3要因により「反復形・非反復形」を区別しているが、語形が反復であるかどうかが日中両言語話者の評価に与えた影響が違うことが明らかになった。

なお、中国語話者による評価（CLH）のみに、「速さ」、「明るさ」、「鋭さ」という3項目について有意差が認められた。中国語話者にとって、未知のオノマトペの

音声を接触する際に、語の「繰り返し」と「リ音」という要素がいろいろな面で評価に影響を与えるものであって、中国語話者による評価（CLH）のみに見られる音象徴の個別的な面が窺える。

　最後に、日中両言語話者による評価全般についての探索的因子分析では、JLH、CLHそれぞれにおいて二つの因子が抽出された。

　2グループにおいて抽出された第1因子に関しては、同一の因子名「軽快さと小気味良さ」と命名したが、それぞれの因子の個別要因は必ずしも一致するものではなく、因子の寄与率も各グループにおいて一致していない。第2因子に関しては、因子負荷量の高い項目が一致し、2グループともに「強硬さと重大さ」と命名したが、因子の寄与率も各グループにおいて一致していない。

　また、2グループにおける因子分析の因子寄与率を観察すると、日本語話者が音声で提示された日本語のオノマトペに接触する際に、中国語話者に比べて、印象形成しやすい傾向が見られた。

第5章 異なる提示手法が日中両言語話者の評価に与える影響

　第3章と第4章では、36語の日本語のオノマトペをそれぞれ視覚的、聴覚的に提示することにより、10評価項目について、日本語母語話者と中国北京語話者が感覚的にどのように評価するかを明らかにした。また、日本語のオノマトペが含む音象徴の普遍的な側面と個別的な側面について検討した。本章では、日本語母語話者と中国北京語話者それぞれの内部で、「視覚提示」による感覚評価と「聴覚提示」による感覚評価を比較し、「視覚」と「聴覚」という異なる提示手法が日中両言語話者の評価に与える影響について検討する。

5.1　はじめに

5.1.1　本章の研究背景

　第3章では、36語の日本語のオノマトペをひらがなとカタカナの両方で提示（すなわち「視覚提示」）し、第4章では、同様の36の日本語のオノマトペをデジタル化した音声ファイル（男女5回ずつ読み上げたもの）を聞かせる方法で提示（すなわち「聴覚提示」）し、SD法を用いて10の評価項目について、日本語母語話者と中国北京語話者が抱く感覚を求めた。両言語話者の評価を比較対照することにより、「C_1が有声音・無声音」、「C_1が/h/-/b/-/p/」、「語形が反復か非反復か」などについて、日本語話者と中国語話者の評価において、ともに見られる音象徴の普遍的な面と、日本語話者と中国語話者それぞれの評価のみに見られる音象徴の個別的な面を検討した。
　本章では、日本語話者と中国語話者それぞれの内部で、「各刺激語についての相関」、「語頭子音（C_1）が有声音・無声音」、「語頭子音（C_1）が/h/-/b/-/p/」、「語形が反復か非反復か」、「因子分析」という5つの面を巡って、「視覚提示」による感覚評価と「聴覚提示」による感覚評価を比較し、「視覚」と「聴覚」という異なる提示手法が日中両言語話者の評価に与える影響について検討した。

5.1.2　先行研究とその問題点

　日本語母語話者と非日本語母語話者の両方を調査対象として、日本語のオノマトペ

と音象徴についての実証的な研究としては、以下の「視覚提示」によるもの王（2011）と「視覚提示」・「聴覚提示」両方によるもの岩崎他（2007）がある。

王（2011）は、57名の日本語母語話者と92名の中国語話者（全員日本語学習者である）が、24語の日本語のオノマトペに対し、感覚的にどのように評価するかを10評価項目について調査した。結果では、中国語話者も日本語母語話者も、有声破裂音が語頭子音であるオノマトペは無声破裂音が語頭子音である語より、「重い」「気持ちよくない」「悪い」という感覚であったことが判明した。また、音韻論の側面で有声音・無声音及び有気音・無気音の対立が日中両言語話者の評価に与える影響についても検討した。この研究は有声破裂音（/b/, /d/, /g/）と無声破裂音（/p/, /t/, /k/）との対立に焦点を絞って分析したが、/h/, /b/, /p/（いわゆる清音・濁音・半濁音）が五十音図および音声学における特殊な位置関係についての検討が欠けている。研究を更に深め、/h/, /b/, /p/の位置関係を「有声音・無声音」から抽出して再検討する必要がある。また、異なる刺激方法（「聴覚刺激」）による評価についても検討すべきである。

岩崎他（2007）では、日本語を学習したことのない英語話者18人と日本語話者12人のそれぞれが、痛みを表現する擬態語13語に対し、14項目について7段階の評価を求めた。その結果、反復形の語と非反復形の語との間の語感の相違に関しては、日本語話者と英語話者の判断に一致が見られた。一方、日本語話者の捉える濁音・清音や母音の表す語感の相違は、英語話者には捉えることができなかった。しかし、この研究は、日本語話者には刺激語をカタカナとひらがな両方で印刷して意味判断を求めた（「視覚提示」）のに対し、英語話者にはデジタル化した音声ファイルをコンピューターを用いて何度でも好きなだけ聞ける方法で提示（「聴覚提示」）し、音声に基づく意味判断を求めた。このように、刺激語の異なる提示手法が調査結果に影響してしまう可能性があると考えられるので、同様の提示手法で求めた被験者の判断に基づいた分析が必要である。

5.1.3　研究の目的と刺激語、評価項目

5.1.3.1　研究目的

本章の目的は以下の2点である。

①「視覚提示」による日本語話者の感覚評価と「聴覚提示」による日本語話者の感覚評価について、「各刺激語についての相関」、「語頭子音（C_1）が有声音・無声音」、「語頭子音（C_1）が/h/-/b/-/p/」、「語形が反復か非反復か」、「因子分析」という5つの面を巡って比較し、「視覚」・「聴覚」という異なる提示手法が日本語話者による既知のオノマトペに対する感覚評価に与える影響を検討する。

②「視覚提示」による中国語話者の感覚評価と「聴覚提示」による中国語話者の感覚評価について、「各刺激語についての相関」、「語頭子音（C_1）が有気音・無気音」、「語頭子音（C_1）が/h/-/b/-/p/」、「語形が反復か非反復か」、「因子分析」という5つの面

を巡って比較し、「視覚」・「聴覚」という異なる提示手法が中国語話者による未知のオノマトペに対する感覚評価に与える影響を検討する。

5.1.3.2 刺激語

第3章と同様に、本章で使用する刺激語も第1章の表1-1を参照されたい。

5.1.3.3 評価項目

評価項目に関しては、第3章の表3-1を参照されたい。

5.1.4 分析対象

本章では、日本語話者による評価（「視覚提示」と「聴覚提示」を含む）、中国語話者による評価（「視覚提示」と「聴覚提示」を含む）を分けて分析を行った。具体的には、日本語話者の評価では、「視覚提示」による既知のオノマトペに対する評価のグループ（JLS）と「聴覚提示」による既知のオノマトペに対する評価のグループ（JLH）に分け、中国語話者の評価では、「視覚提示」による未知のオノマトペに対する評価のグループ（CLS2）と「聴覚提示」による未知のオノマトペに対する評価のグループ（CLH）に分けた。以下、本章の分析対象をまとめて示し、表5-1で分析対象の内訳を示す。

グループ1：JLS→「視覚提示」で日本語話者による評価
グループ2：JLH→「聴覚提示」で日本語話者による評価
グループ3：CLS2→「視覚提示」で中国語話者による未知の刺激語に対する評価
グループ4：CLH→「聴覚提示」で中国語話者による未知の刺激語に対する評価

表5-1　分析対象の内訳

	日本語話者		中国語話者		合計
	JLS	JLH	CLS2[①]	CLH	
男性	25人	12人	41人	10人	88人
女性	32人	18人	51人	40人	141人
合計	57人	30人	92人	50人	229人

各グループによる評価の平均値に基づき、「各刺激語の相関」、「語頭子音（C_1）が有声か無声かによる差異」、「語頭子音（C_1）が/h/-/b/-/p/による差異」、「語形が反復か非反復かによる差異」、「因子分析」について、比較分析を行った。

[①] 第3章で述べたように、「視覚提示」で中国語話者による評価を被験者ごとではなく、刺激語ごとに「意味が既知のグループ」と「意味が未知のグループ」に分けたので、ここでのCLSの人数は「視覚提示」による調査での中国語話者全体の被験者数を提示したが、実際の分析に用いられたのは1908ケースである。

5.2 異なる提示手法が日本語話者の評価に与える影響

5.2.1 各刺激語についての評価の平均値

36語のオノマトペそれぞれについて、「視覚提示」による日本語話者の評価（JLS）、「聴覚提示」による日本語話者の評価（JLH）の平均値を表5-2、表5-3に示す。

表5-2 「視覚提示」による日本語話者の評価（JLS）の平均値

	速さ	大きさ	明るさ	強さ	気持ちよさ	重さ	鋭さ	硬さ	うるささ	良さ
たらたら	1.77	3.77	3.33	3.07	2.63	4.25	2.47	3.51	3.37	2.42
はらはら	5.00	3.93	4.19	3.77	3.25	3.61	4.39	3.95	3.68	3.35
きらきら	5.14	3.14	5.86	4.32	5.56	3.28	5.53	4.65	4.26	5.33
くるくる	5.82	2.98	5.00	4.11	4.70	2.61	4.77	3.84	3.81	4.63
するする	5.89	3.44	4.61	3.74	4.95	3.02	4.89	3.91	2.81	4.77
へたへた	2.54	3.86	3.40	2.51	2.91	4.39	2.96	3.14	3.14	3.09
そろそろ	3.00	3.19	3.49	3.04	3.75	3.35	3.86	4.00	2.18	3.84
とろとろ	2.30	3.60	3.82	2.98	4.02	4.11	2.77	3.09	2.96	4.14
たらり	2.63	3.61	3.55	3.18	2.96	3.66	3.13	3.07	3.07	3.34
はらり	4.74	3.53	4.39	3.19	4.37	2.47	4.25	3.18	2.65	4.39
きらり	4.88	3.11	5.81	4.39	5.21	2.77	5.42	4.95	3.89	5.26
くるり	5.14	3.49	4.58	3.86	4.72	2.70	4.44	3.75	3.42	4.65
するり	5.75	3.42	4.53	3.77	4.91	2.40	5.00	3.12	2.72	4.79
へたり	2.70	4.05	3.13	2.46	2.59	4.43	2.71	3.30	3.02	2.63
そろり	2.77	3.54	3.47	3.00	3.72	3.25	3.72	3.26	2.16	3.63
とろり	2.23	4.18	4.02	3.21	4.02	4.37	2.82	2.89	2.81	4.44
だらだら	2.40	4.33	2.81	3.44	1.96	4.96	2.25	3.47	3.46	2.12
ばらばら	4.35	4.07	3.68	4.37	3.18	3.96	4.19	4.51	4.82	3.16
ぎらぎら	4.95	4.18	4.11	5.16	3.32	4.74	5.13	5.02	5.09	3.40
ぐるぐる	5.67	4.23	4.07	4.35	3.25	4.21	4.77	3.82	4.72	3.79
ずるずる	5.60	4.47	3.14	3.89	2.28	4.96	4.79	3.30	4.28	2.47
べたべた	3.11	4.54	3.25	4.12	1.86	4.86	2.82	3.40	4.12	2.39
ぞろぞろ	2.74	4.75	3.56	4.12	3.16	4.84	3.86	4.00	4.96	3.14
どろどろ	3.33	4.37	2.47	4.30	1.82	5.11	2.84	2.47	3.77	2.61
だらり	2.07	4.54	3.16	3.66	2.64	5.18	3.43	3.41	3.41	2.71
ばらり	3.95	4.45	3.41	4.29	3.30	4.50	3.54	4.41	4.61	3.41
ぎらり	4.96	4.79	4.58	5.30	3.19	4.93	5.40	5.02	4.39	3.32
ぐるり	4.00	4.70	4.04	4.51	3.95	4.26	4.54	3.68	4.02	3.98
ずるり	5.21	4.46	3.58	3.88	2.84	4.82	5.28	3.54	3.60	3.04
べたり	2.63	4.51	3.12	4.42	2.11	4.89	2.81	3.25	3.56	2.54
ぞろり	2.80	4.55	3.23	4.27	2.84	4.84	3.25	3.82	3.93	3.14
どろり	3.02	4.61	2.68	4.23	1.98	5.54	2.63	2.25	3.51	2.68
ぱらぱら	5.04	3.04	4.44	3.39	4.09	2.53	4.40	4.12	4.04	4.25
ぺたぺた	3.79	3.28	4.40	3.39	3.72	3.18	3.49	3.26	4.47	3.98
ぱらり	4.89	3.28	4.42	3.35	4.49	2.58	4.49	3.61	3.23	4.28
ぺたり	3.75	3.68	3.89	3.45	3.64	3.70	3.59	3.39	3.52	3.71

表 5-3 「聴覚提示」による日本語話者の評価（JLH）の平均値

	速さ	大きさ	明るさ	強さ	気持ちよさ	重さ	鋭さ	硬さ	うるささ	良さ
たらたら	2.07	3.54	3.25	3.39	2.68	4.43	2.64	3.00	3.43	2.93
はらはら	4.75	3.79	4.32	3.75	3.57	3.04	4.64	3.68	3.61	3.86
きらきら	5.04	3.86	6.36	4.54	5.96	3.54	5.25	4.50	3.89	6.00
くるくる	5.86	3.50	5.32	4.07	4.93	2.36	5.11	3.86	3.82	4.61
するする	5.71	3.43	4.71	3.79	5.11	2.64	4.71	3.25	2.89	5.04
へたへた	2.86	3.61	3.21	2.64	2.64	4.04	2.68	3.21	3.36	2.75
そろそろ	3.39	3.39	3.71	3.18	3.96	3.43	3.93	3.21	2.61	4.07
とろとろ	2.39	3.75	4.00	3.36	4.00	4.25	2.36	2.29	2.86	4.07
たらり	2.75	3.57	3.50	3.07	2.86	3.68	3.07	3.07	2.93	3.14
はらり	3.64	3.25	4.43	2.71	4.46	2.07	4.07	3.04	2.25	4.46
きらり	5.75	3.46	6.43	4.75	5.68	2.75	5.96	4.64	3.64	5.61
くるり	5.04	3.36	4.93	3.82	4.96	2.86	4.86	3.46	3.32	5.04
するり	5.68	2.96	4.86	4.04	4.89	2.61	5.00	3.29	2.93	4.82
へたり	2.71	3.75	3.00	2.71	2.64	4.75	2.57	3.07	3.04	2.89
そろり	2.75	3.11	3.64	2.89	3.93	3.39	3.68	3.36	1.89	4.07
とろり	2.36	3.61	4.07	3.36	4.61	4.54	2.61	2.18	2.86	4.68
だらだら	1.79	4.46	2.46	3.46	2.25	5.57	2.29	3.57	3.68	1.93
ばらばら	4.29	4.21	3.50	4.36	2.86	4.04	3.93	4.36	5.14	3.00
ぎらぎら	4.75	5.18	5.61	6.11	3.54	5.14	5.21	5.29	5.29	3.29
ぐるぐる	5.04	4.46	4.00	4.64	3.21	4.18	4.18	3.75	4.61	3.57
ずるずる	2.50	4.39	2.57	4.36	2.36	5.50	2.39	3.46	4.68	2.39
べたべた	2.86	4.39	2.68	4.71	2.18	5.57	2.29	3.14	4.96	2.18
ぞろぞろ	2.68	5.32	3.54	4.50	2.86	5.21	2.82	4.07	5.29	3.21
どろどろ	2.43	4.75	2.36	4.64	2.11	5.86	2.29	2.61	4.43	2.50
だらり	2.36	4.43	3.07	3.25	2.82	5.39	2.39	3.25	3.61	3.00
ばらり	3.57	4.68	3.43	4.79	3.25	4.36	3.36	4.29	4.54	2.96
ぎらり	4.71	4.61	5.32	5.89	3.54	4.96	5.32	5.11	4.46	3.64
ぐるり	4.11	5.04	4.29	4.64	4.00	4.36	3.64	3.64	4.50	4.18
ずるり	3.29	4.61	3.21	3.93	2.68	4.86	3.04	3.68	3.89	2.96
べたり	2.57	4.57	2.64	4.46	2.14	5.71	2.32	3.18	3.89	2.68
ぞろり	3.07	4.82	3.36	4.43	3.25	5.11	3.25	4.00	4.36	3.36
どろり	2.21	4.57	2.64	4.29	2.61	5.64	2.61	2.75	3.25	2.86
ぱらぱら	4.29	2.96	4.32	3.04	4.46	2.64	4.11	3.79	3.57	4.43
ぺたぺた	3.82	3.39	4.57	3.61	3.82	3.39	3.46	3.18	4.32	3.96
ぱらり	4.14	3.43	4.68	3.18	4.57	2.25	4.00	3.54	2.89	4.46
ぺたり	3.32	3.82	4.04	3.57	3.61	3.71	3.36	3.25	3.11	3.79

5.2.2 各刺激語についての評価の相関

同一のオノマトペに対して、「視覚」と「聴覚」という異なる提示手法が日本語話者の感覚評価に影響を与えたかどうかを明らかにするために、「視覚提示」による日本語話者が 36 語に対して、10 項目についてした評価（JLS）の平均値と「聴覚提示」によ

る日本語話者が 36 語に対して、10 項目についてした評価（JLH）の平均値に基づき、ピアソンの相関係数を用いて相関分析を行った。その結果、36 語の中の 33 語について、JLS と JLH の間に有意な相関関係があり、相関係数（r）もかなり高かった。このように、「視覚提示」と「聴覚提示」による日本語話者の評価の間に高い相関関係が認められた。（表 5-4 参照）

表 5-4　各刺激語に対する評価の相関

					r（JLS・JLH）
繰り返し	無声音	清音	/t/	たらたら	.919**
				とろとろ	.908**
			/k/	きらきら	.919**
				くるくる	.976**
			/s/	するする	.965**
				そろそろ	.786**
			/h/	はらはら	.810**
				へたへた	.902**
		半濁音	/p/	ぱらぱら	.893**
				ぺたぺた	.963**
	有声音	濁音	/d/	だらだら	.973**
				どろどろ	.942**
			/g/	ぎらぎら	.785**
				ぐるぐる	.895**
			/z/	ずるずる	.390
				ぞろぞろ	.928**
			/b/	ばらばら	.974**
				べたべた	.933**
リ音	無声音	清音	/t/	たらり	.961**
				とろり	.920**
			/k/	きらり	.961**
				くるり	.963**
			/s/	するり	.979**
				そろり	.937**
			/h/	はらり	.922**
				へたり	.948**
		半濁音	/p/	ぱらり	.911**
				ぺたり	.684**
	有声音	濁音	/d/	だらり	.899**
				どろり	.939**
			/g/	ぎらり	.907**
				ぐるり	.545
			/z/	ずるり	.366
				ぞろり	.985**
			/b/	ばらり	.925**
				べたり	.963**

**．P＜．01

「視覚提示」による日本語話者の評価（JLS）と「聴覚提示」による日本語話者の評価（JLH）に有意な相関関係が認められた刺激語の中に、相関係数（r）が 0.90 以上のオノマトペは「ぞろり」（r =.985）、「するり」（r =.979）、「くるくる」（r =.976）、「ばらばら」（r =.974）、「だらだら」（r =.973）、「するする」（r =.965）、「くるり」（r =.963）、「べたり」（r =.963）、「ぺたぺた」（r =.963）、「たらり」（r =.961）、「きらり」（r =.961）、「へたり」（r =.948）、「どろどろ」（r =.942）、「どろり」（r =.939）、「そろり」（r =.937）、「べたべた」（r =.933）、「ぞろぞろ」（r =.928）、「ばらり」（r =.925）、「はらり」（r =.922）、「とろり」（r =.920）、「たらたら」（r =.919）、「きらきら」（r =.919）、「ぱらり」（r =.911）、「とろとろ」（r =.908）、「ぎらり」（r =.907）、「へたへた」（r =.902）の 26 語であった。日本語話者が既知のオノマトペに対して抱く感覚は非常に安定していて、「視覚提示」と「聴覚提示」という異なる提示手法にあまり影響されないことが分かった。

また、各刺激語についての相関係数を見ると、すべての刺激語について、「視覚提示」による日本語話者の評価（JLS）と「聴覚提示」による日本語話者の評価（JLH）とは負の相関関係が見られず、正の相関関係が見られた。

なお、「ぐるり」（r =.545）、「ずるずる」（r =.390）、「ずるり」（r =.366）の 3 語について、「視覚提示」による日本語話者の評価（JLS）と「聴覚提示」による日本語話者の評価（JLH）の間に有意な相関関係が認められなかった。

5.2.3　C_1 が「有声音・無声音」であるオノマトペに対する感覚評価

第一音節の子音（C_1）が有声か無声かによる差異について、「視覚」・「聴覚」という異なる提示手法が日本語話者の評価への影響を見るため、無声音/t/, /k/, /s/で始まる 12 語と有声音/d/, /g/, /z/で始まる 12 語に分けて分析した。

まず、「C_1 が無声音である刺激語」・「C_1 が有声音である刺激語」それぞれに対し、「視覚提示」による日本語話者の評価（JLS）、「聴覚提示」による日本語話者の評価（JLH）の平均値を比較し、異なる提示手法による評価の傾向を見た。

次に、JLS、JLH 別に、「無声音・有声音」の差異について行った t 検定（両側検定）の結果を比較し、「視覚提示」・「聴覚提示」という異なる提示手法は日本語話者が既知のオノマトペに対して評価する際に及ぼす影響を検討した。

5.2.3.1　C_1 が無声音であるオノマトペに対する評価

第一音節の子音（C_1）が無声音/t/, /k/, /s/であるオノマトペに対して、「視覚提示」による日本語話者の評価（JLS）の平均値と「聴覚提示」による日本語話者の評価（JLH）の平均値を表 5-5 に示す。

評価平均値から見られるように、「語頭子音（C_1）が無声音であるオノマトペ」に対する評価では、「大きさ」、「明るさ」、「強さ」、「気持ち良さ」、「重さ」、「鋭さ」、「硬さ」、「うるささ」、「良さ」という項目について、日本語話者による評価JLSとJLHの方向が一致していた。既知のオノマトペが「視覚」により提示されても「聴覚」により提示

されるかにかかわらず、日本語話者にとっては、無声音/t/, /k/, /s/で始まるオノマトペのほうが、「小さい」「明るい」「弱い」「気持ちいい」「軽い」「鋭い」「やわらかい」「静か」「良い」という感覚であった。

なお、「速さ」という項目に関しては、JLSとJLHとは反対の方向が見られた。既知のオノマトペが「視覚」により提示された場合、日本語話者が「遅い」と感じていて、「聴覚」により提示された場合は、逆に「速い」と感じていたようである。

表5-5　C_1が無声音である刺激語に対する評価（JLS・JLH）の平均値の比較

評価項目	JLS	JLH
①速さ	3.94	4.07
②大きさ	3.46	3.46
③明るさ	4.34	4.57
④強さ	3.55	3.69
⑤気持ち良さ	4.26	4.46
⑥重さ	3.31	3.37
⑦鋭さ	4.07	4.10
⑧硬さ	3.67	3.34
⑨うるささ	3.12	3.09
⑩良さ	4.27	4.51

※表中の網掛けは、2グループの評価傾向が一致した項目である。以下同様。

5.2.3.2　C_1が有声音であるオノマトペに対する評価

次に、第一音節の子音（C_1）が有声音/d/, /g/, /z/であるオノマトペに対して、「視覚提示」による日本語話者の評価（JLS）の平均値と「聴覚提示」による日本語話者の評価（JLH）の平均値を表5-6に示す。

表5-6　C_1が有声音である刺激語に対する評価（JLS・JLH）の平均値の比較

評価項目	JLS	JLH
①速さ	3.90	3.24
②大きさ	4.50	4.72
③明るさ	3.45	3.54
④強さ	4.26	4.51
⑤気持ち良さ	2.77	2.93
⑥重さ	4.87	5.15
⑦鋭さ	4.01	3.29
⑧硬さ	3.65	3.76
⑨うるささ	4.09	4.34
⑩良さ	3.03	3.07

表5-6から見られるように、「速さ」、「大きさ」、「明るさ」、「強さ」、「気持ち良さ」、「重さ」、「硬さ」、「うるささ」、「良さ」という9項目について、日本語話者による「語頭子音（C_1）が有声音であるオノマトペ」に対する評価JLSとJLHとは一致した方向が見られた。日本語話者にとっては、既知のオノマトペが「視覚」か「聴覚」かにより提示されるに関係なく、語頭子音（C_1）が有声音/d/, /g/, /z/であるオノマトペに対して、「遅くて大きい」「暗くて強い」「気持ちよくなくて重い」「やわらかくてうるさい」「悪い」というような感覚を持つ傾向が明らかになった。

なお、「鋭さ」という項目に関しては、同じ日本語話者であっても、JLSとJLHとの方向が反対であった。既知のオノマトペが「視覚」により提示された場合、日本語話者が何となく「鋭い」と感じていて、それに対して、「聴覚」により提示された場合は、「鈍い」と感じていたようである。

5.2.3.3　「有声音・無声音」全般についての評価の統計的検定

以上の分析では、「語頭子音が無声音であるオノマトペ」と「語頭子音が有声音であるオノマトペ」について、「視覚提示」による日本語話者の感覚評価（JLS）と「聴覚提示」による日本語話者の感覚評価（JLH）を比較することにより、「視覚」と「聴覚」という異なる提示手法による感覚評価における共通点と相違点を見た。

次に、これらの「無声音・有声音」の差異が統計的に有意であるかどうかを検証した結果を比較し、異なる提示手法が日本語話者の感覚評価に及ぼす影響について検討した。その結果を表5-7に示し、「語頭子音が無声音である語」と「語頭子音が有声音である語」について、JLSとJLHともに、7項目について有意差があった。

表5-7　JLS・JLHによる無声音・有声音についてのt検定の比較

	速さ	大きさ	明るさ	強さ	気持ち良さ	重さ	鋭さ	硬さ	うるささ	良さ
JLS	n.s.	**	**	**	**	**	n.s.	n.s.	**	**
JLH	n.s.	**	**	**	**	**	n.s.	n.s.	**	**

**. $P<.01$　n.s. 統計的に有意でない

JLSとJLHとともに、「速さ」、「鋭さ」、「硬さ」以外の7項目において、有声音・無声音の間に有意差があった。すなわち、日本語話者にとって、既知のオノマトペが「視覚提示」の場合でも、「聴覚提示」の場合でも、「語頭子音（C_1）が無声音である語」より、「語頭子音（C_1）が有声音である語」のほうがより「大きい」「暗い」「強い」「気持ちよくない」「重い」「うるさい」「悪い」という感覚を抱くことが分かった。

このように、刺激語の提示手法（いわゆる「刺激方法」）が異なるが、日本語話者による同一のオノマトペに対する感覚評価においては、有声音と無声音との間に同様の差異が見られた。要するに、異なる提示手法が日本語話者による既知の言葉に対する評価にはあまり影響を与えなかったと言えるのではないだろうか。言い換えれば、「有声音・

無声音（濁音・清音）」の語感の差異は、日本語話者にとってすでに母語獲得の過程で定着し、「視覚」か「聴覚」かの刺激方法によらないものではないかと考えられる。

また、有声音・無声音の持つ語感の差異については、金田一（1978）、Hamano（1998）、田守（2002）、丹野（2005）などでも指摘されている。本研究は日本語に実在するオノマトペに対する感覚評価から、日本語話者が有声音・無声音の語感の差異についてどのように捉えているかを確認でき、調査結果は先行研究の結論と一致するものとなった。

5.2.4　C_1が/h/-/b/-/p/であるオノマトペに対する感覚評価

第一音節の子音（C_1）が/h/, /b/, /p/による差異について、「視覚」・「聴覚」という異なる提示手法が日本語話者の評価への影響を見るため、/h/で始まる4語、/b/で始まる4語、/p/で始まる4語に分けて分析した。

まず、「C_1が/h/である刺激語」、「C_1が/b/である刺激語」、「C_1が/p/である刺激語」それぞれに対し、「視覚提示」による日本語話者の評価（JLS）、「聴覚提示」による日本語話者の評価（JLH）の平均値を比較し、異なる提示手法による評価の傾向を見た。

次に、JLS、JLH別に、「/h/-/b/-/p/」の差異について行った一元配置分散分析の結果を比較し、「視覚提示」・「聴覚提示」という異なる提示手法は日本語話者が既知のオノマトペに対して評価する際に及ぼす影響を検討した。

5.2.4.1　C_1が/h/であるオノマトペに対する評価

第一音節の子音（C_1）が/h/であるオノマトペに対して、「視覚提示」による日本語話者の評価（JLS）の平均値と「聴覚提示」による日本語話者の評価（JLH）の平均値を表5-8に示す。

表5-8　C_1が/h/である刺激語に対する評価（JLS・JLH）の平均値の比較

評価項目	JLS	JLH
①速さ	3.74	3.49
②大きさ	3.84	3.60
③明るさ	3.78	3.74
④強さ	2.98	2.96
⑤気持ち良さ	3.28	3.33
⑥重さ	3.73	3.47
⑦鋭さ	3.58	3.49
⑧硬さ	3.39	3.25
⑨うるささ	3.12	3.06
⑩良さ	3.36	3.49

表5-8からはっきりと見られるように、すべての項目について、日本語話者による「語頭子音（C_1）が/h/であるオノマトペ」に対する評価JLSとJLHとの方向が一致していた。しかも、10項目についての評価方向が評価中間値4を超えなくて、マイナスの傾向が見られた。日本語話者にとっては、既知のオノマトペが「視覚提示」される

か「聴覚提示」されるかに関係なく、語頭子音（C_1）が/h/であるオノマトペに対して、「遅い」「小さい」「暗い」「弱い」「気持ちよくない」「軽い」「鈍い」「やわらかい」「静か」「悪い」というような感覚を持つ傾向が明らかになった。

5.2.4.2 C_1が/b/であるオノマトペに対する評価

次に、第一音節の子音（C_1）が/b/であるオノマトペに対して、「視覚提示」による日本語話者の評価（JLS）の平均値と「聴覚提示」による日本語話者の評価（JLH）の平均値を表5-9に示す。

評価平均値を見て分かるように、「語頭子音（C_1）が/b/であるオノマトペ」に対する評価では、すべての項目について、日本語話者による評価JLSとJLHとは一致した方向が見られた。既知のオノマトペが「視覚」か「聴覚」かにより提示されるにもかかわらず、日本語話者は語頭子音（C_1）が/b/であるオノマトペのほうが、より「遅い」「大きい」「暗い」「強い」「気持ちよくない」「重い」「鈍い」「やわらかい」「うるさい」「悪い」という感覚であった。

表5-9　C_1が/b/である刺激語に対する評価（JLS・JLH）の平均値の比較

評価項目	JLS	JLH
①速さ	3.51	3.32
②大きさ	4.39	4.46
③明るさ	3.37	3.06
④強さ	4.30	4.58
⑤気持ち良さ	2.61	2.61
⑥重さ	4.55	4.92
⑦鋭さ	3.34	2.97
⑧硬さ	3.89	3.74
⑨うるささ	4.28	4.63
⑩良さ	2.87	2.71

5.2.4.3 C_1が/p/であるオノマトペに対する評価

最後に、第一音節の子音（C_1）が/p/であるオノマトペに対して、「視覚提示」による日本語話者の評価（JLS）の平均値と「聴覚提示」による日本語話者の評価（JLH）の平均値を表5-10に示す。

表5-10から見られるように、「大きさ」、「明るさ」、「強さ」、「重さ」、「鋭さ」、「硬さ」、「うるささ」、「良さ」という8項目について、日本語話者による「語頭子音（C_1）が/p/であるオノマトペ」に対する評価JLSとJLHとは一致した方向であった。日本語話者にとっては、既知のオノマトペが「視覚提示」されるか「聴覚提示」されるかに関係なく、語頭子音（C_1）が/p/であるオノマトペに対して、「小さい」「明るい」「弱い」「軽い」「鈍い」「やわらかい」「静か」「良い」という感覚を持つ傾向があった。

なお、「速さ」と「気持ち良さ」という 2 項目に関しては、同じ日本語話者であっても、JLS と JLH との方向が反対であった。既知のオノマトペが「視覚」により提示された場合、日本語話者がひらがなとカタカナで書かれたオノマトペの表記を見て連想することにより、語頭子音（C_1）が/p/であるオノマトペのほうが「速くて気持ち良くない」と感じていた。それに対して、「聴覚」により提示された場合、日本語話者がネイティブスピーカーにより普通のスピードで読み上げたオノマトペの音声を聞いて、直感的に語頭子音（C_1）が/p/であるオノマトペのほうが「遅くて気持ちいい」という感覚であった。このように、異なる提示手法が日本語母語話者の感覚評価に与える影響が窺えるだろう。

表 5-10　C_1が/p/である刺激語に対する評価（JLS・JLH）の平均値の比較

評価項目	JLS	JLH
①速さ	4.37	3.89
②大きさ	3.32	3.40
③明るさ	4.29	4.40
④強さ	3.39	3.35
⑤気持ち良さ	3.99	4.12
⑥重さ	2.99	3.00
⑦鋭さ	3.99	3.73
⑧硬さ	3.60	3.44
⑨うるささ	3.81	3.47
⑩良さ	4.06	4.16

5.2.4.4　/h/-/b/-/p/全般についての評価の統計的検定

以上の分析では、「語頭子音が/h/であるオノマトペ」、「語頭子音が/b/であるオノマトペ」、「語頭子音が/p/であるオノマトペ」について、「視覚提示」による日本語話者の感覚評価（JLS）と「聴覚提示」による日本語話者の感覚評価（JLH）を比較することにより、「視覚」と「聴覚」という異なる提示手法による感覚評価における共通点と相違点を見た。

次に、これらの「/h/-/b/-/p/」の差異が統計的に有意であるかどうかを検証した結果を比較し、異なる提示手法が日本語話者の感覚評価に及ぼす影響について検討した。その結果、「有声音・無声音」と同様に、「語頭子音が/h/である語」、「語頭子音が/b/である語」、「語頭子音が/p/である語」についても、JLSとJLHともに、7項目について有意差があった。（表5-11参照）

「有声音・無声音」についての感覚評価と同様に、「語頭子音が/h/-/b/-/p/であるオノマトペ」についての分散分析を比較した結果、JLS と JLH とともに、「大きさ」、「明るさ」、「強さ」、「気持ち良さ」、「重さ」、「うるささ」、「良さ」という 7 項目について、

/h/-/b/-/p/の間に有意差が認められた。すなわち、日本語話者にとって、既知のオノマトペが「視覚提示」の場合でも、「聴覚提示」の場合でも、「大きさ」、「明るさ」、「強さ」、「気持ち良さ」、「重さ」、「うるささ」、「良さ」という7要因により/h/-/b/-/p/の対立関係を捉えていることが明らかになった。

表 5-11　JLS・JLHによる/h/-/b/-/p/についての分散分析の比較

	速さ	大きさ	明るさ	強さ	気持ち良さ	重さ	鋭さ	硬さ	うるささ	良さ
JLS	n.s.	**	**	**	**	**	n.s.	n.s.	**	**
JLH	n.s.	**	*	**	*	*	n.s.	n.s.	*	*

*.P＜.05　**.P＜.01　n.s. 統計的に有意でない

　前述したように、刺激語の提示手法（いわゆる「刺激方法」）が異なるが、日本語話者による語頭子音が/h/-/b/-/p/であるオノマトペに対する感覚評価においては、同様の差異が見られたことから、異なる提示手法が日本語話者による既知の言葉に対する評価に影響を与えなかったことは再度検証されたと言えよう。

　なお、日本語の中の子音/h/, /b/, /p/の位置関係について、金田一（1978）、芳賀（1977）などでも指摘されている①。本研究は日本語に実在するオノマトペに対する感覚評価から、日本語話者が/h/-/b/-/p/の位置関係についてどのように捉えているかを確認でき、調査結果は先行研究の結論と一致し、先行研究を検証したものとなった。

　また、「語頭子音（C₁）が有声音・無声音であるオノマトペ」に対する評価においても、「語頭子音（C₁）が/h/-/b/-/p/であるオノマトペ」に対する評価においても、さらに、提示手法（「視覚提示」・「聴覚提示」）が異なるにもかかわらず、日本語話者による評価では同様な7項目について有意差があった。すなわち、日本語話者が既知のオノマトペに対して、「大きさ」、「明るさ」、「強さ」、「気持ちよさ」、「重さ」、「うるささ」、「良さ」という7要因により、「有声音・無声音」、さらに「清音・濁音・半濁音」を区別していることが明らかになった。

5.2.5　「反復形・非反復形」であるオノマトペに対する感覚評価

　続いて、語形が反復か非反復かによる差異について、「視覚」・「聴覚」という異なる提示手法が日本語話者の評価への影響を見るため、反復形のオノマトペ18語と非反復形のオノマトペ18語に分けて分析した。

　まず、「反復形の刺激語」・「非反復形の刺激語」それぞれに対し、「視覚提示」による日本語話者の評価（JLS）、「聴覚提示」による日本語話者の評価（JLH）の平均値を

---

①「『h』と『p』とはしいて『b』と対立するが、/h/は、より文章語的で品がいい感じがあるのに対し、/p/は俗語的で品が落ちる。」（金田一, 1978）「『パ』と『バ』がはっきり対立しており、『ハ』は両者の中間に、『パ』寄りの位置で評価される。」（芳賀, 1977）

比較し、異なる提示手法による評価の傾向を見た。

次に、JLS、JLH 別に、「反復形・非反復形」の差異について行った t 検定（両側検定）の結果を比較し、「視覚提示」・「聴覚提示」という異なる提示手法は日本語話者が既知のオノマトペに対して評価する際に及ぼす影響を検討した。

5.2.5.1 「反復形」のオノマトペに対する評価

語形が反復形のオノマトペに対して、「視覚提示」による日本語話者の評価（JLS）の平均値と「聴覚提示」による日本語話者の評価（JLH）の平均値を表 5-12 に示す。

表 5-12 を見ると、「明るさ」、「気持ち良さ」、「鋭さ」、「硬さ」、「良さ」という 5 項目について、日本語話者による「反復形のオノマトペ」に対する評価 JLS と JLH との方向が一致していた。既知のオノマトペが「視覚提示」されるか「聴覚提示」されるかに関係なく、日本語話者は、反復形のオノマトペのほうが、より「暗い」「気持ち良くない」「鈍い」「やわらかい」「よくない」という感覚であった。

表 5-12　反復形の刺激語に対する評価（JLS・JLH）の平均値の比較

評価項目	JLS	JLH
①速さ	4.02	3.69
②大きさ	3.84	4.02
③明るさ	3.87	3.92
④強さ	3.78	4.01
⑤気持ち良さ	3.36	3.47
⑥重さ	4.00	4.15
⑦鋭さ	3.90	3.57
⑧硬さ	3.75	3.57
⑨うるささ	3.89	4.02
⑩良さ	3.49	3.54

なお、「速さ」、「大きさ」、「強さ」、「うるささ」という 4 項目に関しては、同じ日本語話者であっても、JLS と JLH との方向が反対であった。既知のオノマトペが「視覚」により提示された場合、日本語話者がオノマトペの表記を見て感じていたのは、反復形のオノマトペがより「速くて小さい」「弱くて静か」であった。それに対して、「聴覚」により提示された場合、日本語話者がオノマトペの音声を聞いて感じていたのは、反復形のオノマトペのほうが「遅く大きい」「強くてうるさい」という感覚であった。このように、反復形のオノマトペに対して、「視覚」・「聴覚」という異なる提示手法が「速さ」、「大きさ」、「強さ」、「うるささ」という 4 要因について、日本語母語話者の感覚評価に与える影響が違うことが分かった。

5.2.5.2 「非反復形」のオノマトペに対する評価

次に、語形が非反復形のオノマトペに対して、「視覚提示」による日本語話者の評価

（JLS）の平均値と「聴覚提示」による日本語話者の評価（JLH）の平均値を表5-13に示す。

表5-13 非反復形の刺激語に対する評価（JLS・JLH）の平均値の比較

評価項目	JLS	JLH
①速さ	3.78	3.56
②大きさ	4.03	3.98
③明るさ	3.87	3.97
④強さ	3.80	3.88
⑤気持ち良さ	3.53	3.69
⑥重さ	3.96	4.06
⑦鋭さ	3.91	3.62
⑧硬さ	3.55	3.49
⑨うるささ	3.42	3.41
⑩良さ	3.66	3.81

表5-13を見て分かるように、「速さ」、「明るさ」、「強さ」、「気持ち良さ」、「鋭さ」、「硬さ」、「うるささ」、「良さ」という8項目について、日本語話者による「非反復形のオノマトペ」に対する評価JLSとJLHとは一致した方向が見られた。日本語話者にとっては、既知のオノマトペが「視覚」か「聴覚」かにより提示されるのにかかわらず、非反復形オノマトペに対して、「遅い」「暗い」「弱い」「気持ちよくない」「鈍い」「やわらかい」「静か」「悪い」というような感覚を持つ傾向が明らかになった。

しかし、「大きさ」と「重さ」という2項目に関しては、同じ日本語話者であっても、JLSとJLHとは反対の方向が見られた。既知のオノマトペが「視覚」により提示された場合、日本語話者が「大きくて軽い」と感じていたのに対し、「聴覚」により提示された場合は、「小さくて重い」と感じていたようである。このように、既知の非反復形のオノマトペに対して評価する際に、「視覚」・「聴覚」という異なる提示手法は、「大きさ」・「重さ」という2要因について、日本語母語話者の感覚評価に違う影響を与えたようである。

5.2.5.3 「反復形・非反復形」全般についての評価の統計的検定

以上の分析では、「反復形のオノマトペ」と「非反復形のオノマトペ」について、「視覚提示」による日本語話者の感覚評価（JLS）と「聴覚提示」による日本語話者の感覚評価（JLH）を比較することにより、「視覚」と「聴覚」という異なる提示手法による感覚評価における共通点と相違点を見た。

次に、これらの「反復形・非反復形」の差異が統計的に有意であるかどうかを検証した結果を比較し、異なる提示手法が日本語話者の感覚評価に及ぼす影響について検討した。その結果を表5-14に示し、「反復形の語」と「非反復形の語」について、JLS、

JLHそれぞれ、4項目、3項目について有意差があった。

表5-14　JLS・JLHによる反復形・非反復形についてのt検定の比較

	速さ	大きさ	明るさ	強さ	気持ち良さ	重さ	鋭さ	硬さ	うるささ	良さ
JLS	*	*	n.s.	n.s.	n.s.	n.s.	n.s.	*	**	n.s.
JLH	n.s.	n.s.	n.s.	n.s.	*	n.s.	n.s.	n.s.	**	**

*.P＜.05　**.P＜.01　n.s. 統計的に有意でない

　「有声音・無声音」と「/h/-/b/-/p/の対立関係」についての評価結果と異なり、語形が反復であるかどうかについて、「視覚」・「聴覚」という異なる提示手法が日本語話者の評価に与える影響はばらばらであった。既知のオノマトペが「視覚」により提示される場合、日本語話者が「速さ」、「大きさ」、「硬さ」、「うるささ」という4要因により「反復形・非反復形」を区別しているのに対し、「聴覚」により提示される場合、日本語話者が「気持ち良さ」、「うるささ」、「良さ」という3要因に注目していることが分かった。

　JLSとJLHとともに、「うるささ」という唯一の項目について、反復形・非反復形の間に有意差があった。すなわち、日本語話者にとって、既知のオノマトペが「視覚提示」の場合でも、「聴覚提示」の場合でも、「非反復形のオノマトペ」より、「反復形のオノマトペ」のほうがより「うるさい」という感覚を抱くことが分かった。

　このように、「有声音・無声音」、「/h/-/b/-/p/の対立関係」についての評価結果で、異なる提示手法が日本語話者による既知のオノマトペに対する感覚評価にあまり影響を与えなかったのに対し、「反復形・非反復形」に関しては、「視覚提示」と「聴覚提示」が日本語話者の感覚評価に及ぼした影響が窺える。

　なお、第3章、第4章にも述べたように、本研究の評価項目として使用した10項目は、丹野（2005）の実験で「清音・濁音」の語感の差異を比べるために設定した10項目をそのまま用いてきたため、同項目を「反復形・非反復形」の評価に適用する際に、やや不十分な面があると思われる。今後、より適切な評価項目を設定し、「反復形・非反復形」の語感の差異、および異なる提示手法が「反復形・非反復形」に対する評価に与える影響についてさらに検討する必要がある。

5.2.6　探索的因子分析

　最後に、本研究の刺激語としての36語のオノマトペ全体に対して、日本語話者がどのような印象を抱くかについて、「視覚」・「聴覚」という異なる提示手法が日本語話者の評価への影響を見た。

　具体的には、JLS、JLH別に、36語のオノマトペに対する評価値に基づいた因子分析

の結果を比較対照し、「視覚提示」・「聴覚提示」という異なる提示手法は日本語話者が既知のオノマトペに対して抱く印象に及ぼした影響を検討した。

その結果、視覚で提示された既知のオノマトペに対して日本語話者による評価（JLS）、聴覚で提示された既知のオノマトペに対して日本語話者による評価（JLH）において、それぞれ二つの因子が抽出された。なお、抽出された因子の累積寄与率に関しては、「視覚提示」による評価（JLS）の結果では82.50％を占め、「聴覚提示」による評価（JLH）の結果では87.82％を占める（表5-15参照）。

表5-15　日本語話者（JLS・JLH）による評価の因子分析結果（主因子法）

意味項目	JLS		JLH	
	第Ⅰ因子	第Ⅱ因子	第Ⅰ因子	第Ⅱ因子
気持ち良さ	0.95	0.13	0.91	-0.24
重さ	-0.93	0.14	-0.78	0.49
良さ	0.92	0.13	0.88	-0.27
明るさ	0.86	0.40	0.94	0.11
大きさ	-0.85	0.28	-0.46	0.79
鋭さ	0.59	0.69	0.95	0.21
速さ	0.54	0.58	0.89	0.21
強さ	-0.17	0.88	0.15	0.91
うるささ	-0.26	0.75	-0.16	0.87
硬さ	0.30	0.68	0.44	0.69
因子固有値	5.37	2.88	5.50	3.29
因子分散率	53.73%	28.77%	54.96%	32.86%
因子累積率	53.73%	82.50%	54.96%	87.82%
因子名	Ⅰ 軽快さと 小気味良さ	Ⅱ 強硬さと 鋭敏さ	Ⅰ 軽快さと 小気味良さ	Ⅱ 強硬さと 重大さ

＊表中の網掛け部分は、それぞれの因子を命名する際に判断の基準にした項目で、因子得点の算出する際に用いられる変数である。

＊本研究では、各因子の負荷量が0.45以上のものを因子得点の算出に用いた。

JLSとJLHの2グループにおいて抽出された第1因子に関しては、ともに「鋭さ」、「明るさ」、「気持ち良さ」、「速さ」、「良さ」、「重さ」、「大きさ」の7項目に高い負荷量が現われ、同様な因子名「軽快さと小気味良さ」と命名した。JLSとJLHにおいて抽出された第1因子の個別要因は一致するが、因子の寄与率が各グループにおいて一致していない。既知のオノマトペに接触する際に、日本語母語話者が主に「軽快さと小気味良さ」という潜在的な印象に注目し、しかも、この潜在的な印象はすでに日本語話者の中に定着し、オノマトペが「視覚提示」されるか「聴覚提示」されるかに影響されないことが明らかになった。

第2因子に関して、JLSでは、「鋭さ」、「速さ」、「強さ」、「うるささ」、「硬さ」の5項目に高い負荷量が現われ、「強硬さと鋭敏さ」と命名した。それに対して、JLHでは、「重さ」、「大きさ」、「強さ」、「うるささ」、「硬さ」の5項目に高い負荷量が現われ、「強硬さと重大さ」と命名した。既知のオノマトペが「視覚」か「聴覚」かにより提示される場合においても、日本語話者が「強硬さ」という潜在的な印象により注目していることが分かった。しかし、「強硬さ」以外に、「視覚提示」の場合では日本語話者が「鋭敏さ」に注目しているのに対し、「聴覚提示」の場合では、「重大さ」により注目しているようである。このように、異なる提示手法が日本語話者による既知のオノマトペに対して抱く印象にあまり影響を与えていなかったといえども、まったく影響しないとは言えない。

ただし、JLSでは、「鋭さ」、「速さ」という2項目は二つの因子に対して、両方とも高い負荷量が現われ、JLHでは、「重さ」、「大きさ」という2項目は二つの因子に対して、両方とも高い負荷量が現われ、これらの項目は二つの因子ともに関係していると推測される。

以下の表5-16に、「視覚提示」による日本語話者の評価（JLS）、「聴覚提示」による日本語話者の評価（JLH）それぞれが、既知のオノマトペに対して抱く印象についての因子分析結果、及び各グループから抽出された因子と因子の寄与率をまとめておく。

表5-16に見られるように、日本語話者による既知のオノマトペに対して抱く印象の因子寄与率は「聴覚提示」の場合（JLH）（87.82%）＞「視覚提示」の場合（JLS）（82.50%）で、日本語話者が既知のオノマトペに接触する際に、「聴覚」という提示手法が「視覚」という提示手法より、イメージを喚起させやすい傾向があるようである。

表5-16　JLS・JLHにおけるオノマトペに対する主な印象とその因子の寄与率

グループ	第1因子		第2因子		累積寄与率
	因子名	寄与率	因子名	寄与率	
JLS	軽快さと小気味良さ	53.73%	強硬さと鋭敏さ	28.77%	82.50%
JLH	軽快さと小気味良さ	54.96%	強硬さと重大さ	32.86%	87.82%

5.3　異なる提示手法が中国語話者の評価に与える影響

5.3.1　各刺激語についての評価の平均値

36語のオノマトペそれぞれについて、「視覚提示」による中国語話者の評価（CLS2）、「聴覚提示」による中国語話者の評価（CLH）の平均値を表5-17、表5-18に示す。

表 5-17 「視覚提示」による中国語話者の評価（CLS2）の平均値

	速さ	大きさ	明るさ	強さ	気持ちよさ	重さ	鋭さ	硬さ	うるささ	良さ
たらたら	3.48	4.38	4.02	4.17	3.58	4.25	3.48	4.19	4.42	3.50
はらはら	4.62	3.85	3.94	3.45	3.43	3.19	3.89	3.38	3.60	4.13
きらきら	4.65	2.77	5.54	4.54	5.04	2.50	4.42	4.00	4.04	5.35
くるくる	5.75	4.60	4.21	4.49	4.81	3.68	4.30	4.57	4.66	4.81
するする	4.97	3.21	4.16	3.85	4.34	2.71	4.76	3.31	4.37	4.61
へたへた	3.28	4.43	3.22	3.36	3.50	4.29	3.43	3.90	3.31	3.38
そろそろ	4.92	3.53	4.26	3.89	4.63	3.08	4.61	3.55	3.39	4.58
とろとろ	2.89	4.25	3.65	3.23	4.12	3.40	2.93	3.51	3.33	3.82
たらり	4.06	4.10	4.43	4.04	4.43	4.17	5.00	4.35	3.72	3.86
はらり	4.68	3.13	4.32	3.94	4.33	2.65	4.24	4.00	3.92	4.10
きらり	4.55	3.88	5.40	4.37	4.58	2.78	4.57	4.57	4.20	4.52
くるり	4.32	3.74	3.85	3.71	4.02	3.34	4.46	3.78	3.94	4.02
するり	4.95	2.88	3.95	3.78	4.21	2.76	4.76	3.62	3.90	4.31
へたり	3.34	3.92	3.86	3.05	3.42	3.78	3.42	3.88	3.57	3.37
そろり	3.25	4.24	3.32	3.31	3.97	4.31	3.81	3.92	3.14	4.10
とろり	3.44	4.00	3.65	4.33	3.79	3.96	3.58	3.18	2.77	4.25
だらだら	4.00	3.83	3.33	4.36	3.00	4.10	3.67	4.31	4.12	3.33
ばらばら	4.54	4.46	4.77	4.54	4.46	3.29	3.89	4.46	4.46	3.63
ぎらぎら	4.63	4.13	5.17	4.40	3.77	3.90	4.37	4.03	4.03	3.80
ぐるぐる	5.30	3.67	3.36	4.03	4.00	4.33	3.52	4.06	4.94	4.30
ずるずる	4.65	3.53	3.11	3.84	3.22	3.93	4.20	4.07	4.47	3.15
べたべた	2.78	4.44	3.25	3.75	3.02	4.80	2.65	3.95	4.24	2.75
ぞろぞろ	3.69	4.58	3.47	4.51	3.44	4.49	2.97	3.80	3.80	3.51
どろどろ	3.21	4.86	3.24	4.81	3.10	4.95	3.34	3.50	4.05	3.24
だらり	3.36	4.78	3.22	4.59	3.44	4.75	3.88	4.90	4.90	3.53
ばらり	4.20	3.66	3.74	4.28	3.69	3.66	4.03	4.33	4.20	3.49
ぎらり	5.02	3.65	4.94	4.42	3.76	4.00	4.71	4.30	4.17	3.94
ぐるり	4.50	4.08	3.92	4.25	3.47	4.43	4.40	4.55	4.67	4.28
ずるり	4.16	3.30	3.95	4.20	3.72	3.59	4.77	4.46	4.34	2.92
べたり	3.18	4.02	3.58	3.68	3.02	4.38	4.03	4.37	3.87	3.77
ぞろり	2.97	4.67	3.25	3.87	3.33	4.70	3.80	3.95	4.00	3.72
どろり	2.75	4.42	3.32	4.08	3.30	4.98	3.92	3.63	3.75	3.73
ぱらぱら	5.00	4.32	4.65	4.26	4.35	3.85	4.50	4.53	4.59	3.88
ぺたぺた	3.43	4.57	3.70	3.70	3.14	4.46	3.57	4.00	4.38	3.68
ぱらり	4.54	3.89	4.05	4.04	3.98	3.58	4.60	4.05	4.25	4.16
ぺたり	3.71	4.55	4.19	4.03	3.64	4.19	3.80	4.55	4.03	3.78

表5-18 「聴覚提示」による中国語話者の評価（CLH）の平均値

	速さ	大きさ	明るさ	強さ	気持ちよさ	重さ	鋭さ	硬さ	うるささ	良さ
たらたら	4.11	3.91	4.29	4.22	3.84	3.91	3.64	3.87	4.22	4.53
はらはら	4.73	4.20	4.90	4.45	5.02	3.92	4.20	3.82	4.53	4.67
きらきら	4.96	3.68	5.16	4.56	5.08	4.00	4.80	4.44	4.36	4.52
くるくる	4.68	3.50	4.82	3.98	4.62	3.37	4.10	3.78	4.35	4.24
するする	4.76	3.60	4.46	4.36	4.37	3.96	4.04	3.39	4.06	4.16
へたへた	3.92	3.82	4.08	4.00	4.04	3.61	3.96	3.88	3.92	4.25
そろそろ	4.59	4.31	4.53	4.28	4.34	3.91	4.06	3.84	4.48	4.48
とろとろ	4.21	4.08	4.50	4.56	4.19	4.08	3.79	4.27	4.58	4.15
たらり	4.06	4.04	4.31	4.00	4.14	3.98	4.02	4.06	3.96	4.10
はらり	4.58	3.98	4.77	4.21	4.34	3.85	4.30	4.08	4.23	4.23
きらり	4.56	3.90	4.46	4.23	4.29	3.79	4.69	4.29	4.31	4.29
くるり	4.02	4.04	3.80	4.20	3.65	4.14	3.75	4.06	4.12	3.92
するり	4.22	3.62	4.36	4.14	3.92	3.73	4.37	3.71	3.63	4.22
へたり	3.81	3.62	3.68	3.64	3.62	3.91	3.72	3.83	3.74	3.96
そろり	4.12	3.92	4.12	4.04	4.16	3.75	3.88	3.94	3.78	4.00
とろり	3.79	4.17	3.85	4.31	3.38	4.35	3.50	4.06	4.12	3.60
だらだら	4.34	4.06	4.38	4.28	4.36	3.83	4.21	4.21	4.70	4.55
ばらばら	4.48	3.95	4.88	4.21	4.43	4.10	4.64	4.45	4.74	4.14
ぎらぎら	4.52	4.08	4.80	4.72	4.56	3.88	4.64	4.48	4.12	4.04
ぐるぐる	4.29	4.38	4.13	4.80	3.84	4.76	3.64	5.00	4.89	4.00
ずるずる	4.52	3.64	4.26	4.17	4.10	4.36	4.29	4.43	4.52	3.57
べたべた	4.31	3.90	4.55	4.24	4.37	3.92	4.18	4.24	4.12	4.06
ぞろぞろ	4.48	4.54	4.32	4.73	4.04	4.49	4.13	4.53	4.96	3.66
どろどろ	4.00	4.32	4.04	4.57	3.70	4.70	3.64	4.17	4.49	3.83
だらり	3.87	4.67	4.10	4.29	3.75	4.63	3.56	4.42	4.13	3.90
ばらり	4.40	4.09	4.36	4.60	4.11	4.11	4.38	4.40	4.15	4.08
ぎらり	4.32	3.94	3.81	4.51	3.42	4.81	3.77	4.81	4.67	3.54
ぐるり	3.59	4.06	3.63	4.43	3.51	4.59	3.41	4.59	4.43	3.39
ずるり	4.22	3.80	3.43	4.39	3.18	4.28	4.30	4.62	4.62	3.56
べたり	4.04	4.19	4.25	4.40	3.85	4.12	3.92	4.15	4.37	4.13
ぞろり	3.75	4.35	3.57	4.49	3.24	4.63	4.08	4.64	4.24	3.52
どろり	3.65	4.40	3.63	4.38	3.44	4.48	3.60	4.25	4.23	3.81
ぱらぱら	4.67	4.04	4.81	4.69	4.38	3.83	4.40	4.06	4.88	4.44
ぺたぺた	4.45	3.51	4.81	3.89	4.75	3.42	4.15	3.77	3.98	4.70
ぱらり	3.75	4.25	3.90	4.44	3.87	4.29	3.69	4.25	3.94	3.88
ぺたり	3.87	3.92	4.17	4.08	3.98	4.19	4.15	4.10	4.06	4.04

5.3.2 各刺激語についての評価の相関

日本語話者と同様に、未知のオノマトペに対して、「視覚」と「聴覚」という異なる提示手法が中国語話者の感覚評価に影響を与えたかどうかを明らかにするために、「視覚提示」による中国語話者が36語に対して、10項目についてした評価（CLS2）の平均値と、「聴覚提示」による中国語話者が36語に対して、10項目についてした評価（CLH）の平均値に基づき、ピアソンの相関係数を用いて相関分析を行った。その結果、36語の中の15語について、CLS2とCLHの間に有意な相関関係があった。（表5-19参照）

表 5-19 各刺激語に対する評価の相関

					r（CLS2・CLH）
繰り返し	無声音	清音	/t/	たらたら	.016
				とろとろ	.006
			/k/	きらきら	.868**
				くるくる	.527
			/s/	するする	.659*
				そろそろ	.512
			/h/	はらはら	.445
				へたへた	-.725*
		半濁音	/p/	ぱらぱら	.538
				ぺたぺた	-.802**
	有声音	濁音	/d/	だらだら	-.259
				どろどろ	.864**
			/g/	ぎらぎら	.662*
				ぐるぐる	.368
			/z/	ずるずる	.712*
				ぞろぞろ	.556
			/b/	ばらばら	.446
				べたべた	-.569
リ音	無声音	清音	/t/	たらり	.278
				とろり	.025
			/k/	きらり	.783**
				くるり	-.559
			/s/	するり	.719*
				そろり	-.283
			/h/	はらり	.829**
				へたり	.058
		半濁音	/p/	ぱらり	-.729*
				ぺたり	.231
	有声音	濁音	/d/	だらり	.729*
				どろり	.745*
			/g/	ぎらり	.122
				ぐるり	.463
			/z/	ずるり	.626
				ぞろり	.739*
			/b/	ばらり	.743*
				べたり	.286

*. P<.05　**. P<.01

「視覚提示」による中国語話者の評価（CLS2）と「聴覚提示」による中国語話者の評価（CLH）に有意な相関関係が認められた刺激語は「きらきら」（r =.868）、「どろどろ」（r =.864）、「はらり」（r =.829）、「きらり」（r =.783）、「どろり」（r =.745）、「ばらり」（r =.743）、「ぞろり」（r =.739）、「だらり」（r =.729）、「するり」（r =.719）、「ずるずる」（r =.712）、「ぎらぎら」（r =.662）、「するする」（r =.659）、であった。これらの 12 語について、未知のオノマトペが「視覚」により提示される場合の中国語話者の評価（CLS2）と「聴覚」により提示される場合の中国語話者の評価（CLH）とは正の相関関係が見られた。

なお、「へたへた」（r =-.725）、「ぺたぺた」（r =-.802）、「ぱらり」（r =-.729）の 3 語についての相関係数を見ると、未知のオノマトペが「視覚提示」の場合の中国語話者の評価（CLS2）と「聴覚提示」の場合の中国語話者の評価（CLH）とは負の相関関係が見られた。

また、「たらたら」、「とろとろ」、「くるくる」、「そろそろ」、「はらはら」、「ぱらぱら」、「だらだら」、「ぐるぐる」、「ぞろぞろ」、「ばらばら」、「べたべた」、「たらり」、「とろり」、「くるり」、「そろり」、「へたり」、「ぺたり」、「ぎらり」、「ぐるり」、「ずるり」、「べたり」という 21 語について、「視覚提示」による中国語話者の評価（CLS2）と「聴覚提示」による中国語話者の評価（CLH）との間に有意な相関関係が認められなかった。

中国語話者が未知のオノマトペに対して抱く感覚は安定していなく、「視覚提示」という条件での評価と「聴覚提示」という条件での評価とはさほど一致するものではないようである。要するに、「視覚」・「聴覚」という異なる提示手法は中国語話者が未知のオノマトペに対して評価する際に与えた影響がそれぞれであった。

5.3.3　C_1 が「有気音・無気音」であるオノマトペに対する感覚評価

第一音節の子音（C_1）が有声か無声か（中国語話者にとっては「無気音・有気音」となる）による差異について、「視覚」・「聴覚」という異なる提示手法が中国語話者の評価への影響を見るため、有気音/t/, /k/, /s/で始まる 12 語と無気音/d/, /g/, /z/で始まる 12 語に分けて分析した。

まず、「C_1 が有気音である刺激語」・「C_1 が無気音である刺激語」それぞれに対し、「視覚提示」による中国語話者の評価（CLS2）、「聴覚提示」による中国語話者の評価（CLH）の平均値を比較し、異なる提示手法による評価の傾向を見た。

次に、CLS2、CLH 別に、「有気音・無気音」の差異について行った t 検定（両側検定）の結果を比較し、「視覚提示」・「聴覚提示」という異なる提示手法は中国語話者が未知のオノマトペに対して評価する際に及ぼす影響を検討した。

5.3.3.1　C_1 が有気音であるオノマトペに対する評価

第一音節の子音（C_1）が有気音/t/, /k/, /s/であるオノマトペに対して、「視覚提示」による中国語話者の評価（CLS2）の平均値と「聴覚提示」による中国語話者の評価（CLH）の平均値を表 5-20 に示す。

表 5-20 C_1 が有気音である刺激語に対する評価（CLS2・CLH）の平均値の比較

評価項目	CLS2	CLH
①速さ	4.27	4.34
②大きさ	3.80	3.90
③明るさ	4.20	4.39
④強さ	3.98	4.24
⑤気持ち良さ	4.29	4.17
⑥重さ	3.41	3.91
⑦鋭さ	4.22	4.05
⑧硬さ	3.88	3.97
⑨うるささ	3.82	4.16
⑩良さ	4.31	4.19

　評価平均値から見られるように、「語頭子音（C_1）が有気音であるオノマトペ」に対する評価では、「速さ」、「大きさ」、「明るさ」、「気持ち良さ」、「重さ」、「鋭さ」、「硬さ」、「良さ」という8項目について、中国語話者による未知の刺激語に対する評価では、CLS2とCLHの方向が一致していた。未知のオノマトペが「視覚」により提示されるか「聴覚」により提示されるかにかかわらず、中国語話者にとっては、有気音/t/、/k/、/s/で始まるオノマトペのほうが、「速い」「小さい」「明るい」「気持ちいい」「軽い」「鋭い」「やわらかい」「良い」という感覚であった。

　なお、「強さ」と「うるささ」という2項目に関しては、CLS2とCLHとは反対の方向が見られた。未知のオノマトペが「視覚」により提示された場合、中国語話者が「弱くて静か」と感じていて、「聴覚」により提示された場合は、逆に「強くてうるさい」と感じていたようである。

5.3.3.2　C_1 が無気音であるオノマトペに対する評価

　次に、第一音節の子音（C_1）が無気音/d/、/g/、/z/であるオノマトペに対して、「視覚提示」による中国語話者の評価（CLS2）の平均値と「聴覚提示」による中国語話者の評価（CLH）の平均値を表 5-21 に示す。

　表 5-21 から見られるように、「速さ」、「大きさ」、「強さ」、「気持ち良さ」、「重さ」、「鋭さ」、「硬さ」、「うるささ」、「良さ」という9項目について、中国語話者による「語頭子音（C_1）が無気音であるオノマトペ」に対する評価では、CLS2 と CLH とは一致した方向が見られた。中国語話者にとっては、未知のオノマトペが「視覚」か「聴覚」かにより提示されるのに関係なく、語頭子音（C_1）が無気音/d/、/g/、/z/であるオノマトペに対して、「速い」「大きい」「強い」「気持ち良くない」「重い」「鈍い」「硬い」「うるさい」「悪い」というような感覚を持つ傾向が明らかになった。

　なお、「明るさ」という項目に関しては、同じ中国語話者であっても、CLS2とCLH

との方向が反対であった。未知のオノマトペが「視覚」により提示された場合、中国語話者が「暗い」と感じていたのに対して、「聴覚」により提示された場合は、なんとなく「明るい」と感じていたようである。

表 5-21 C_1 が無気音である刺激語に対する評価（CLS2・CLH）の平均値の比較

評価項目	CLS2	CLH
①速さ	4.02	4.13
②大きさ	4.12	4.19
③明るさ	3.69	4.01
④強さ	4.28	4.48
⑤気持ち良さ	3.46	3.76
⑥重さ	4.35	4.45
⑦鋭さ	3.96	3.94
⑧硬さ	4.13	4.51
⑨うるささ	4.27	4.50
⑩良さ	3.62	3.78

5.3.3.3 「有気音・無気音」全般についての評価の統計的検定

以上の分析では、「語頭子音が有気音であるオノマトペ」と「語頭子音が無気音であるオノマトペ」について、「視覚提示」による中国語話者の感覚評価（CLS2）と「聴覚提示」による中国語話者の感覚評価（CLH）を比較することにより、「視覚」と「聴覚」という異なる提示手法による感覚評価における共通点と相違点を見た。

次に、これらの「有気音・無気音」の差異が統計的に有意であるかどうかを検証した結果を比較し、異なる提示手法が中国語話者の感覚評価に及ぼす影響について検討した。その結果を表5-22に示し、「語頭子音が有気音である語」と「語頭子音が無気音である語」について、CLS2とCLHそれぞれ、5項目、7項目について有意差があった。

表 5-22 CLS2・CLH による有気音・無気音についての t 検定の比較

	速さ	大きさ	明るさ	強さ	気持ち良さ	重さ	鋭さ	硬さ	うるささ	良さ
CLS2	n.s.	n.s.	*	n.s.	**	**	n.s.	n.s.	**	**
CLH	n.s.	**	**	n.s.	**	**	n.s.	**	**	**

*. $P<.05$　**. $P<.01$　n.s. 統計的に有意でない

CLS2 と CLH とともに、「明るさ」、「気持ち良さ」、「重さ」、「うるささ」、「良さ」という5項目において、有気音・無気音の間に有意差があった。すなわち、中国語話者

にとって、未知のオノマトペが「視覚提示」の場合でも、「聴覚提示」の場合でも、「明るさ」、「気持ち良さ」、「重さ」、「うるささ」、「良さ」の5要因により、「語頭子音（C_1）が有気音である語」と「語頭子音（C_1）が無気音である語」を区別していることが分かった。

また、中国語話者が「聴覚提示」された未知のオノマトペに対する評価（CLH）は、「視覚提示」された未知のオノマトペに対する評価（CLS2）に比べて、更に「大きさ」、「硬さ」という2項目について「有気音・無気音」に有意差があった。つまり、異なる提示手法が中国語話者の感覚評価に与えた影響が窺える。

「音象徴」というのは、例えば、/a/は大きいことを表し、/i/は小さいことを表すなど、音が象徴的な意味を表すことを指す。中国語話者が未知のオノマトペに対して評価する際に、刺激語の表記を見るだけでイメージするより、むしろ、直接的にその刺激語の発音を聞いてイメージするほうが印象付けやすいようである。つまり、非母語話者に未知の言葉（映像、絵ではない）に対する評価を求めるには、刺激方法に関して、「聴覚提示」のほうが「視覚提示」より印象を生成させやすいのではないかと思われる。

5.3.4 C_1 が/h/-/b/-/p/であるオノマトペに対する感覚評価

第一音節の子音（C_1）が/h/, /b/, /p/による差異について、「視覚」・「聴覚」という異なる提示手法が中国語話者の評価への影響を見るため、/h/で始まる4語、/b/で始まる4語、/p/で始まる4語に分けて分析した。

まず、「C_1が/h/である刺激語」、「C_1が/b/である刺激語」、「C_1が/p/である刺激語」それぞれに対し、「視覚提示」による中国語話者の評価（CLS2）、「聴覚提示」による中国語話者の評価（CLH）の平均値を比較し、異なる提示手法による評価の傾向を見た。

次に、CLS2、CLH別に、「/h/-/b/-/p/」の差異について行った一元配置分散分析の結果を比較し、「視覚提示」・「聴覚提示」という異なる提示手法は中国語話者が未知のオノマトペに対して評価する際に及ぼす影響を検討した。

5.3.4.1 C_1 が/h/であるオノマトペに対する評価

第一音節の子音（C_1）が/h/であるオノマトペに対して、「視覚提示」による中国語話者の評価（CLS2）の平均値と「聴覚提示」による中国語話者の評価（CLH）の平均値を表5-23に示す。

表5-23からはっきりと見られるように、「語頭子音（C_1）が/h/であるオノマトペ」に対する評価では、「視覚提示」による中国語話者の評価（CLS2）と「聴覚提示」による中国語話者の評価（CLH）との間に不一致が目立った。

CLS2とCLHとが一致した評価方向が見られたのは「大きさ」、「重さ」、「硬さ」の3項目で、語頭子音（C_1）が/h/であるオノマトペに対して、「小さい」「軽い」「やわらかい」という感覚を持つ傾向が明らかになった。中国語話者にとって、未知のオノマトペに対する感覚は「大きさ」、「重さ」、「硬さ」という3要因に関して、「視覚」か「聴

覚」かの提示手法に影響されないものであった。

しかし、「速さ」、「明るさ」、「強さ」、「気持ち良さ」、「鋭さ」、「うるささ」、「良さ」という7項目について、CLS2 と CLH との評価方向が反対であった。中国語話者による未知の語頭子音（C_1）が/h/であるオノマトペに対する感覚は提示手法により違うようなもので、「視覚提示」の場合、「遅い」「暗い」「弱い」「気持ち良くない」「鈍い」「静か」「悪い」という感覚であったのに対し、「聴覚提示」の場合の感覚は逆であった。

表5-23　C_1が/h/である刺激語に対する評価（CLS2・CLH）の平均値の比較

評価項目	CLS2	CLH
①速さ	3.98	4.26
②大きさ	3.83	3.91
③明るさ	3.83	4.36
④強さ	3.45	4.07
⑤気持ち良さ	3.67	4.26
⑥重さ	3.48	3.82
⑦鋭さ	3.74	4.05
⑧硬さ	3.79	3.90
⑨うるささ	3.60	4.10
⑩良さ	3.74	4.28

5.3.4.2　C_1が/b/であるオノマトペに対する評価

次に、第一音節の子音（C_1）が/b/であるオノマトペに対して、「視覚提示」による中国語話者の評価（CLS2）の平均値と「聴覚提示」による中国語話者の評価（CLH）の平均値を表5-24に示す。

評価平均値を見て分かるように、「語頭子音（C_1）が/b/であるオノマトペ」に対する評価では、中国語話者による評価CLS2 と CLH との評価方向が一致した項目と不一致になった項目が半々であった。

「大きさ」、「強さ」、「重さ」、「硬さ」、「うるささ」という5要因について、中国語話者による未知のオノマトペに対する評価が「視覚」・「聴覚」の提示手法によらず、語頭子音（C_1）が/b/であるオノマトペのほうが、より「大きい」「強い」「重い」「硬い」「うるさい」という感覚であった。

なお、「速さ」、「明るさ」、「気持ち良さ」、「鋭さ」、「良さ」の5要因に関しては、中国語話者による未知のオノマトペに対する評価が「視覚」・「聴覚」の提示手法に影響され、語頭子音（C_1）が/b/であるオノマトペが「視覚提示」される場合、「遅い」「暗い」「気持ち良くない」「鈍い」「悪い」という感覚であったのに対し、「聴覚提示」される場合、「速い」「明るい」「気持ちいい」「鋭い」「良い」と捉えていた。

表 5-24　C_1 が /b/ である刺激語に対する評価（CLS2・CLH）の平均値の比較

評価項目	CLS2	CLH
①速さ	3.68	4.30
②大きさ	4.14	4.03
③明るさ	3.84	4.51
④強さ	4.06	4.37
⑤気持ち良さ	3.55	4.19
⑥重さ	4.03	4.06
⑦鋭さ	3.65	4.28
⑧硬さ	4.27	4.31
⑨うるささ	4.19	4.34
⑩良さ	3.41	4.10

5.3.4.3　C_1 が /p/ であるオノマトペに対する評価

最後に、第一音節の子音（C_1）が /p/ であるオノマトペに対して、「視覚提示」による中国語話者の評価（CLS2）の平均値と「聴覚提示」による中国語話者の評価（CLH）の平均値を表 5-25 に示す。

表 5-25　C_1 が /p/ である刺激語に対する評価（CLS2・CLH）の平均値の比較

評価項目	CLS2	CLH
①速さ	4.17	4.18
②大きさ	4.33	3.93
③明るさ	4.15	4.43
④強さ	4.01	4.27
⑤気持ち良さ	3.78	4.24
⑥重さ	4.02	3.93
⑦鋭さ	4.14	4.10
⑧硬さ	4.28	4.05
⑨うるささ	4.31	4.21
⑩良さ	3.87	4.26

表 5-25 から見られるように、「速さ」、「明るさ」、「強さ」、「鋭さ」、「硬さ」、「うるささ」という 6 項目について、中国語話者による「語頭子音（C_1）が /p/ であるオノマトペ」に対する評価では、CLS2 と CLH とは一致した方向が見られた。中国語話者にとっては、未知のオノマトペが「視覚提示」されるか「聴覚提示」されるかに関係なく、語頭子音（C_1）が /p/ であるオノマトペに対して、「速い」「明るい」「強い」「鋭い」「硬い」「うるさい」という感覚を持つ傾向があった。

なお、「大きさ」、「気持ち良さ」、「重さ」、「良さ」という4項目に関しては、同じ中国語話者であっても、CLS2 と CLH との方向が反対であった。未知のオノマトペが「視覚」により提示された場合、中国語話者がひらがなやカタカナで書かれたオノマトペ

の表記からの連想により、語頭子音（C_1）が/p/であるオノマトペのほうが「大きくて気持ち良くない」「重くて悪い」と感じていた。それに対して、「聴覚」により提示された場合、中国語話者が日本語母語話者により普通のスピードで読み上げたオノマトペの音声を聞いて、直感的に語頭子音（C_1）が/p/であるオノマトペのほうが「小さくて気持ちいい」「軽くて良い」という感覚であった。このように、異なる提示手法が中国語話者の感覚評価に与える影響が窺えるだろう。

5.3.4.4 /h/-/b/-/p/全般についての評価の統計的検定

以上の分析では、「語頭子音が/h/であるオノマトペ」、「語頭子音が/b/であるオノマトペ」、「語頭子音が/p/であるオノマトペ」について、「視覚提示」による中国語話者の感覚評価（CLS2）と「聴覚提示」による中国語話者の感覚評価（CLH）を比較することにより、「視覚」と「聴覚」という異なる提示手法による感覚評価における共通点と相違点を見た。

次に、これらの「/h/-/b/-/p/」の差異が統計的に有意であるかどうかを検証した一元配置分散分析の結果を比較し、異なる提示手法が中国語話者の感覚評価に及ぼす影響について検討した。その結果、「語頭子音が/h/である語」、「語頭子音が/b/である語」、「語頭子音が/p/である語」について、CLS2、CLHそれぞれ、2項目、1項目について有意差があった。（表5-26参照）

表 5-26　CLS2・CLH による/h/-/b/-/p/についての分散分析の比較

	速さ	大きさ	明るさ	強さ	気持ち良さ	重さ	鋭さ	硬さ	うるささ	良さ
CLS2	n.s.	n.s.	n.s.	n.s.	n.s.	n.s.	n.s.	**	**	n.s.
CLH	n.s.	n.s.	n.s.	n.s.	n.s.	n.s.	n.s.	*	n.s.	n.s.

*. $P<.05$　**. $P<.01$　n.s. 統計的に有意でない

異なる提示手法による二つの調査の結果では、中国語話者が多くの項目について「有気音・無気音」の差異を感じていたのに対し、「語頭子音が/h/-/b/-/p/であるオノマトペ」についての分散分析を比較した結果、CLS2 は「硬さ」と「うるささ」という2要因に注目し、CLH は「硬さ」という要因に注目していることが分かった。

CLS2 と CLH とともに有意差が認められた唯一の項目は「硬さ」で、中国語話者にとって、未知のオノマトペが「視覚提示」の場合でも、「聴覚提示」の場合でも、「硬さ」という要因により/h/-/b/-/p/の対立関係を捉えていることが明らかになった。

なお、「有気音・無気音」についての検討で、提示手法としての「聴覚提示」が「視覚提示」より印象を生成させやすいという推測と異なり、「語頭子音が/h/-/b/-/p/であるオノマトペ」についての検討では、逆に「視覚提示」のほうが「聴覚提示」より1項目多い要因が観測された。その理由については、日本語と中国語の音韻体系から推測できる。中国語話者にとって、/b/と/p/は中国語の音韻体系の中の無気音と有気音

に対応するため、両者の対立がすでに意識の中に存在するものであった。しかし、日本語学習者として、最初に日本語に接触する際に、五十音図の中の「清音」と「濁音」とが対立し、「半濁音」が特殊な位置になるということを教わった。このように、母語の音韻体系の中に存在しないのに、/h/と/b/との対立関係が日本語の特徴として頭の中に入れるべきものとなった。

「聴覚提示」による調査で、中国語話者が「語頭子音が/h/-/b/-/p/であるオノマトペ」の音声を聞いて評価する時に、あまり考える時間がなく、ほぼ直感的な評価であった。それに対して、「視覚提示」による調査では、中国語話者が「語頭子音が/h/-/b/-/p/であるオノマトペ」の表記を見ると、母語の音韻体系と日本語の音韻体系との両方からの影響を受け、これらの3者の位置関係をどういうふうに捉えていいのかについて、混乱が生じる可能性があると推測される。

5.3.5 「反復形・非反復形」であるオノマトペに対する感覚評価

続いて、語形が反復か非反復かによる差異について、「視覚」・「聴覚」という異なる提示手法が中国語話者の評価への影響を見るため、反復形のオノマトペ18語と非反復形のオノマトペ18語に分けて分析した。

まず、「反復形の刺激語」・「非反復形の刺激語」それぞれに対し、「視覚提示」による中国語話者の評価（CLS2）、「聴覚提示」による中国語話者の評価（CLH）の平均値を比較し、異なる提示手法による評価の傾向を見た。

次に、CLS2、CLH別に、「反復形・非反復形」の差異について行ったt検定（両側検定）の結果を比較し、「視覚提示」・「聴覚提示」という異なる提示手法は中国語話者が未知のオノマトペに対して評価する際に及ぼす影響を検討した。

5.3.5.1 「反復形」のオノマトペに対する評価

語形が反復形のオノマトペに対して、「視覚提示」による中国語話者の評価（CLS2）の平均値と「聴覚提示」による中国語話者の評価（CLH）の平均値を表5-27に示す。

表5-27からはっきりと見られるように、多くの評価項目について、中国語話者による「反復形のオノマトペ」に対する評価では、CLS2とCLHとの方向が不一致であった。また、「聴覚提示」による調査でほとんどの評価項目について、CLHの評価平均値が評価中間値の4を超えてプラスの評価方向が見られたのに対し、「視覚提示」による調査では、多くの評価項目について、CLS2の評価平均値が評価中間値の4を超えなくてマイナスの評価方向となった。このように、「視覚」・「聴覚」という異なる提示手法が中国語話者による未知の「反復形のオノマトペ」に対する評価に与えた影響がそれぞれであった。

「速さ」、「強さ」、「うるささ」という3項目について、CLS2とCLHとの方向が一致していた。未知のオノマトペが「視覚提示」されるか「聴覚提示」されるかに関係なく、中国語話者は、反復形のオノマトペのほうが、より「速くて強い」「うるさい」というふうに捉えていた。

なお、「大きさ」、「明るさ」、「気持ち良さ」、「鋭さ」、「硬さ」、「良さ」という6項目に関しては、同じ中国語話者であっても、CLS2とCLHとの方向が反対であった。未知のオノマトペが「視覚」により提示された場合、中国語話者が反復形のオノマトペが「大きくて暗い」「気持ち良くなくて鈍い」「やわらかくて悪い」という感覚であった。それに対して、「聴覚」により提示された場合、中国語話者が反対の感覚であった。このように、反復形のオノマトペに対して、「視覚」・「聴覚」という異なる提示手法が「大きさ」、「明るさ」、「気持ち良さ」、「鋭さ」、「硬さ」、「良さ」という6要因について、中国語話者の感覚評価に与える影響が違うことが分かった。

表5-27 反復形の刺激語に対する評価（CLS2・CLH）の平均値の比較

評価項目	CLS2	CLH
①速さ	4.21	4.45
②大きさ	4.08	3.97
③明るさ	3.95	4.54
④強さ	4.07	4.37
⑤気持ち良さ	3.83	4.34
⑥重さ	3.84	4.00
⑦鋭さ	3.80	4.14
⑧硬さ	3.95	4.15
⑨うるささ	4.12	4.44
⑩良さ	3.86	4.22

5.3.5.2 「非反復形」のオノマトペに対する評価

次に、語形が非反復形のオノマトペに対して、「視覚提示」による中国語話者の評価（CLS2）の平均値と「聴覚提示」による中国語話者の評価（CLH）の平均値を表5-28に示す。

表5-28を見て分かるように、中国語話者による「非反復形のオノマトペ」に対する評価では、CLS2とCLHとの評価方向に不一致な項目が目立った。

「気持ち良さ」、「硬さ」、「良さ」という3項目について、中国語話者による「非反復形のオノマトペ」に対する評価では、CLS2とCLHとは一致した評価方向が見られた。中国語話者にとっては、未知のオノマトペが「視覚」か「聴覚」かにより提示されるのにかかわらず、非反復形オノマトペに対して、「気持ちよくない」「硬い」「悪い」というような感覚を持つ傾向が明らかになった。

しかし、「速さ」、「大きさ」、「明るさ」、「重さ」、「鋭さ」、「うるささ」という6項目に関しては、同じ中国語話者であっても、CLS2とCLHとは反対の評価方向が見られた。未知のオノマトペが「視覚」により提示された場合、中国語話者が「遅い」「小さい」「暗い」「軽い」「鋭い」「静か」と感じていたのに対し、「聴覚」により提示された場合は、「速い」「大きい」「明るい」「重い」「鈍い」「うるさい」と感じていたようで

ある。

このように、未知の非反復形のオノマトペに対して評価する際に、「視覚」・「聴覚」という異なる提示手法は、「速さ」、「大きさ」、「明るさ」、「重さ」、「鋭さ」、「うるささ」という6要因について、中国語話者の感覚評価に違う影響を与えたと言える。

表5-28 非反復形の刺激語に対する評価（CLS2・CLH）の平均値の比較

評価項目	CLS2	CLH
①速さ	3.94	4.03
②大きさ	3.94	4.06
③明るさ	3.94	4.01
④強さ	4.00	4.27
⑤気持ち良さ	3.78	3.77
⑥重さ	3.89	4.20
⑦鋭さ	4.21	3.95
⑧硬さ	4.13	4.24
⑨うるささ	3.96	4.15
⑩良さ	3.88	3.90

5.3.5.3 「反復形・非反復形」全般についての評価の統計的検定

以上の分析では、「反復形のオノマトペ」と「非反復形のオノマトペ」について、「視覚提示」による中国語話者の感覚評価（CLS2）と「聴覚提示」による中国語話者の感覚評価（CLH）を比較することにより、「視覚」と「聴覚」という異なる提示手法による感覚評価における共通点と相違点を見た。

次に、これらの「反復形・非反復形」の差異が統計的に有意であるかどうかを検証した結果を比較し、異なる提示手法が中国語話者の感覚評価に及ぼす影響について検討した。その結果を表5-29に示し、「反復形の語」と「非反復形の語」について、CLS2、CLHそれぞれ、4項目、3項目について有意差があった。

表5-29 CLS2・CLHによる反復形・非反復形についてのt検定の比較

	速さ	大きさ	明るさ	強さ	気持ち良さ	重さ	鋭さ	硬さ	うるささ	良さ
CLS2	n.s.	n.s.	n.s.	n.s.	n.s.	n.s.	**	n.s.	n.s.	n.s.
CLH	**	n.s.	**	n.s.	**	n.s.	*	n.s.	**	**

*.P＜.05　**.P＜.01　n.s. 統計的に有意でない

未知のオノマトペの語形が反復であるかどうかについて、「視覚」・「聴覚」という異なる提示手法が中国語話者の評価に与える影響はばらばらであった。「視覚提示」の場合、中国語話者が「鋭さ」という要因により「反復形・非反復形」を区別しているのに対し、「聴覚提示」の場合、中国語話者が「速さ」、「明るさ」、「気持ち良

さ」、「鋭さ」、「うるささ」、「良さ」という6要因を注目し、より多くの要因により「反復形・非反復形」を区別していることが分かった。

このように、「有気音・無気音」についての評価結果で、提示手法としての「聴覚提示」が「視覚提示」より印象を生成させやすいという異なる提示手法が中国語話者による未知のオノマトペに対する感覚評価に及ぼした影響は、「反復形・非反復形」についての評価結果でも検証された。

「跌跌撞撞(よろめきながら歩く。千鳥足で歩く。)」、「乒乒乓乓(ぱちぱち、ぱらぱら)」などのように、中国語の中にも反復形の単語が存在する。反復形の語が程度の強調や動作の連続などの象徴的な意味を持つ。中国語話者が未知の言葉の表記を見ることより、むしろ、その音声を聞いたほうが自然的に母語からの影響を受けやすいのではないかと考えられる。

CLS2とCLHとともに、「鋭さ」という唯一の項目について、反復形・非反復形の間に有意差があった。すなわち、中国語話者にとって、未知のオノマトペが「視覚提示」の場合でも、「聴覚提示」の場合でも、「鋭さ」という要因に注目していることが分かった。

なお、前述したように、本研究の評価項目として使用した10項目がやや不十分であるため、今後、異なる提示手法が中国語話者による「反復形・非反復形」に対する評価に与える影響についてさらなる研究する必要がある。

5.3.6 探索的因子分析

最後に、本研究の刺激語としての36語のオノマトペ全体に対して、中国語話者がどのような印象を抱くかについて、「視覚」・「聴覚」という異なる提示手法が中国語話者の評価への影響を見た。

具体的には、CLS2、CLH別に、36語のオノマトペに対する評価値に基づいた因子分析の結果を比較対照し、「視覚提示」・「聴覚提示」という異なる提示手法は中国語話者が未知のオノマトペに対して抱く印象に及ぼした影響を検討した。

その結果、視覚で提示された未知のオノマトペに対して中国語話者による評価（CLS2）、聴覚で提示された未知のオノマトペに対して中国語話者による評価（CLH）において、それぞれ二つの因子が抽出された。なお、抽出された因子の累積寄与率に関しては、「視覚提示」による評価（CLS2）の結果では68.27%を占め、「聴覚提示」による評価（CLH）の結果では76.21%を占める（表5-30参照）。

CLS2とCLHの2グループにおいて抽出された第1因子に関しては、ともに「重さ」、「気持ち良さ」、「速さ」、「良さ」、「明るさ」、「鋭さ」の6項目に高い負荷量が現われた。なお、「大きさ」という項目に対してCLS2の因子負荷量が基準以上の「-0.69」であったのに対し、CLHの因子負荷量が基準以下の「-0.32」であった。中国語話者が「視覚」により提示された未知のオノマトペに対して、「大きさ」という抽象的な感覚によ

り注目するのに対し、「聴覚」により提示された未知のオノマトペに対して、このような抽象的な感覚に注目していないようである。

しかし、因子負荷量の高い項目から鑑み、CLS2とCLHともに、同様な因子名「軽快さと小気味良さ」と命名した。未知のオノマトペに接触する際に、中国語話者が主に「軽快さと小気味良さ」という潜在的な印象に注目し、しかも、この潜在的な印象は「視覚」か「聴覚」かの提示手法に影響されないことが明らかになった。

第2因子に関して、CLS2では、「うるささ」、「硬さ」、「強さ」の3項目に高い負荷量が現われ、「強硬さとうるささ」と命名した。それに対して、CLHでは、「重さ」、「大きさ」、「強さ」、「うるささ」、「硬さ」の5項目に高い負荷量が現われ、「強硬さと重大さ」と命名した。未知のオノマトペが「視覚」か「聴覚」かにより提示される場合においても、中国語話者が「強硬さ」という潜在的な印象により注目していることが分かった。しかし、「強硬さ」以外に、「視覚提示」の場合では中国語話者が「うるささ」という要因に注目しているのに対し、「聴覚提示」の場合では、「うるささ」だけではなく、「重大さ」という要因も注目しているようである。このように、異なる提示手法が中国語話者による未知のオノマトペに対して抱く印象に与えた影響が窺えるだろう。

表 5-30　中国語話者（CLS2・CLH）による評価の因子分析結果（主因子法）

意味項目	CLS2		CLH	
	第Ⅰ因子	第Ⅱ因子	第Ⅰ因子	第Ⅱ因子
重さ	-0.90	0.20	-0.60	0.74
気持ち良さ	0.84	0.07	0.92	-0.17
速さ	0.77	0.37	0.91	0.12
良さ	0.74	-0.04	0.72	-0.36
明るさ	0.72	0.27	0.95	-0.06
鋭さ	0.70	0.28	0.71	0.01
大きさ	-0.69	0.18	-0.32	0.56
うるささ	0.02	0.79	0.23	0.74
硬さ	-0.04	0.77	-0.23	0.77
強さ	0.11	0.59	0.11	0.84
因子固有値	4.56	2.26	4.89	2.74
因子分散率	45.64%	22.63%	48.85%	27.36%
因子累積率	45.64%	68.27%	48.85%	76.21%
因子名	Ⅰ 軽快さと小気味良さ	Ⅱ 強硬さとうるささ	Ⅰ 軽快さと小気味良さ	Ⅱ 強硬さと重大さ

＊表中の網掛け部分は、それぞれの因子を命名する際に判断の基準にした項目で、因子得点の算出する際に用いられる変数である。

＊※網掛け：各因子の負荷量が0.45以上のものを因子得点の算出に用いた。

ただし、CLHでは、「重さ」という項目は二つの因子に対し、両方とも高い負荷量

が現われ、この項目は二つの因子ともに関係していると推測される。

以下の表5-31に、「視覚提示」による日本語話者の評価（JLS）、「聴覚提示」による日本語話者の評価（JLH）それぞれが、既知のオノマトペに対して抱く印象についての因子分析結果、及び各グループから抽出された因子と因子の寄与率をまとめておく。

表5-31 CLS2・CLHにおけるオノマトペに対する主な印象とその因子の寄与率

グループ	第1因子		第2因子		累積寄与率
	因子名	寄与率	因子名	寄与率	
CLS2	軽快さと小気味良さ	45.64%	強硬さとうるささ	22.63%	68.27%
CLH	軽快さと小気味良さ	48.85%	強硬さと重大さ	27.36%	76.21%

表5-31に見られるように、中国語話者による未知のオノマトペに対して抱く印象の因子寄与率は「聴覚提示」の場合（CLH）（76.21%）＞「視覚提示」の場合（CLS2）（68.27%）で、中国語話者が未知のオノマトペに接触する際に、「聴覚」という提示手法が「視覚」という提示手法より、イメージを喚起させやすいことが明らかになった。

5.4 まとめ

本章では、第3章と第4章を踏まえた上で、36語の日本語のオノマトペに対する感覚評価について、日本語母語話者と中国北京語話者それぞれの内部で、「視覚提示」による感覚評価と「聴覚提示」による感覚評価を比較し、「視覚」と「聴覚」という異なる提示手法が日中両言語話者の評価に与える影響について検討した。

<u>日本語話者</u>の評価では、「視覚提示」と「聴覚提示」による評価JLSとJLHとの間に高い相関関係が認められ、日本語話者が既知のオノマトペに対して抱く感覚は非常に安定していて、「視覚」か「聴覚」かの異なる提示手法にあまり影響されないことが分かった。

また、「有声音・無声音」の差異について、JLSとJLHとともに「大きさ」、「明るさ」、「強さ」、「気持ち良さ」、「重さ」、「うるささ」、「良さ」という7要因により有声音と無声音を区別し、「視覚」か「聴覚」かの提示手法によらないものであったことが明らかになった。

さらに、「子音/h/-/b/-/p/」の位置関係について、JLSとJLHとの間に、「有声音・無声音」と同様な7要因について有意差があった。日本語話者が既知のオノマトペに対して、「大きさ」、「明るさ」、「強さ」、「気持ちよさ」、「重さ」、「うるささ」、「良さ」という7要因により、「有声音・無声音」、さらに「清音・濁音・半濁音」を区別していることと、これらの印象は提示手法に影響されないことを判明した。

なお、「反復形・非反復形」の差異について、既知のオノマトペが「視覚」により提示される場合、日本語話者が「速さ」、「大きさ」、「硬さ」、「うるささ」という4

要因により「反復形・非反復形」を区別しているのに対し、「聴覚」により提示される場合、日本語話者が「気持ち良さ」、「うるささ」、「良さ」という3要因に注目していることから、「視覚提示」と「聴覚提示」が日本語話者の感覚評価に及ぼした影響が窺えた。

最後に、探索的因子分析について、JLSとJLHにおいて抽出された第1因子に関して、同様な7項目に高い負荷量が現われ、「軽快さと小気味良さ」と命名した。第2因子に関して、JLSでは、「鋭さ」、「速さ」、「強さ」、「うるささ」、「硬さ」の5項目に高い負荷量が現われ、「強硬さと鋭敏さ」と命名した。それに対して、JLHでは、「重さ」、「大きさ」、「強さ」、「うるささ」、「硬さ」の5項目に高い負荷量が現われ、「強硬さと重大さ」と命名した。既知のオノマトペに接触する際に、日本語母語話者が主に「軽快さと小気味良さ」及び「強硬さ」という潜在的な印象に注目し、しかも、この潜在的な印象はすでに日本語話者の中に定着し、オノマトペが「視覚提示」されるか「聴覚提示」されるかに影響されないことが明らかになった。

<u>中国語話者</u>の評価では、CLS2とCLHとの間に相関関係が認められたのは36語の中の15語で、中国語話者が未知のオノマトペに対して抱く感覚は安定しておらず、「視覚提示」による評価と「聴覚提示」による評価とはさほど一致するものではないことが分かった。

また、「有気音・無気音」の差異について、CLS2とCLHとともに、「明るさ」、「気持ち良さ」、「重さ」、「うるささ」、「良さ」という5項目において、有気音・無気音の間に有意差があったが、CLHはCLS2に比べて、更に「大きさ」、「硬さ」という2項目において有意差があった。非母語話者に未知の言葉に対する評価を求めるには、「聴覚提示」のほうが「視覚提示」より印象を生成させやすいと推測できる。

さらに、「子音/h/-/b/-/p/」の位置関係について、CLS2は「硬さ」と「うるささ」という2要因に注目し、CLHは「硬さ」という要因に注目しているように、「視覚提示」のほうが「聴覚提示」より1項目多くの要因が観測された。「聴覚提示」による調査で、中国語話者が言葉の音声を聞いて評価するので、あまり考える時間がなく、ほぼ直感的な評価であった。それに対して、「視覚提示」による調査では、中国語話者が言葉の表記を見て連想する時間があるので、母語の音韻体系と日本語の音韻体系との両方からの影響を受け、/h/-/b/-/p/の位置関係について混乱が生じる可能性があると推測される。

なお、「反復形・非反復形」の差異について、CLS2は「鋭さ」という要因により「反復形・非反復形」を区別しているのに対し、CLHは「速さ」、「明るさ」、「気持ち良さ」、「鋭さ」、「うるささ」、「良さ」という6要因を注目し、より多くの要因により「反復形・非反復形」を区別していることが分かった。提示手法としての「聴覚提示」が「視覚提示」より印象を生成させやすいという異なる提示手法が中国語話者による未知のオノマトペに対する感覚評価に及ぼした影響は再度検証された。

最後に、探索的因子分析について、CLS2とCLHそれぞれにおいて抽出された第1

因子に関しては、ともに「重さ」、「気持ち良さ」、「速さ」、「良さ」、「明るさ」、「鋭さ」の 6 項目に高い負荷量が現われたので、これらの項目から鑑み、CLS2 と CLH ともに、同様な因子名「軽快さと小気味良さ」と命名した。第 2 因子に関して、CLS2 では、「うるささ」、「硬さ」、「強さ」の 3 項目に高い負荷量が現われ、「強硬さとうるささ」と命名した。それに対して、CLH では、「重さ」、「大きさ」、「強さ」、「うるささ」、「硬さ」の 5 項目に高い負荷量が現われ、「強硬さと重大さ」と命名した。各因子の寄与率から、中国語話者が未知のオノマトペに接触する際に、「聴覚」という提示手法が「視覚」という提示手法より、イメージを喚起させやすいことが明らかになった。

第6章　終章

　本研究の目的は、日本語母語話者と日本語学習者が日本語のオノマトペに対する感覚評価を比較対照することにより、オノマトペに含まれる音象徴の普遍的な面と個別的な面を検証することであった。そのために、まず、36語の日本語のオノマトペを刺激語とし、SD法を用いて10の評価項目について、日本語母語話者と中国北京語話者それぞれが「視覚提示」と「聴覚提示」により感覚的にどのように評価するかを調査し、日中両言語話者の感覚評価の共通点と相違点を明らかにした。その上で、刺激語の第一音節にある子音（C_1）および語形（「反復形」・「非反復形」）により見られる音象徴の普遍的な面と個別的な面を検討し、音声学の側面からそれに影響を及ぼす要因を探った。次に、因子分析を行うことにより、日中両言語話者が刺激語としての日本語のオノマトペに対して、どのような印象を抱くかについて検討した。最後に、異なる提示手法による感覚評価の異同についても分析した。
　本研究においてこの目的がどのように達成されたか、また今後に残された課題は何かということを、本研究を終えるにあたって以下のようにまとめる。
　第1章では、日本語のオノマトペを概観し、研究の目的と意義、調査の概要、研究方法および本研究の構成について述べた。日本語学習者が習得しにくいオノマトペに対してどのような感覚を抱くか、それと日本語母語話者の感覚とはどのような異同があるかを調べる本研究は、36語の日本語のオノマトペを刺激語とし、10評価項目について日本語母語話者と中国北京語話者を対象に、「視覚提示」によるアンケート調査、「聴覚提示」によるアンケート調査という二つの方法をとることにした。本研究で行った実験調査の協力者は日本語母語話者87人（その内、「視覚提示」による調査の57人、「聴覚提示」による調査の30人が含まれる）、中国北京語話者142人（その内、「視覚提示」による調査の92人、「聴覚提示」による調査の50人が含まれる）、合計229人であった。
　第2章では、日本語のオノマトペと中国語のオノマトペそれぞれについて定義、形態の面から概観し、中国語話者が日本語のオノマトペを学習や翻訳するにあたって、よく見られる問題点を取り上げた。また、音象徴に関する問題を扱った先行研究、及び日本語のオノマトペにおける音象徴に関する先行研究を踏まえた上で、先行研究の課題について考察した。日本語のオノマトペは、漫画や文学作品だけでなく、日常会話など日本人の様々な生活の場において幅広く直感的に用いられていて、日本語には

不可欠な言語要素であると言われている。それに対して、中国語にもオノマトペが存在しているが、文章語に対して、俗語として日常会話の中での口語表現にとどまり、家族内や親しい人の間によく使われる。中国語のオノマトペは「象声詞」と称されているが、生物の声や無生物の音を模倣し漢字で表記する語群を指す。一方、中国語には「擬態語」という術語はない。

　日本語のオノマトペを中国語に翻訳する際に、擬音語のほとんどが中国語の「象声詞（擬音語）」で表現できるのに対し、擬態語を形容詞、動詞、成語、副詞、慣用句や熟語、「象声詞（擬音語）」、数量詞で表現する一方、具体的な場面により短い句や比喩の手法を使って表現するように様々な表現法に工夫をしなければならない。また、日本語のオノマトペによく見られる「清音・濁音の効果」、語根の反復や「リ音」、「促音」が表す語感の相違を中国語で表現するのが非常に難しく、場合によって、同じ表現で翻訳するしかできないのが問題点である。

　音象徴についての先行研究としては、ある語音がある感覚や意味に結びついていると指摘したサピア（1929）、Koehler（1929）による「描画と音の対応付け」という実験があり、日本語話者と英語話者の共有する音象徴については、Miron(1961)があり、SD法及び因子分析を用いた例として、Oyama & Haga（1963）による研究がある。なお、「普通語彙」（一般の語彙）が含む音象徴については、須部（2003, 2004）がある。また、日本語のオノマトペと音象徴に関する先行研究としては、金田一（1978）『擬音語・擬態語辞典』での解説、日本語のオノマトペの音象徴の体系を詳しく分析したHamano（1998）の研究があり、日本語母語話者のみを対象として調査した研究としては、芳賀（1977）、中野（1978, 1979）、苧阪（1999）、丹野（2005）などがあり、日本語母語話者と非日本語母語話者の両方を調査対象とした研究としては、岩崎他（2007）、王（2011）などがある。これらの先行研究には実証的な検証を行う必要がある、音象徴には普遍的な面と個別的な面があるか、あるとしたら、それは何か、同様の提示手法で被験者の評価を求める必要があるなどの課題が残された。

　第3章では、36語の日本語のオノマトペを視覚で提示することにより、10評価項目について、日本語母語話者と中国北京語話者それぞれが感覚的にどのように評価するかを明らかにした。また、日本語母語話者と中国北京語話者による日本語のオノマトペに対する感覚評価の異同を比較することにより、日本語のオノマトペが含む両言語話者がともに捉える音象徴の普遍的な側面と、各言語話者のみが捉える音象徴の個別的な側面について検討した。

　まず、語頭子音（C_1）が「有声音・無声音」に関しては、中国語話者（CLS1・CLS2）が5項目について日本語話者（JLS）と一致した評価をし、「有声音が語頭子音である語」は「無声音が語頭子音である語」より「暗い」「重い」「うるさい」「気持ち良くない」「悪い」という感覚であったことが明らかになった。日本語と中国語との間に、音象徴における共通する要素が見られたと言えよう。なお、「強さ」という項目は、JLSだけに有意差があることから、音象徴の個別的な面、いわゆる日本語の「慣用的音象

徴」を見出した。また、音韻論の側面で日中両言語話者の評価に与える影響について検討した結果、「有声・無声」及び「有気・無気」の対立が日本語と中国語に見られる共通の音象徴を起こす可能性があり、すなわち、共通の音象徴については音韻論の面で説明できると言えるだろう。

　次に、語頭子音（C_1）が「/h/-/b/-/p/」についての検討では、日本語話者による評価（JLS）で有意差があった項目は、「語頭子音（C_1）が有声音・無声音」についての検討の結果と同様の7項目であった。日本語話者が「大きさ」「暗さ」「強さ」「気持ちよさ」「重さ」「うるささ」「良さ」という7要因により、有声音・無声音、さらに/h/-/b/-/p/（いわゆる清音・濁音・半濁音）を区別していることが分かった。一方、日本語を外国語として学ぶ中国語話者が、現代日本語における/h/-/b/-/p/の特殊な位置関係について評価する際に、混乱が生じたようである。/h/, /b/, /p/に同時に遭遇する際に、中国語話者にとってこれらの3者の位置関係をどういうふうに捉えるのかについて、迷ってしまう可能性が本研究の調査結果から窺える。しかし、「硬さ」という唯一の項目について、中国語話者の評価（CLS2）のみに有意差が見られた。中国語話者が「視覚刺激」により未知のオノマトペに対して評価する際に、「硬さ」という要因により注目しているようである。

　さらに、語形が「反復・非反復」についての検討では、「語頭子音（C_1）が有声音・無声音」と「語頭子音（C_1）が/h/-/b/-/p/」についての検討結果と異なり、語形が反復であるかどうかが両言語話者の評価に与える影響はばらばらであり、三つのグループに共通する評価項目がなかった。日本語話者（JLS）が「速さ」、「大きさ」、「硬さ」、「うるささ」という4要因により「反復形・非反復形」を区別しているのに対し、中国語話者（CLS1）が既知のオノマトペについて「鋭さ」と「うるささ」という2要因に注目し、中国語話者（CLS2）が未知のオノマトペについて「鋭さ」という要因に注目していることが分かった。

　最後に、日中両言語話者による評価全般についての探索的因子分析では、JLS、CLS1、CLS2それぞれにおいて二つの因子が抽出された。各グループにおいて抽出された第1因子は一致したが、寄与率が違い、「軽快さと小気味良さ」と命名した。第2因子に関しては、JLSでは「強さ」、「うるささ」、「鋭さ」、「硬さ」、「速さ」の5項目に高い負荷量が現われ、「強硬さと鋭敏さ」と命名した。それに対して、CLS1では「硬さ」、「鋭さ」、「うるささ」、「強さ」という4項目について、JLSと同じように因子負荷量が高く、「強硬さと鋭さ」と命名した。なお、CLS2では「うるささ」、「硬さ」、「強さ」という3項目について、JLS、CLS1と同じように因子負荷量が高く、項目の意味の関連性を考えた結果、「強硬さとうるささ」と命名した。また、各グループにおける因子分析の因子寄与率を観察すると、日本語話者がオノマトペに接する際に、中国語話者に比べて、印象を抱きやすい傾向が見られた。

　第4章では、第3章と同様の36語の日本語のオノマトペを取り上げ、「聴覚提示」により中国語話者と日本語話者がそれぞれの刺激語に対して抱く感覚を比較対照し、

日本語特有の音象徴、中国語と日本語に共通した音象徴、さらに中国語のみに見られる音象徴について探索的に検討した。

まず、語頭子音（C_1）が「有声音・無声音」に関しては、中国語話者（CLH）が6項目について日本語話者（JLH）と一致した評価をし、「有声音が語頭子音である語」は「無声音が語頭子音である語」より「大きい」「暗い」「気持ちよくない」「重い」「うるさい」「悪い」といったような感覚であったことが明らかになった。日本語と中国語との間に、音象徴における共通する要素が見られたと言えよう。なお、「強さ」という項目は、JLHだけに有意差があり、「硬さ」という項目は、CLHだけに有意差があったように、日中両言語における音象徴の個別的な面を見出した。

次に、語頭子音（C_1）が「/h/-/b/-/p/」についての検討では、日本語話者による評価（JLH）で有意差があった項目は、「語頭子音（C_1）が有声音・無声音」についての検討の結果と同様の7項目であった。「聴覚提示」による調査においても、日本語話者が「大きさ」「暗さ」「強さ」「気持ちよさ」「重さ」「うるささ」「良さ」という7要因により、有声音・無声音、さらに/h/-/b/-/p/（いわゆる清音・濁音・半濁音）を区別していることが確認された。一方、「視覚提示」による調査の結果と同様、日本語を外国語として学ぶ中国語話者が、現代日本語における/h/-/b/-/p/の特殊な位置関係について評価する際に、混乱が生じる可能性が本研究の調査結果から窺える。しかし、「硬さ」という唯一の項目について、中国語話者の評価（CLH）のみに有意差が見られた。中国語話者が「聴覚刺激」により未知のオノマトペに対して評価する際にも、「硬さ」という要因に注目していることが分かった。

さらに、語形が「反復・非反復」についての検討では、音声で提示された同一の日本語のオノマトペに対して、日本語話者（JLH）が「気持ち良さ」、「うるささ」、「良さ」という3要因により「反復形・非反復形」を区別しているのに対し、中国語話者（CLH）が「速さ」、「明るさ」、「気持ち良さ」、「鋭さ」、「うるささ」、「良さ」という6要因に注目し、日本語話者よりも注目点が多かった。なお、中国語話者による評価（CLH）のみに、「速さ」、「明るさ」、「鋭さ」という3項目について有意差が認められ、中国語話者による評価のみに見られる音象徴の個別的な面が窺える。

最後に、日中両言語話者による評価全般についての探索的因子分析では、JLH、CLHそれぞれにおいて二つの因子が抽出された。2グループにおいて抽出された第1因子に関しては、同一の因子名「軽快さと小気味良さ」と命名し、第2因子に関しては、2グループともに「強硬さと重大さ」と命名したが、それぞれの因子の個別要因は必ずしも一致するものではなく、因子の寄与率も各グループにおいて一致していない。また、2グループにおける因子分析の因子寄与率を観察すると、日本語話者が音声で提示された日本語のオノマトペに接する際に、中国語話者に比べて、印象を抱きやすい傾向が見られた。

第5章では、第3章と第4章を踏まえた上で、36語の日本語のオノマトペに対する

感覚評価について、日本語母語話者と中国北京語話者それぞれの内部で、「視覚提示」による感覚評価と「聴覚提示」による感覚評価を比較し、「視覚」と「聴覚」という異なる提示手法が日中両言語話者の評価に与える影響について検討した。

日本語話者の評価では、「視覚提示」と「聴覚提示」による評価 JLS と JLH との間に高い相関関係が認められ、日本語話者が既知のオノマトペに対して抱く感覚は非常に安定していて、「視覚」か「聴覚」かの異なる提示手法にあまり影響されないことが分かった。

また、「有声音・無声音」の差異について、JLS と JLH とともに「大きさ」、「明るさ」、「強さ」、「気持ち良さ」、「重さ」、「うるささ」、「良さ」という7要因により有声音と無声音を区別し、「視覚」か「聴覚」かの提示手法によらないものであったことが明らかになった。

さらに、「子音/h/-/b/-/p/」の位置関係について、JLS と JLH との間に、「有声音・無声音」と同様な7要因について有意差があった。日本語話者が既知のオノマトペに対して、「大きさ」、「明るさ」、「強さ」、「気持ちよさ」、「重さ」、「うるささ」、「良さ」という7要因により、「有声音・無声音」、さらに「清音・濁音・半濁音」を区別していることと、これらの印象は提示手法に影響されないことを判明した。

なお、「反復形・非反復形」の差異について、既知のオノマトペが「視覚」により提示される場合、日本語話者が「速さ」、「大きさ」、「硬さ」、「うるささ」という4要因により「反復形・非反復形」を区別しているのに対し、「聴覚」により提示される場合、日本語話者が「気持ち良さ」、「うるささ」、「良さ」という3要因に注目していることから、「視覚提示」と「聴覚提示」が日本語話者の感覚評価に及ぼした影響が窺えた。

最後に、探索的因子分析について、JLS と JLH において抽出された第1因子に関して、同様な7項目に高い負荷量が現われ、「軽快さと小気味良さ」と命名した。第2因子に関して、JLS では、「鋭さ」、「速さ」、「強さ」、「うるささ」、「硬さ」の5項目に高い負荷量が現われ、「強硬さと鋭敏さ」と命名した。それに対して、JLH では、「重さ」、「大きさ」、「強さ」、「うるささ」、「硬さ」の5項目に高い負荷量が現われ、「強硬さと重大さ」と命名した。既知のオノマトペに接する際に、日本語母語話者が主に「軽快さと小気味良さ」及び「強硬さ」という潜在的な印象に注目し、しかも、この潜在的な印象はすでに日本語話者の中に定着し、オノマトペが「視覚提示」されるか「聴覚提示」されるかに影響されないことが明らかになった。

中国語話者の評価では、CLS2 と CLH との間に相関関係が認められたのは36語の中の15語で、中国語話者が未知のオノマトペに対して抱く感覚は安定しておらず、「視覚提示」による評価と「聴覚提示」による評価とはさほど一致するものではないことが分かった。

また、「有気音・無気音」の差異について、CLS2 と CLH とともに、「明るさ」、「気持ち良さ」、「重さ」、「うるささ」、「良さ」という5項目において、有気音・無気音の

間に有意差があったが、CLHはCLS2に比べて、更に「大きさ」、「硬さ」という2項目において有意差があった。非母語話者に未知の言葉に対する評価を求めるには、「聴覚提示」のほうが「視覚提示」より印象を生成させやすいと推測できる。

さらに、「子音/h/-/b/-/p/」の位置関係について、CLS2は「硬さ」と「うるささ」という2要因に注目し、CLHは「硬さ」という要因に注目しているように、「視覚提示」のほうが「聴覚提示」より1項目多くの要因が観測された。「聴覚提示」による調査で、中国語話者が言葉の音声を聞いて評価するので、あまり考える時間がなく、ほぼ直感的な評価であった。それに対して、「視覚提示」による調査では、中国語話者が言葉の表記を見て連想する時間があるので、母語の音韻体系と日本語の音韻体系との両方からの影響を受け、/h/-/b/-/p/の位置関係について混乱が生じる可能性があると推測される。

なお、「反復形・非反復形」の差異について、CLS2は「鋭さ」という要因により「反復形・非反復形」を区別しているのに対し、CLHは「速さ」、「明るさ」、「気持ち良さ」、「鋭さ」、「うるささ」、「良さ」という6要因に注目し、より多くの要因により「反復形・非反復形」を区別していることが分かった。提示手法としての「聴覚提示」が「視覚提示」より印象を生成させやすいという異なる提示手法が中国語話者による未知のオノマトペに対する感覚評価に及ぼした影響は再度検証された。

最後に、探索的因子分析について、CLS2とCLHそれぞれにおいて抽出された第1因子に関しては、ともに「重さ」、「気持ち良さ」、「速さ」、「良さ」、「明るさ」、「鋭さ」の6項目に高い負荷量が現われたので、これらの項目から鑑み、CLS2とCLHともに、同様な因子名「軽快さと小気味良さ」と命名した。第2因子に関して、CLS2では、「うるささ」、「硬さ」、「強さ」の3項目に高い負荷量が現われ、「強硬さとうるささ」と命名した。それに対して、CLHでは、「重さ」、「大きさ」、「強さ」、「うるささ」、「硬さ」の5項目に高い負荷量が現われ、「強硬さと重大さ」と命名した。各因子の寄与率から、中国語話者が未知のオノマトペに接する際に、「聴覚」という提示手法が「視覚」という提示手法より、イメージを喚起させやすいことが明らかになった。

本研究は日本語のオノマトペが含む音象徴の普遍的な面と個別的な面について実証的に検証した研究であるが、音象徴についての問題を検討するには、刺激語の語数、評価項目数、被験者数を拡大しないと限界があると痛感した。今後の課題は以下のようである。

まず、本研究は36語の日本語のオノマトペを刺激語とし、SD法を用いて10の評価項目について、日本語母語話者と日本語学習者それぞれが感覚的にどのように評価するかを調査したが、刺激語の語数、評価項目数、被験者数が限られていた。特に、評価項目は先行研究から直接援用してきたため、「反復形・非反復形」の対立について検討するときに、やや不十分と感じていた。より適切な評価項目を増やせば、「反復形・非反復形」などについての新たな評価の面を見出すことができると思う。今後、刺激

語を選定する段階から工夫をし、より多くのオノマトペを選定し、より多いかつ適切な評価項目を設定し、より多くの被験者の評価を求める再実験をする必要がある。

　次に、本研究で行った調査では、刺激語の意味を理解しているかどうかについて、被験者が自己申告する形で行ったが、信頼性についてさらなる検討をする必要があると感じていた。今後、具体的な文脈の中に適切なオノマトペを入れるなどのような客観的なテストを行うことにより、被験者がオノマトペの意味を理解しているかどうかを確認したい。また、意味確認が被験者によるオノマトペに対する感覚評価に影響を与えるかどうかについて探りたい。

参考文献

[1] 秋元美晴. 2002. よくわかる語彙. 東京：アルク.
[2] 秋元美晴. 2007. 日本語教育におけるオノマトペの位置づけ. 日本語学, 26：24-35.
[3] 阿久津智. 1994. 絵でわかるぎおんご・ぎたいご. 東京：アルク.
[4] 浅野鶴子. 1978. 擬音語・擬態語辞典. 東京：角川書店.
[5] 浅野鶴子. 1982. 擬音語・擬態語. 日本語教育事典, 301-302.
[6] 阿刀田稔子・星野和子. 1989. 日本語教材としての音象徴語. 日本語教育, 68：30-44.
[7] 阿刀田稔子・星野和子. 1995. 擬音語・擬態語使い方辞典：正しい意味と用法がすぐわかる. 東京：創拓社.
[8] 天沼寧. 1974. 擬音語・擬態語辞典. 東京：東京堂出版.
[9] 天沼寧. 1989. 擬音語・擬態語. 日本語教育, 68：13-29.
[10] 雨宮俊彦・水谷聡秀. 2006. 日本語オノマトペの基本感情次元と日本語音感素の基本レベルについて. 社会学部紀要, 37(2)：139-166.
[11] 荒木博之. 1994. 日本語が見えると英語も見える. 東京：中公新書.
[12] 有馬哲・石村貞夫. 1987. 多変量解析のはなし. 東京：東京図書.
[13] 有賀千佳子・大淵裕子・桜木和子・桜木紀子・玉置亜衣子. 2001. ことばの意味を教える教師のためのヒント集. 東京：武蔵野書院.
[14] 有賀千佳子. 2007. オノマトペを通して、語彙の学習・教育について考える. 日本語学, 26：65-73.
[15] 泉邦寿. 1976. 擬音語・擬態語の特質. 日本語の語彙と表現：105-151.
[16] 今村和宏. 1996. わざ──光る授業への道案内. 東京：アルク.
[17] 岩崎典子・デイビッド ヴィンソン・ガブリエラ ヴィリョコ. 2007. 「痛み」の擬態語をめぐる音象徴. 言語学と日本語教育, 1-17.
[18] 岩下豊彦. 1983. SD法によるイメージの測定──その理解と実施の手引. 東京：川島書店.
[19] 大谷洋子. 1989. 擬態語の特徴. 日本語教育, 68：45-55.
[20] 大坪併治. 1989. 擬声語の研究. 東京：明治書院.
[21] 大西晴彦. 1989. タイ語の擬音語. 日本語教育, 68：99-111.
[22] 荻原稚賀子. 2006. 絵でわかる日本語使い分け辞典1000. 東京：アルク.
[23] 苧阪直行. 1999. 感性のことばを研究する. 東京：新曜社.

[24] 苧坂直行. 2007. オノマトペの脳科学. 日本語学, 26: 16-23.
[25] 小野正弘. 2007. 擬音語・擬態語4500 日本語オノマトペ辞典. 東京: 小学館.
[26] 尾野秀一. 1991. 日英擬音・擬態語活用辞典. 東京: 北星堂出版.
[27] 郭華江. 1994. 日中擬声語・擬態語辞典. 上海: 上海訳文出版社.
[28] 筧壽雄・田守育啓. 1993. オノマトピア: 擬音・擬態語の楽園. 東京: 勁草書房.
[29] かめいたかし. 1989. "音象徴"散語. 日本語教育, 68: 146-161.
[30] 木下栄蔵. 1995. わかりやすい数学モデルによる多変量解析入門. 東京: 近代科学社.
[31] 木下ドーラ. 1989. ドイツ語と日本語の擬音語と擬態語を比較して. 日本語教育, 68: 143-145.
[32] 許卿姫. 1989. 日・韓両言語における音象徴語の比較対照的研究. 日本語教育, 68: 56-70.
[33] 金田一春彦. 1978. 擬音語・擬態語概説. 擬音語・擬態語辞典, 3-25.
[34] 金慕箴. 1989. 中国における日本語の擬音語・擬態語教育について. 日本語教育, 68: 83-98.
[35] 国立国語研究所. 1980. 日本人の知識階層における話しことばの実態——語彙表. 東京: 大蔵省印刷局.
[36] 国立国語研究所. 1984. 語彙の研究と教育（上）. 東京: 大蔵省印刷局.
[37] 国立国語研究所. 1985. 語彙の研究と教育（下）. 東京: 大蔵省印刷局.
[38] 国立国語研究所. 1984. 日本語教育のための基本語彙調査. 東京: 秀英出版.
[39] 国立国語研究所. 1964. 分類語彙表. 東京: 秀英出版.
[40] 国立国語研究所. 2004. 分類語彙表増補改訂版. 東京: 大日本図書.
[41] 越智洋司・川崎桂司・矢野米雄・林敏浩. 1997. 外国人のための擬音語・擬態語辞書システム"JAMIOS"の構築. 電子情報通信学会論文誌, J80-Ⅱ(12): 3210-3219.
[42] 小嶋孝三郎. 1972. 現代文学とオノマトペ. 東京: 桜楓社.
[43] 小林英夫. 1933. 国語象徴音の研究. 言語学方法論考. 1(8): 89-143.
[44] 小林好日. 1941. 音義説と音声象徴. 国語学の諸問題, 80-106.
[45] 五味太郎. 1989. 英語人と日本語人のための日本語擬態語辞典. 東京: ジャパンタイムズ.
[46] 白石大二. 1982. 擬音語・擬態語慣用句辞典. 東京: 東京堂出版.
[47] 鈴木孝夫. 1976. 日本語の語彙と表現. 東京: 大修館書店.
[48] 須部宗生・梅本孝. 2004. 普通語彙の音象徴とオノマトペ性. 環境と経営, 10(1): 141-155.
[49] 高橋悦子. 2007. 日本語学習者のための擬音語・擬態語サイト——「日本語を楽しもう! 擬音語って？擬態語って？」の作成. 日本語学, 26: 57-64.
[50] 田中良久・上村保了. 1971. ケーラー: ゲシタルト心理学入門. 東京: 東京大学出版.

[51] 玉村文郎．1989．日本語教育の音象徴語の特徴とその教育．日本語教育，68：1-12．

[52] 田守育啓．1991．日本語オノマトペの研究．神戸：神戸商科大学．

[53] 田守育啓．2002．オノマトペ擬音・擬態語をたのしむ．東京：岩波書店．

[54] 田守育啓・スコウラップ・ローレンス．1999．オノマトペ──形態と意味．東京：くろしお出版．

[55] 丹野眞智俊．2005．オノマトペ（擬音語・擬態語）を考える──日本語音韻の心理学的研究．東京：あいり出版．

[56] 張麗群．1989．中国人学習者から見た日本語の擬音語と擬態語．日本語教育，68：128-130．

[57] 角岡賢一．2007．日本語オノマトペ語彙における形態的・音韻的体系性について．東京：くろしお出版．

[58] 坪根由香里・鈴木理子・阪本史代・神谷道夫．2001．学習者から見た効果的な語彙の指導法・学習法──アンケート結果より．小出記念日本語教育研究会論文集，9：107-130．

[59] 富川和代・永保澄雄・稲垣宏明．1997．らくらく覚えてどんどん使おう絵で学ぶ擬音語・擬態語カード──日本語教材．東京：スリーエーネットワーク．

[60] 那須昭夫．2004．新造オノマトペの音韻構造と分節の無標性．日本語科学，16：69-91．

[61] 那須昭夫．2007．オノマトペの語末促音．音声研究，11(1)：47-57．

[62] 那須昭夫．2007．オノマトペの言語学的特徴──子音の分布と有標性．日本語学，26：4-15．

[63] 西郡仁朗．2001．世界の言語研究所-アイオワ大学FLAREプログラム．日本語科学，9：165-167．

[64] 日向茂男・日比谷潤子．1989．外国人のための日本語例文・問題シリーズ14 擬音語・擬態語．東京：荒竹出版．

[65] 日向茂男．1991．擬音語・擬態語の読本．東京：小学館．

[66] 日本語教育学会．2005．新版日本語教育事典．東京：大修館書店．

[67] 日本語教育学会．1990．日本語教育ハンドブック．東京：大修館書店．

[68] 任栄哲．1989．擬音語・擬態語の社会言語学的一考察．日本語教育，68：121-127，266．

[69] 野間秀樹．2001．オノマトペと音象徴．月刊言語，30(9)：12-18．

[70] パンニパー・スントーンムニー．2002．日タイ両語における擬音語・擬態語について．日本語・日本文化研修プログラム研修レポート集，18：1-23．

[71] 飛田良文・浅田秀子．1994．現代副詞用法辞典．東京：東京堂出版．

[72] 飛田良文・浅田秀子．2002．現代擬音語擬態語用法辞典．東京：東京堂出版．

[73] フェアリンデン・トム．2002．わくわく英語フォトブック──擬音語・擬態語．東京：情報センター出版局．

[74] 堀井令以知．1986．擬音語・擬態語の言語学．東京：明治書院．

[75] 堀啓造. 2005. 因子分析における因子数決定法——平行分析を中心にして. 香川大学経済論叢, 77(4): 35-70.

[76] 彭飛. 2007. ノンネイティブから見た日本語のオノマトペの特徴. 日本語学, 26: 48-56.

[77] 増田アヤ子. 1993. ニュアンスがわかる擬音語・擬態語（上級）. 東京: 専門教育出版.

[78] 松田徳一郎. 1989. 英語と日本語の擬音語・擬態語. 日本語教育, 68: 112-120.

[79] 三上京子. 2003. 上級教材に見られるオノマトペ——統語的特徴の分析と指導の観点. 早稲田大学日本語教育研究, 3: 193-209.

[80] 三上京子. 2007. 日本語教材とオノマトペ. 日本語学, 26: 36-46.

[81] 水谷信子. 1987. NAFL Institute 日本語教師養成通信講座日本語教授法Ⅱ(1). 東京: アルク.

[82] 村上宣寛. 1980. 音象徴仮説の検討——音素, SD法, 名詞及び動詞の連想語による成分の抽出と, それらのクラスター化による擬音語・擬態語の分析. 教育心理学研究. 28(3): 10-18.

[83] 山口仲美. 2002. 犬は「びよ」と鳴いていた——日本語は擬音語・擬態語が面白い. 東京: 光文社.

[84] 山口仲美. 2003. 暮らしのことば 擬音・擬態語辞典. 東京: 講談社.

[85] 山梨正明. 2000. 認知言語学原理. 東京: くろしお出版.

[86] 山本弘子. 1993. 音とイメージでたのしくおぼえる 擬音語・擬態語（初・中級）. 東京: 専門教育出版.

[87] 吉澤正・芳賀敏郎. 1992. 多変量解析事例集 第1集. 東京: 日科技連.

[88] 羅瓊瑜・杉浦正利. 2001. 擬音語・擬態語のハイパーメディア教材の開発とその効果. 国際開発研究フォーラム, 17: 29-37.

[89] 若田部明. 1997. 擬音語・擬態語. 日本語学キーワード事典, 92.

[90] A.C.Chang. 1990. 擬態語・擬音語分類用法辞典. 東京: 大修館書店.

[91] Allemand, Carolyn Sue. 2003. *A Rationale and Suggestions for Including Sound Symbolic Expressive Vocabulary in University-level Japanese Language Classroom Instruction*. Ph.D.dissertation. Austin: University of Texas at Austin.

[92] Hamano, Shoko. 1998. *Sound-symbolic System of Janapese*. Tokyo: Kurosio Publishers.

[93] Hinton, Leanne, Nichols, Hohanna, and Ohala, John. 1994. *Sound Symbolism*. England: Cambridge University Press.

[94] Iwahara, A., T. Hatta, and A. Maehara. 2003. The effect of a sense of compatibility between type of script and word in written Japanese. *Reading and Writing: An Interdisciplinary*, 16: 377-397.

[95] Makino, S. and M. Tsutsui. 1986. *A Dictionary of Basic Japanese Grammar*. Tokyo: The Japan Times.

[96] Miron,Murray S.1961. A cross-linguistic investigation of phonetic symbolism. *Journal of Abnormal and Social Psychology*, 62:623-630.

[97] Newman,S.S.1933. Further experiments in phonetic symbolism. *American Journal of Psychology*, 45:53-75.

[98] Osgood,C.E.,G.J.Suci,and P.H.Tannenbaum.1957. *The Measurement of Meaning*. Chicago:The University of Illinois Press.

[99] Sapie,E.1929. A study in phonetic symbolism. *Journal of Psychology*, 12:225-239.

添付資料

一、擬音語・擬態語についてのアンケート（視覚調査・日本語版）

擬音語・擬態語についてのアンケート

　以下の擬音語・擬態語について、①～⑩の評価尺度があります。それぞれの評価尺度について、1～7 の段階が設置されています。まず、その語の意味が分かるかどうかを教えてください（分かる場合は〇、分からない場合は×）。そのあとでそれぞれの項目について、どの程度の段階に感じられるか数字に〇をつけて選んでください。

例：にこにこ／ニコニコ　（　〇　）

　　　①遅い　　　　1　2　3　4　5　6　7　　　速い

　　1：とても遅い
　　2：大体遅い
　　3：ちょっと遅い
　　4：遅いとも速いとも言えない
　　5：ちょっと速い
　　6：大体速い
　　7：とても速い

1. たらたら／タラタラ　（　　　）

　　　①遅い　　　　　1　2　3　4　5　6　7　　　速い
　　　②小さい　　　　1　2　3　4　5　6　7　　　大きい
　　　③暗い　　　　　1　2　3　4　5　6　7　　　明るい
　　　④弱い　　　　　1　2　3　4　5　6　7　　　強い
　　　⑤気持ちよくない　1　2　3　4　5　6　7　　　気持ちよい
　　　⑥軽い　　　　　1　2　3　4　5　6　7　　　重い

⑦鈍い　　　　　　　1　2　3　4　5　6　7　　　鋭い
　⑧やわらかい　　　　1　2　3　4　5　6　7　　　硬い
　⑨静か　　　　　　　1　2　3　4　5　6　7　　　うるさい
　⑩わるい　　　　　　1　2　3　4　5　6　7　　　よい

2. ぐるぐる／グルグル　　（　　　）

　①遅い　　　　　　　1　2　3　4　5　6　7　　　速い
　②小さい　　　　　　1　2　3　4　5　6　7　　　大きい
　③暗い　　　　　　　1　2　3　4　5　6　7　　　明るい
　④弱い　　　　　　　1　2　3　4　5　6　7　　　強い
　⑤気持ちよくない　　1　2　3　4　5　6　7　　　気持ちよい
　⑥軽い　　　　　　　1　2　3　4　5　6　7　　　重い
　⑦鈍い　　　　　　　1　2　3　4　5　6　7　　　鋭い
　⑧やわらかい　　　　1　2　3　4　5　6　7　　　硬い
　⑨静か　　　　　　　1　2　3　4　5　6　7　　　うるさい
　⑩わるい　　　　　　1　2　3　4　5　6　7　　　よい

3. きらきら／キラキラ　　（　　　）

　①遅い　　　　　　　1　2　3　4　5　6　7　　　速い
　②小さい　　　　　　1　2　3　4　5　6　7　　　大きい
　③暗い　　　　　　　1　2　3　4　5　6　7　　　明るい
　④弱い　　　　　　　1　2　3　4　5　6　7　　　強い
　⑤気持ちよくない　　1　2　3　4　5　6　7　　　気持ちよい
　⑥軽い　　　　　　　1　2　3　4　5　6　7　　　重い
　⑦鈍い　　　　　　　1　2　3　4　5　6　7　　　鋭い
　⑧やわらかい　　　　1　2　3　4　5　6　7　　　硬い
　⑨静か　　　　　　　1　2　3　4　5　6　7　　　うるさい
　⑩わるい　　　　　　1　2　3　4　5　6　7　　　よい

4. へたり／ヘタリ　　（　　　）

　①遅い　　　　　　　1　2　3　4　5　6　7　　　速い
　②小さい　　　　　　1　2　3　4　5　6　7　　　大きい
　③暗い　　　　　　　1　2　3　4　5　6　7　　　明るい
　④弱い　　　　　　　1　2　3　4　5　6　7　　　強い
　⑤気持ちよくない　　1　2　3　4　5　6　7　　　気持ちよい

⑥軽い	1	2	3	4	5	6	7	重い
⑦鈍い	1	2	3	4	5	6	7	鋭い
⑧やわらかい	1	2	3	4	5	6	7	硬い
⑨静か	1	2	3	4	5	6	7	うるさい
⑩わるい	1	2	3	4	5	6	7	よい

5. するする／スルスル　　（　　　）

①遅い	1	2	3	4	5	6	7	速い
②小さい	1	2	3	4	5	6	7	大きい
③暗い	1	2	3	4	5	6	7	明るい
④弱い	1	2	3	4	5	6	7	強い
⑤気持ちよくない	1	2	3	4	5	6	7	気持ちよい
⑥軽い	1	2	3	4	5	6	7	重い
⑦鈍い	1	2	3	4	5	6	7	鋭い
⑧やわらかい	1	2	3	4	5	6	7	硬い
⑨静か	1	2	3	4	5	6	7	うるさい
⑩わるい	1	2	3	4	5	6	7	よい

6. とろり／トロリ　　（　　　）

①遅い	1	2	3	4	5	6	7	速い
②小さい	1	2	3	4	5	6	7	大きい
③暗い	1	2	3	4	5	6	7	明るい
④弱い	1	2	3	4	5	6	7	強い
⑤気持ちよくない	1	2	3	4	5	6	7	気持ちよい
⑥軽い	1	2	3	4	5	6	7	重い
⑦鈍い	1	2	3	4	5	6	7	鋭い
⑧やわらかい	1	2	3	4	5	6	7	硬い
⑨静か	1	2	3	4	5	6	7	うるさい
⑩わるい	1	2	3	4	5	6	7	よい

7. ばらばら／バラバラ　　（　　　）

①遅い	1	2	3	4	5	6	7	速い
②小さい	1	2	3	4	5	6	7	大きい
③暗い	1	2	3	4	5	6	7	明るい
④弱い	1	2	3	4	5	6	7	強い

⑤気持ちよくない　　　1　2　3　4　5　6　7　　気持ちよい
⑥軽い　　　　　　　　1　2　3　4　5　6　7　　重い
⑦鈍い　　　　　　　　1　2　3　4　5　6　7　　鋭い
⑧やわらかい　　　　　1　2　3　4　5　6　7　　硬い
⑨静か　　　　　　　　1　2　3　4　5　6　7　　うるさい
⑩わるい　　　　　　　1　2　3　4　5　6　7　　よい

8. ずるり／ズルリ　　　（　　　）

①遅い　　　　　　　　1　2　3　4　5　6　7　　速い
②小さい　　　　　　　1　2　3　4　5　6　7　　大きい
③暗い　　　　　　　　1　2　3　4　5　6　7　　明るい
④弱い　　　　　　　　1　2　3　4　5　6　7　　強い
⑤気持ちよくない　　　1　2　3　4　5　6　7　　気持ちよい
⑥軽い　　　　　　　　1　2　3　4　5　6　7　　重い
⑦鈍い　　　　　　　　1　2　3　4　5　6　7　　鋭い
⑧やわらかい　　　　　1　2　3　4　5　6　7　　硬い
⑨静か　　　　　　　　1　2　3　4　5　6　7　　うるさい
⑩わるい　　　　　　　1　2　3　4　5　6　7　　よい

9. べたり／ベタリ　　　（　　　）

①遅い　　　　　　　　1　2　3　4　5　6　7　　速い
②小さい　　　　　　　1　2　3　4　5　6　7　　大きい
③暗い　　　　　　　　1　2　3　4　5　6　7　　明るい
④弱い　　　　　　　　1　2　3　4　5　6　7　　強い
⑤気持ちよくない　　　1　2　3　4　5　6　7　　気持ちよい
⑥軽い　　　　　　　　1　2　3　4　5　6　7　　重い
⑦鈍い　　　　　　　　1　2　3　4　5　6　7　　鋭い
⑧やわらかい　　　　　1　2　3　4　5　6　7　　硬い
⑨静か　　　　　　　　1　2　3　4　5　6　7　　うるさい
⑩わるい　　　　　　　1　2　3　4　5　6　7　　よい

10. だらだら／ダラダラ　（　　　）

①遅い　　　　　　　　1　2　3　4　5　6　7　　速い
②小さい　　　　　　　1　2　3　4　5　6　7　　大きい
③暗い　　　　　　　　1　2　3　4　5　6　7　　明るい

④弱い	1	2	3	4	5	6	7	強い
⑤気持ちよくない	1	2	3	4	5	6	7	気持ちよい
⑥軽い	1	2	3	4	5	6	7	重い
⑦鈍い	1	2	3	4	5	6	7	鋭い
⑧やわらかい	1	2	3	4	5	6	7	硬い
⑨静か	1	2	3	4	5	6	7	うるさい
⑩わるい	1	2	3	4	5	6	7	よい

11. ぞろり／ゾロリ （   ）

①遅い	1	2	3	4	5	6	7	速い
②小さい	1	2	3	4	5	6	7	大きい
③暗い	1	2	3	4	5	6	7	明るい
④弱い	1	2	3	4	5	6	7	強い
⑤気持ちよくない	1	2	3	4	5	6	7	気持ちよい
⑥軽い	1	2	3	4	5	6	7	重い
⑦鈍い	1	2	3	4	5	6	7	鋭い
⑧やわらかい	1	2	3	4	5	6	7	硬い
⑨静か	1	2	3	4	5	6	7	うるさい
⑩わるい	1	2	3	4	5	6	7	よい

12. するり／スルリ （   ）

①遅い	1	2	3	4	5	6	7	速い
②小さい	1	2	3	4	5	6	7	大きい
③暗い	1	2	3	4	5	6	7	明るい
④弱い	1	2	3	4	5	6	7	強い
⑤気持ちよくない	1	2	3	4	5	6	7	気持ちよい
⑥軽い	1	2	3	4	5	6	7	重い
⑦鈍い	1	2	3	4	5	6	7	鋭い
⑧やわらかい	1	2	3	4	5	6	7	硬い
⑨静か	1	2	3	4	5	6	7	うるさい
⑩わるい	1	2	3	4	5	6	7	よい

13. へたへた／ヘタヘタ （   ）

①遅い	1	2	3	4	5	6	7	速い
②小さい	1	2	3	4	5	6	7	大きい

③暗い	1	2	3	4	5	6	7	明るい
④弱い	1	2	3	4	5	6	7	強い
⑤気持ちよくない	1	2	3	4	5	6	7	気持ちよい
⑥軽い	1	2	3	4	5	6	7	重い
⑦鈍い	1	2	3	4	5	6	7	鋭い
⑧やわらかい	1	2	3	4	5	6	7	硬い
⑨静か	1	2	3	4	5	6	7	うるさい
⑩わるい	1	2	3	4	5	6	7	よい

14. そろそろ／ソロソロ　　（　　　）

①遅い	1	2	3	4	5	6	7	速い
②小さい	1	2	3	4	5	6	7	大きい
③暗い	1	2	3	4	5	6	7	明るい
④弱い	1	2	3	4	5	6	7	強い
⑤気持ちよくない	1	2	3	4	5	6	7	気持ちよい
⑥軽い	1	2	3	4	5	6	7	重い
⑦鈍い	1	2	3	4	5	6	7	鋭い
⑧やわらかい	1	2	3	4	5	6	7	硬い
⑨静か	1	2	3	4	5	6	7	うるさい
⑩わるい	1	2	3	4	5	6	7	よい

15. ぎらり／ギラリ　　（　　　）

①遅い	1	2	3	4	5	6	7	速い
②小さい	1	2	3	4	5	6	7	大きい
③暗い	1	2	3	4	5	6	7	明るい
④弱い	1	2	3	4	5	6	7	強い
⑤気持ちよくない	1	2	3	4	5	6	7	気持ちよい
⑥軽い	1	2	3	4	5	6	7	重い
⑦鈍い	1	2	3	4	5	6	7	鋭い
⑧やわらかい	1	2	3	4	5	6	7	硬い
⑨静か	1	2	3	4	5	6	7	うるさい
⑩わるい	1	2	3	4	5	6	7	よい

16. ぐるり／グルリ　　（　　　）

①遅い	1	2	3	4	5	6	7	速い

②小さい　　　　　1　2　3　4　5　6　7　　大きい
③暗い　　　　　　1　2　3　4　5　6　7　　明るい
④弱い　　　　　　1　2　3　4　5　6　7　　強い
⑤気持ちよくない　1　2　3　4　5　6　7　　気持ちよい
⑥軽い　　　　　　1　2　3　4　5　6　7　　重い
⑦鈍い　　　　　　1　2　3　4　5　6　7　　鋭い
⑧やわらかい　　　1　2　3　4　5　6　7　　硬い
⑨静か　　　　　　1　2　3　4　5　6　7　　うるさい
⑩わるい　　　　　1　2　3　4　5　6　7　　よい

17. ぺたぺた／ペタペタ　（　　　）

①遅い　　　　　　1　2　3　4　5　6　7　　速い
②小さい　　　　　1　2　3　4　5　6　7　　大きい
③暗い　　　　　　1　2　3　4　5　6　7　　明るい
④弱い　　　　　　1　2　3　4　5　6　7　　強い
⑤気持ちよくない　1　2　3　4　5　6　7　　気持ちよい
⑥軽い　　　　　　1　2　3　4　5　6　7　　重い
⑦鈍い　　　　　　1　2　3　4　5　6　7　　鋭い
⑧やわらかい　　　1　2　3　4　5　6　7　　硬い
⑨静か　　　　　　1　2　3　4　5　6　7　　うるさい
⑩わるい　　　　　1　2　3　4　5　6　7　　よい

18. どろどろ／ドロドロ　（　　　）

①遅い　　　　　　1　2　3　4　5　6　7　　速い
②小さい　　　　　1　2　3　4　5　6　7　　大きい
③暗い　　　　　　1　2　3　4　5　6　7　　明るい
④弱い　　　　　　1　2　3　4　5　6　7　　強い
⑤気持ちよくない　1　2　3　4　5　6　7　　気持ちよい
⑥軽い　　　　　　1　2　3　4　5　6　7　　重い
⑦鈍い　　　　　　1　2　3　4　5　6　7　　鋭い
⑧やわらかい　　　1　2　3　4　5　6　7　　硬い
⑨静か　　　　　　1　2　3　4　5　6　7　　うるさい
⑩わるい　　　　　1　2　3　4　5　6　7　　よい

19. ぱらり／パラリ　　　（　　　）

　　①遅い　　　　　　　1　2　3　4　5　6　7　　速い
　　②小さい　　　　　　1　2　3　4　5　6　7　　大きい
　　③暗い　　　　　　　1　2　3　4　5　6　7　　明るい
　　④弱い　　　　　　　1　2　3　4　5　6　7　　強い
　　⑤気持ちよくない　　1　2　3　4　5　6　7　　気持ちよい
　　⑥軽い　　　　　　　1　2　3　4　5　6　7　　重い
　　⑦鈍い　　　　　　　1　2　3　4　5　6　7　　鋭い
　　⑧やわらかい　　　　1　2　3　4　5　6　7　　硬い
　　⑨静か　　　　　　　1　2　3　4　5　6　7　　うるさい
　　⑩わるい　　　　　　1　2　3　4　5　6　7　　よい

20. たらり／タラリ　　　（　　　）

　　①遅い　　　　　　　1　2　3　4　5　6　7　　速い
　　②小さい　　　　　　1　2　3　4　5　6　7　　大きい
　　③暗い　　　　　　　1　2　3　4　5　6　7　　明るい
　　④弱い　　　　　　　1　2　3　4　5　6　7　　強い
　　⑤気持ちよくない　　1　2　3　4　5　6　7　　気持ちよい
　　⑥軽い　　　　　　　1　2　3　4　5　6　7　　重い
　　⑦鈍い　　　　　　　1　2　3　4　5　6　7　　鋭い
　　⑧やわらかい　　　　1　2　3　4　5　6　7　　硬い
　　⑨静か　　　　　　　1　2　3　4　5　6　7　　うるさい
　　⑩わるい　　　　　　1　2　3　4　5　6　7　　よい

21. どろり／ドロリ　　　（　　　）

　　①遅い　　　　　　　1　2　3　4　5　6　7　　速い
　　②小さい　　　　　　1　2　3　4　5　6　7　　大きい
　　③暗い　　　　　　　1　2　3　4　5　6　7　　明るい
　　④弱い　　　　　　　1　2　3　4　5　6　7　　強い
　　⑤気持ちよくない　　1　2　3　4　5　6　7　　気持ちよい
　　⑥軽い　　　　　　　1　2　3　4　5　6　7　　重い
　　⑦鈍い　　　　　　　1　2　3　4　5　6　7　　鋭い
　　⑧やわらかい　　　　1　2　3　4　5　6　7　　硬い
　　⑨静か　　　　　　　1　2　3　4　5　6　7　　うるさい
　　⑩わるい　　　　　　1　2　3　4　5　6　7　　よい

22. くるくる／クルクル　（　　）

 ①遅い　　　　　　　1　2　3　4　5　6　7　　速い
 ②小さい　　　　　　1　2　3　4　5　6　7　　大きい
 ③暗い　　　　　　　1　2　3　4　5　6　7　　明るい
 ④弱い　　　　　　　1　2　3　4　5　6　7　　強い
 ⑤気持ちよくない　　1　2　3　4　5　6　7　　気持ちよい
 ⑥軽い　　　　　　　1　2　3　4　5　6　7　　重い
 ⑦鈍い　　　　　　　1　2　3　4　5　6　7　　鋭い
 ⑧やわらかい　　　　1　2　3　4　5　6　7　　硬い
 ⑨静か　　　　　　　1　2　3　4　5　6　7　　うるさい
 ⑩わるい　　　　　　1　2　3　4　5　6　7　　よい

23. ぞろぞろ／ゾロゾロ　（　　）

 ①遅い　　　　　　　1　2　3　4　5　6　7　　速い
 ②小さい　　　　　　1　2　3　4　5　6　7　　大きい
 ③暗い　　　　　　　1　2　3　4　5　6　7　　明るい
 ④弱い　　　　　　　1　2　3　4　5　6　7　　強い
 ⑤気持ちよくない　　1　2　3　4　5　6　7　　気持ちよい
 ⑥軽い　　　　　　　1　2　3　4　5　6　7　　重い
 ⑦鈍い　　　　　　　1　2　3　4　5　6　7　　鋭い
 ⑧やわらかい　　　　1　2　3　4　5　6　7　　硬い
 ⑨静か　　　　　　　1　2　3　4　5　6　7　　うるさい
 ⑩わるい　　　　　　1　2　3　4　5　6　7　　よい

24. はらり／ハラリ　（　　）

 ①遅い　　　　　　　1　2　3　4　5　6　7　　速い
 ②小さい　　　　　　1　2　3　4　5　6　7　　大きい
 ③暗い　　　　　　　1　2　3　4　5　6　7　　明るい
 ④弱い　　　　　　　1　2　3　4　5　6　7　　強い
 ⑤気持ちよくない　　1　2　3　4　5　6　7　　気持ちよい
 ⑥軽い　　　　　　　1　2　3　4　5　6　7　　重い
 ⑦鈍い　　　　　　　1　2　3　4　5　6　7　　鋭い
 ⑧やわらかい　　　　1　2　3　4　5　6　7　　硬い
 ⑨静か　　　　　　　1　2　3　4　5　6　7　　うるさい
 ⑩わるい　　　　　　1　2　3　4　5　6　7　　よい

25. きらり／キラリ　　　（　　　）

　　①遅い　　　　　　1　2　3　4　5　6　7　　速い
　　②小さい　　　　　1　2　3　4　5　6　7　　大きい
　　③暗い　　　　　　1　2　3　4　5　6　7　　明るい
　　④弱い　　　　　　1　2　3　4　5　6　7　　強い
　　⑤気持ちよくない　1　2　3　4　5　6　7　　気持ちよい
　　⑥軽い　　　　　　1　2　3　4　5　6　7　　重い
　　⑦鈍い　　　　　　1　2　3　4　5　6　7　　鋭い
　　⑧やわらかい　　　1　2　3　4　5　6　7　　硬い
　　⑨静か　　　　　　1　2　3　4　5　6　7　　うるさい
　　⑩わるい　　　　　1　2　3　4　5　6　7　　よい

26. だらり／ダラリ　　　（　　　）

　　①遅い　　　　　　1　2　3　4　5　6　7　　速い
　　②小さい　　　　　1　2　3　4　5　6　7　　大きい
　　③暗い　　　　　　1　2　3　4　5　6　7　　明るい
　　④弱い　　　　　　1　2　3　4　5　6　7　　強い
　　⑤気持ちよくない　1　2　3　4　5　6　7　　気持ちよい
　　⑥軽い　　　　　　1　2　3　4　5　6　7　　重い
　　⑦鈍い　　　　　　1　2　3　4　5　6　7　　鋭い
　　⑧やわらかい　　　1　2　3　4　5　6　7　　硬い
　　⑨静か　　　　　　1　2　3　4　5　6　7　　うるさい
　　⑩わるい　　　　　1　2　3　4　5　6　7　　よい

27. ぺたり／ペタリ　　　（　　　）

　　①遅い　　　　　　1　2　3　4　5　6　7　　速い
　　②小さい　　　　　1　2　3　4　5　6　7　　大きい
　　③暗い　　　　　　1　2　3　4　5　6　7　　明るい
　　④弱い　　　　　　1　2　3　4　5　6　7　　強い
　　⑤気持ちよくない　1　2　3　4　5　6　7　　気持ちよい
　　⑥軽い　　　　　　1　2　3　4　5　6　7　　重い
　　⑦鈍い　　　　　　1　2　3　4　5　6　7　　鋭い
　　⑧やわらかい　　　1　2　3　4　5　6　7　　硬い
　　⑨静か　　　　　　1　2　3　4　5　6　7　　うるさい
　　⑩わるい　　　　　1　2　3　4　5　6　7　　よい

28. ぎらぎら／ギラギラ　（　　　）

　　①遅い　　　　　　　1　2　3　4　5　6　7　　速い
　　②小さい　　　　　　1　2　3　4　5　6　7　　大きい
　　③暗い　　　　　　　1　2　3　4　5　6　7　　明るい
　　④弱い　　　　　　　1　2　3　4　5　6　7　　強い
　　⑤気持ちよくない　　1　2　3　4　5　6　7　　気持ちよい
　　⑥軽い　　　　　　　1　2　3　4　5　6　7　　重い
　　⑦鈍い　　　　　　　1　2　3　4　5　6　7　　鋭い
　　⑧やわらかい　　　　1　2　3　4　5　6　7　　硬い
　　⑨静か　　　　　　　1　2　3　4　5　6　7　　うるさい
　　⑩わるい　　　　　　1　2　3　4　5　6　7　　よい

29. ぱらぱら／パラパラ　（　　　）

　　①遅い　　　　　　　1　2　3　4　5　6　7　　速い
　　②小さい　　　　　　1　2　3　4　5　6　7　　大きい
　　③暗い　　　　　　　1　2　3　4　5　6　7　　明るい
　　④弱い　　　　　　　1　2　3　4　5　6　7　　強い
　　⑤気持ちよくない　　1　2　3　4　5　6　7　　気持ちよい
　　⑥軽い　　　　　　　1　2　3　4　5　6　7　　重い
　　⑦鈍い　　　　　　　1　2　3　4　5　6　7　　鋭い
　　⑧やわらかい　　　　1　2　3　4　5　6　7　　硬い
　　⑨静か　　　　　　　1　2　3　4　5　6　7　　うるさい
　　⑩わるい　　　　　　1　2　3　4　5　6　7　　よい

30. くるり／クルリ　（　　　）

　　①遅い　　　　　　　1　2　3　4　5　6　7　　速い
　　②小さい　　　　　　1　2　3　4　5　6　7　　大きい
　　③暗い　　　　　　　1　2　3　4　5　6　7　　明るい
　　④弱い　　　　　　　1　2　3　4　5　6　7　　強い
　　⑤気持ちよくない　　1　2　3　4　5　6　7　　気持ちよい
　　⑥軽い　　　　　　　1　2　3　4　5　6　7　　重い
　　⑦鈍い　　　　　　　1　2　3　4　5　6　7　　鋭い
　　⑧やわらかい　　　　1　2　3　4　5　6　7　　硬い
　　⑨静か　　　　　　　1　2　3　4　5　6　7　　うるさい
　　⑩わるい　　　　　　1　2　3　4　5　6　7　　よい

31. そろり／ソロリ　　　(　　　)

　　①遅い　　　　　　　1　2　3　4　5　6　7　　速い
　　②小さい　　　　　　1　2　3　4　5　6　7　　大きい
　　③暗い　　　　　　　1　2　3　4　5　6　7　　明るい
　　④弱い　　　　　　　1　2　3　4　5　6　7　　強い
　　⑤気持ちよくない　　1　2　3　4　5　6　7　　気持ちよい
　　⑥軽い　　　　　　　1　2　3　4　5　6　7　　重い
　　⑦鈍い　　　　　　　1　2　3　4　5　6　7　　鋭い
　　⑧やわらかい　　　　1　2　3　4　5　6　7　　硬い
　　⑨静か　　　　　　　1　2　3　4　5　6　7　　うるさい
　　⑩わるい　　　　　　1　2　3　4　5　6　7　　よい

32. べたべた／ベタベタ　　(　　　)

　　①遅い　　　　　　　1　2　3　4　5　6　7　　速い
　　②小さい　　　　　　1　2　3　4　5　6　7　　大きい
　　③暗い　　　　　　　1　2　3　4　5　6　7　　明るい
　　④弱い　　　　　　　1　2　3　4　5　6　7　　強い
　　⑤気持ちよくない　　1　2　3　4　5　6　7　　気持ちよい
　　⑥軽い　　　　　　　1　2　3　4　5　6　7　　重い
　　⑦鈍い　　　　　　　1　2　3　4　5　6　7　　鋭い
　　⑧やわらかい　　　　1　2　3　4　5　6　7　　硬い
　　⑨静か　　　　　　　1　2　3　4　5　6　7　　うるさい
　　⑩わるい　　　　　　1　2　3　4　5　6　7　　よい

33. ずるずる／ズルズル　　(　　　)

　　①遅い　　　　　　　1　2　3　4　5　6　7　　速い
　　②小さい　　　　　　1　2　3　4　5　6　7　　大きい
　　③暗い　　　　　　　1　2　3　4　5　6　7　　明るい
　　④弱い　　　　　　　1　2　3　4　5　6　7　　強い
　　⑤気持ちよくない　　1　2　3　4　5　6　7　　気持ちよい
　　⑥軽い　　　　　　　1　2　3　4　5　6　7　　重い
　　⑦鈍い　　　　　　　1　2　3　4　5　6　7　　鋭い
　　⑧やわらかい　　　　1　2　3　4　5　6　7　　硬い
　　⑨静か　　　　　　　1　2　3　4　5　6　7　　うるさい
　　⑩わるい　　　　　　1　2　3　4　5　6　7　　よい

34. ばらり／バラリ　　（　　　）

　　①遅い　　　　　　1　2　3　4　5　6　7　　速い
　　②小さい　　　　　1　2　3　4　5　6　7　　大きい
　　③暗い　　　　　　1　2　3　4　5　6　7　　明るい
　　④弱い　　　　　　1　2　3　4　5　6　7　　強い
　　⑤気持ちよくない　1　2　3　4　5　6　7　　気持ちよい
　　⑥軽い　　　　　　1　2　3　4　5　6　7　　重い
　　⑦鈍い　　　　　　1　2　3　4　5　6　7　　鋭い
　　⑧やわらかい　　　1　2　3　4　5　6　7　　硬い
　　⑨静か　　　　　　1　2　3　4　5　6　7　　うるさい
　　⑩わるい　　　　　1　2　3　4　5　6　7　　よい

35. とろとろ／トロトロ　（　　　）

　　①遅い　　　　　　1　2　3　4　5　6　7　　速い
　　②小さい　　　　　1　2　3　4　5　6　7　　大きい
　　③暗い　　　　　　1　2　3　4　5　6　7　　明るい
　　④弱い　　　　　　1　2　3　4　5　6　7　　強い
　　⑤気持ちよくない　1　2　3　4　5　6　7　　気持ちよい
　　⑥軽い　　　　　　1　2　3　4　5　6　7　　重い
　　⑦鈍い　　　　　　1　2　3　4　5　6　7　　鋭い
　　⑧やわらかい　　　1　2　3　4　5　6　7　　硬い
　　⑨静か　　　　　　1　2　3　4　5　6　7　　うるさい
　　⑩わるい　　　　　1　2　3　4　5　6　7　　よい

36. はらはら／ハラハラ　（　　　）

　　①遅い　　　　　　1　2　3　4　5　6　7　　速い
　　②小さい　　　　　1　2　3　4　5　6　7　　大きい
　　③暗い　　　　　　1　2　3　4　5　6　7　　明るい
　　④弱い　　　　　　1　2　3　4　5　6　7　　強い
　　⑤気持ちよくない　1　2　3　4　5　6　7　　気持ちよい
　　⑥軽い　　　　　　1　2　3　4　5　6　7　　重い
　　⑦鈍い　　　　　　1　2　3　4　5　6　7　　鋭い
　　⑧やわらかい　　　1　2　3　4　5　6　7　　硬い
　　⑨静か　　　　　　1　2　3　4　5　6　7　　うるさい
　　⑩わるい　　　　　1　2　3　4　5　6　7　　よい

二、擬音語・擬態語についてのアンケートの一部（視覚調査・中国語版）

擬音語・擬態語についてのアンケート

　以下の擬音語・擬態語について、①～⑩の評価尺度があります（（　）の中は、これに相当する中国語です）。それぞれの評価尺度について、1～7の段階が設置されています。まず、その語の意味が分かるかどうかを教えてください（分かる場合は〇、その意味を後ろの＿＿＿＿に書いてください，分からない場合は×、そのまま進んでください）。そのあとでそれぞれの項目について、どの程度の段階に感じられるか数字に○をつけて選んでください。

例：にこにこ／ニコニコ　（　〇　）　＿＿＿楽しそうに笑うようす＿＿＿

　　①遅い(慢的)　　 1　2　3　4　5　6　7　　速い(快的)

　　1：とても遅い（非常慢）
　　2：大体遅い（比較慢）
　　3：ちょっと遅い（稍微有点慢）
　　4：遅いとも速いとも言えない（既不快也不慢）
　　5：ちょっと速い（稍微有点快）
　　6：大体速い（比較快）
　　7：とても速い（非常快）

1. たらたら／タラタラ　（　　　）　＿＿＿＿＿＿＿＿＿＿＿＿＿＿＿＿＿

　　①遅い(慢的)　　　　 1　2　3　4　5　6　7　　速い(快的)
　　②小さい(小的)　　　 1　2　3　4　5　6　7　　大きい(大的)
　　③暗い(黒暗的)　　　 1　2　3　4　5　6　7　　明るい(明亮的)
　　④弱い(弱的)　　　　 1　2　3　4　5　6　7　　強い(強的)
　　⑤気持ちよくない　　　　　　　　　　　　　　気持ちよい
　　　（心情不好的）　　 1　2　3　4　5　6　7　　（心情好的）
　　⑥軽い(軽的)　　　　 1　2　3　4　5　6　7　　重い(重的)
　　⑦鈍い(遅鈍的)　　　 1　2　3　4　5　6　7　　鋭い(尖鋭的)
　　⑧やわらかい(柔軟的) 1　2　3　4　5　6　7　　硬い(堅硬的)
　　⑨静か(安静的)　　　 1　2　3　4　5　6　7　　うるさい(吵閙的)
　　⑩わるい(不好的)　　 1　2　3　4　5　6　7　　よい(好的)

2. ぐるぐる／グルグル　（　　）　_____

　　①遅い(慢的)　　　　　1　2　3　4　5　6　7　　速い(快的)
　　②小さい(小的)　　　　1　2　3　4　5　6　7　　大きい(大的)
　　③暗い(黑暗的)　　　　1　2　3　4　5　6　7　　明るい(明亮的)
　　④弱い(弱的)　　　　　1　2　3　4　5　6　7　　強い(强的)
　　⑤気持ちよくない　　　　　　　　　　　　　　　気持ちよい
　　　(心情不好的)　　　1　2　3　4　5　6　7　　(心情好的)
　　⑥軽い(轻的)　　　　　1　2　3　4　5　6　7　　重い(重的)
　　⑦鈍い(迟钝的)　　　　1　2　3　4　5　6　7　　鋭い(尖锐的)
　　⑧やわらかい(柔软的)　1　2　3　4　5　6　7　　硬い(坚硬的)
　　⑨静か(安静的)　　　　1　2　3　4　5　6　7　　うるさい(吵闹的)
　　⑩わるい(不好的)　　　1　2　3　4　5　6　7　　よい(好的)

3. きらきら／キラキラ　（　　）　_____

　　①遅い(慢的)　　　　　1　2　3　4　5　6　7　　速い(快的)
　　②小さい(小的)　　　　1　2　3　4　5　6　7　　大きい(大的)
　　③暗い(黑暗的)　　　　1　2　3　4　5　6　7　　明るい(明亮的)
　　④弱い(弱的)　　　　　1　2　3　4　5　6　7　　強い(强的)
　　⑤気持ちよくない　　　　　　　　　　　　　　　気持ちよい
　　　(心情不好的)　　　1　2　3　4　5　6　7　　(心情好的)
　　⑥軽い(轻的)　　　　　1　2　3　4　5　6　7　　重い(重的)
　　⑦鈍い(迟钝的)　　　　1　2　3　4　5　6　7　　鋭い(尖锐的)
　　⑧やわらかい(柔软的)　1　2　3　4　5　6　7　　硬い(坚硬的)
　　⑨静か(安静的)　　　　1　2　3　4　5　6　7　　うるさい(吵闹的)
　　⑩わるい(不好的)　　　1　2　3　4　5　6　7　　よい(好的)

4. へたり／ヘタリ　（　　）　_____

　　①遅い(慢的)　　　　　1　2　3　4　5　6　7　　速い(快的)
　　②小さい(小的)　　　　1　2　3　4　5　6　7　　大きい(大的)
　　③暗い(黑暗的)　　　　1　2　3　4　5　6　7　　明るい(明亮的)
　　④弱い(弱的)　　　　　1　2　3　4　5　6　7　　強い(强的)
　　⑤気持ちよくない　　　　　　　　　　　　　　　気持ちよい
　　　(心情不好的)　　　1　2　3　4　5　6　7　　(心情好的)
　　⑥軽い(轻的)　　　　　1　2　3　4　5　6　7　　重い(重的)
　　⑦鈍い(迟钝的)　　　　1　2　3　4　5　6　7　　鋭い(尖锐的)

⑧やわらかい(柔软的)1　2　3　4　5　6　7　　　硬い(坚硬的)
⑨静か(安静的)　　　1　2　3　4　5　6　7　　　うるさい(吵闹的)
⑩わるい(不好的)　　1　2　3　4　5　6　7　　　よい(好的)

5. するする／スルスル　（　　）_____

①遅い(慢的)　　　　1　2　3　4　5　6　7　　　速い(快的)
②小さい(小的)　　　1　2　3　4　5　6　7　　　大きい(大的)
③暗い(黑暗的)　　　1　2　3　4　5　6　7　　　明るい(明亮的)
④弱い(弱的)　　　　1　2　3　4　5　6　7　　　強い(强的)
⑤気持ちよくない
　　(心情不好的)　　1　2　3　4　5　6　7　　　気持ちよい
　　　　　　　　　　　　　　　　　　　　　　　(心情好的)
⑥軽い(轻的)　　　　1　2　3　4　5　6　7　　　重い(重的)
⑦鈍い(迟钝的)　　　1　2　3　4　5　6　7　　　鋭い(尖锐的)
⑧やわらかい(柔软的)1　2　3　4　5　6　7　　　硬い(坚硬的)
⑨静か(安静的)　　　1　2　3　4　5　6　7　　　うるさい(吵闹的)
⑩わるい(不好的)　　1　2　3　4　5　6　7　　　よい(好的)

6. とろり／トロリ　　（　　）_____

①遅い(慢的)　　　　1　2　3　4　5　6　7　　　速い(快的)
②小さい(小的)　　　1　2　3　4　5　6　7　　　大きい(大的)
③暗い(黑暗的)　　　1　2　3　4　5　6　7　　　明るい(明亮的)
④弱い(弱的)　　　　1　2　3　4　5　6　7　　　強い(强的)
⑤気持ちよくない
　　(心情不好的)　　1　2　3　4　5　6　7　　　気持ちよい
　　　　　　　　　　　　　　　　　　　　　　　(心情好的)
⑥軽い(轻的)　　　　1　2　3　4　5　6　7　　　重い(重的)
⑦鈍い(迟钝的)　　　1　2　3　4　5　6　7　　　鋭い(尖锐的)
⑧やわらかい(柔软的)1　2　3　4　5　6　7　　　硬い(坚硬的)
⑨静か(安静的)　　　1　2　3　4　5　6　7　　　うるさい(吵闹的)
⑩わるい(不好的)　　1　2　3　4　5　6　7　　　よい(好的)

三、擬音語・擬態語についてのアンケートの一部（聴覚調査・日本語版）

擬音語・擬態語についてのアンケート

　これから、36語の単語を順番で読み上げます。（男女5回ずつ、読み上げる前におよ

び読み上げた後にシグナルが入っています。）それぞれの単語について、①〜⑩の評価項目があります。一つの評価項目について、1〜7 の段階が設置されています。「①遅い－速い」を例として、1〜7 の数字は以下の意味を示します。

①遅い　　　1　2　3　4　5　6　7　　速い

1：とても遅い
2：大体遅い
3：ちょっと遅い
4：遅いとも速いとも言えない
5：ちょっと速い
6：大体速い
7：とても速い

アンケート回答の方法：

まず、聞き取った単語を□□□□□の中に書いてください。（**ひらがな**または**カタカナ**）

次に、（　）の中でその単語の意味が分かるかどうかを教えてください。（分かる場合は○、分からない場合は×）

最後に、音声を聞きながら、①〜⑩の評価項目について、どの程度の段階に感じられるか数字に○をつけて選んでください。

例：　　　　にこにこ　　　　　（　○　）

①遅い　　　　　　1　2　3　④　5　6　7　　速い
②小さい　　　　　1　2　③　4　5　6　7　　大きい
③暗い　　　　　　1　2　3　4　⑤　6　7　　明るい
④弱い　　　　　　1　②　3　4　5　6　7　　強い
⑤気持ちよくない　1　2　3　4　5　⑥　7　　気持ちよい
⑥軽い　　　　　　1　2　③　4　5　6　7　　重い
⑦鈍い　　　　　　1　②　3　4　5　6　7　　鋭い
⑧やわらかい　　　1　②　3　4　5　6　7　　硬い
⑨静か　　　　　　1　2　3　4　⑤　6　7　　うるさい
⑩わるい　　　　　1　2　3　4　5　6　⑦　　よい

注意：
※本調査は感覚的な調査ですので、深く考える必要がなく、直感で答えてください。

※①〜⑩の評価項目から一つを選択するのではなく、すべての項目について評価してください。

では、始めましょう！

1. ☐☐☐☐☐☐☐☐☐ （　　）

①遅い	1	2	3	4	5	6	7	速い
②小さい	1	2	3	4	5	6	7	大きい
③暗い	1	2	3	4	5	6	7	明るい
④弱い	1	2	3	4	5	6	7	強い
⑤気持ちよくない	1	2	3	4	5	6	7	気持ちよい
⑥軽い	1	2	3	4	5	6	7	重い
⑦鈍い	1	2	3	4	5	6	7	鋭い
⑧やわらかい	1	2	3	4	5	6	7	硬い
⑨静か	1	2	3	4	5	6	7	うるさい
⑩わるい	1	2	3	4	5	6	7	よい

2. ☐☐☐☐☐☐☐☐☐ （　　）

①遅い	1	2	3	4	5	6	7	速い
②小さい	1	2	3	4	5	6	7	大きい
③暗い	1	2	3	4	5	6	7	明るい
④弱い	1	2	3	4	5	6	7	強い
⑤気持ちよくない	1	2	3	4	5	6	7	気持ちよい
⑥軽い	1	2	3	4	5	6	7	重い
⑦鈍い	1	2	3	4	5	6	7	鋭い
⑧やわらかい	1	2	3	4	5	6	7	硬い
⑨静か	1	2	3	4	5	6	7	うるさい
⑩わるい	1	2	3	4	5	6	7	よい

3. ☐☐☐☐☐☐☐☐☐ （　　）

①遅い	1	2	3	4	5	6	7	速い
②小さい	1	2	3	4	5	6	7	大きい
③暗い	1	2	3	4	5	6	7	明るい
④弱い	1	2	3	4	5	6	7	強い

⑤気持ちよくない	1	2	3	4	5	6	7	気持ちよい
⑥軽い	1	2	3	4	5	6	7	重い
⑦鈍い	1	2	3	4	5	6	7	鋭い
⑧やわらかい	1	2	3	4	5	6	7	硬い
⑨静か	1	2	3	4	5	6	7	うるさい
⑩わるい	1	2	3	4	5	6	7	よい

4. ☐☐☐☐☐☐☐ （　　）

①遅い	1	2	3	4	5	6	7	速い
②小さい	1	2	3	4	5	6	7	大きい
③暗い	1	2	3	4	5	6	7	明るい
④弱い	1	2	3	4	5	6	7	強い
⑤気持ちよくない	1	2	3	4	5	6	7	気持ちよい
⑥軽い	1	2	3	4	5	6	7	重い
⑦鈍い	1	2	3	4	5	6	7	鋭い
⑧やわらかい	1	2	3	4	5	6	7	硬い
⑨静か	1	2	3	4	5	6	7	うるさい
⑩わるい	1	2	3	4	5	6	7	よい

四、擬音語・擬態語についてのアンケートの一部（聴覚調査・中国語版）

关于拟声词・拟态词的问卷

　　为了调查对于同样的日语拟声词・拟态词，日语学习者和以日语为母语的人分别抱有何种感觉，我们设计了本问卷。在本问卷中，您将按顺序听到36个单词（单词朗读前后分别设有提示音，每个单词将由男声和女声各朗读5遍），每个单词都设有①～⑩的10个评价尺度（括号里面是汉语译文），每个评价尺度中间都有1～7的7个数字，以尺度①遅い(慢的)— 速い(快的)为例，1～7数字代表的意思如下所示。

①遅い(慢的)	1	2	3	4	5	6	7	速い(快的)

1：とても遅い（非常慢）
2：大体遅い（比较慢）
3：ちょっと遅い（稍微有点慢）
4：遅いとも速いとも言えない（既不快也不慢）

5：ちょっと速い（稍微有点快）

6：大体速い（比较快）

7：とても速い（非常快）

问卷回答方法说明：

步骤一：请将您听到的单词写到 ☐ 里。（平假名或片假名都可以）

步骤二：请回答您是否理解这个单词的意思。如果理解，请在后面的括号里画○，并写出它的意思（日语或汉语都可），如果不理解，请在后面的括号里画×。

步骤三：请继续听这个单词，一边听一边针对①～⑩的 10 个尺度，凭第一感觉做出判断，在 1～7 您认为合适的数字上画○。

例： にこにこ　　（○）　　楽しそうに笑うようす／微笑

①遅い(慢的)　　　　1　2　3　④　5　6　7　　速い(快的)
②小さい(小的)　　　1　2　③　4　5　6　7　　大きい(大的)
③暗い(黑暗的)　　　1　2　3　4　⑤　6　7　　明るい(明亮的)
④弱い(弱的)　　　　1　②　3　4　5　6　7　　強い(强的)
⑤気持ちよくない
　（心情不好的）　　1　2　3　4　5　⑥　7　　気持ちよい（心情好的）
⑥軽い(轻的)　　　　1　2　③　4　5　6　7　　重い(重的)
⑦鈍い(钝的)　　　　1　②　3　4　5　6　7　　鋭い(锐的)
⑧やわらかい(柔软的)　1　②　3　4　5　6　7　　硬い(坚硬的)
⑨静か(安静的)　　　1　2　3　4　⑤　6　7　　うるさい(吵闹的)
⑩わるい(不好的)　　1　2　3　4　5　6　⑦　　よい(好的)

<u>注意</u>：(1). 本问卷为感觉调查，每个问题都不存在正确答案，因此无须过多思考，请仅凭第一感觉做出判断。

(2). 无论是否理解所听到的单词的意思，都要对①～⑩的 <u>10 个评价尺度</u>做出判断。

<u>下面请开始回答！</u>

1. ☐　　（　）　_____

①遅い(慢的)　　　　1　2　3　4　5　6　7　　速い(快的)
②小さい(小的)　　　1　2　3　4　5　6　7　　大きい(大的)

③暗い(黑暗的)　　　　　1　2　3　4　5　6　7　　明るい(明亮的)
④弱い(弱的)　　　　　　1　2　3　4　5　6　7　　強い(强的)
⑤気持ちよくない
　(心情不好的)　　　　　1　2　3　4　5　6　7　　気持ちよい(心情好的)
⑥軽い(轻的)　　　　　　1　2　3　4　5　6　7　　重い(重的)
⑦鈍い(钝的)　　　　　　1　2　3　4　5　6　7　　鋭い(锐的)
⑧やわらかい(柔软的)　　1　2　3　4　5　6　7　　硬い(坚硬的)
⑨静か(安静的)　　　　　1　2　3　4　5　6　7　　うるさい(吵闹的)
⑩わるい(不好的)　　　　1　2　3　4　5　6　7　　よい(好的)

2. _____　(　)　_____

①遅い(慢的)　　　　　　1　2　3　4　5　6　7　　速い(快的)
②小さい(小的)　　　　　1　2　3　4　5　6　7　　大きい(大的)
③暗い(黑暗的)　　　　　1　2　3　4　5　6　7　　明るい(明亮的)
④弱い(弱的)　　　　　　1　2　3　4　5　6　7　　強い(强的)
⑤気持ちよくない
　(心情不好的)　　　　　1　2　3　4　5　6　7　　気持ちよい(心情好的)
⑥軽い(轻的)　　　　　　1　2　3　4　5　6　7　　重い(重的)
⑦鈍い(钝的)　　　　　　1　2　3　4　5　6　7　　鋭い(锐的)
⑧やわらかい(柔软的)　　1　2　3　4　5　6　7　　硬い(坚硬的)
⑨静か(安静的)　　　　　1　2　3　4　5　6　7　　うるさい(吵闹的)
⑩わるい(不好的)　　　　1　2　3　4　5　6　7　　よい(好的)

3. _____　(　)　_____

①遅い(慢的)　　　　　　1　2　3　4　5　6　7　　速い(快的)
②小さい(小的)　　　　　1　2　3　4　5　6　7　　大きい(大的)
③暗い(黑暗的)　　　　　1　2　3　4　5　6　7　　明るい(明亮的)
④弱い(弱的)　　　　　　1　2　3　4　5　6　7　　強い(强的)
⑤気持ちよくない
　(心情不好的)　　　　　1　2　3　4　5　6　7　　気持ちよい(心情好的)
⑥軽い(轻的)　　　　　　1　2　3　4　5　6　7　　重い(重的)
⑦鈍い(钝的)　　　　　　1　2　3　4　5　6　7　　鋭い(锐的)
⑧やわらかい(柔软的)　　1　2　3　4　5　6　7　　硬い(坚硬的)
⑨静か(安静的)　　　　　1　2　3　4　5　6　7　　うるさい(吵闹的)
⑩わるい(不好的)　　　　1　2　3　4　5　6　7　　よい(好的)

4. ☐ （　） ＿＿＿＿＿＿＿＿

①遅い(慢的)　　　　　　1　2　3　4　5　6　7　　速い(快的)
②小さい(小的)　　　　　1　2　3　4　5　6　7　　大きい(大的)
③暗い(黑暗的)　　　　　1　2　3　4　5　6　7　　明るい(明亮的)
④弱い(弱的)　　　　　　1　2　3　4　5　6　7　　強い(强的)
⑤気持ちよくない　　　　　　　　　　　　　　　　気持ちよい
　(心情不好的)　　　　　1　2　3　4　5　6　7　　(心情好的)
⑥軽い(轻的)　　　　　　1　2　3　4　5　6　7　　重い(重的)
⑦鈍い(钝的)　　　　　　1　2　3　4　5　6　7　　鋭い(锐的)
⑧やわらかい(柔软的)　　1　2　3　4　5　6　7　　硬い(坚硬的)
⑨静か(安静的)　　　　　1　2　3　4　5　6　7　　うるさい(吵闹的)
⑩わるい(不好的)　　　　1　2　3　4　5　6　7　　よい(好的)

5. ☐ （　） ＿＿＿＿＿＿＿＿

①遅い(慢的)　　　　　　1　2　3　4　5　6　7　　速い(快的)
②小さい(小的)　　　　　1　2　3　4　5　6　7　　大きい(大的)
③暗い(黑暗的)　　　　　1　2　3　4　5　6　7　　明るい(明亮的)
④弱い(弱的)　　　　　　1　2　3　4　5　6　7　　強い(强的)
⑤気持ちよくない　　　　　　　　　　　　　　　　気持ちよい
　(心情不好的)　　　　　1　2　3　4　5　6　7　　(心情好的)
⑥軽い(轻的)　　　　　　1　2　3　4　5　6　7　　重い(重的)
⑦鈍い(钝的)　　　　　　1　2　3　4　5　6　7　　鋭い(锐的)
⑧やわらかい(柔软的)　　1　2　3　4　5　6　7　　硬い(坚硬的)
⑨静か(安静的)　　　　　1　2　3　4　5　6　7　　うるさい(吵闹的)
⑩わるい(不好的)　　　　1　2　3　4　5　6　7　　よい(好的)

6. ☐ （　） ＿＿＿＿＿＿＿＿

①遅い(慢的)　　　　　　1　2　3　4　5　6　7　　速い(快的)
②小さい(小的)　　　　　1　2　3　4　5　6　7　　大きい(大的)
③暗い(黑暗的)　　　　　1　2　3　4　5　6　7　　明るい(明亮的)
④弱い(弱的)　　　　　　1　2　3　4　5　6　7　　強い(强的)
⑤気持ちよくない　　　　　　　　　　　　　　　　気持ちよい
　(心情不好的)　　　　　1　2　3　4　5　6　7　　(心情好的)

⑥軽い(轻的)　　　　　1　2　3　4　5　6　7　　重い(重的)
⑦鈍い(钝的)　　　　　1　2　3　4　5　6　7　　鋭い(锐的)
⑧やわらかい(柔软的)　1　2　3　4　5　6　7　　硬い(坚硬的)
⑨静か(安静的)　　　　1　2　3　4　5　6　7　　うるさい(吵闹的)
⑩わるい(不好的)　　　1　2　3　4　5　6　7　　よい(好的)